玉树流光

南 陈 帝 国 兴 亡 录

明轩公子 / 著

当代世界出版社
THE CONTEMPORARY WORLD PRESS

图书在版编目（CIP）数据

玉树流光：南陈帝国兴亡录 / 明轩公子著. —北京：当代世界出版社，2017.1
 ISBN 978-7-5090-1169-0

Ⅰ.①玉… Ⅱ.①明… Ⅲ.①中国历史—陈国—通俗读物 Ⅳ.①K239.140.9

中国版本图书馆CIP数据核字（2016）第289828号

书　　名	玉树流光：南陈帝国兴亡录
出版发行	当代世界出版社
地　　址	北京市复兴路4号（100860）
网　　址	http://www.worldpress.org.cn
编务电话	（010）83908456
发行电话	（010）83908409
	（010）83908455
	（010）83908377
	（010）83908423（邮购）
	（010）83908410（传真）
经　　销	全国新华书店
印　　刷	北京天宇万达印刷有限公司
开　　本	710毫米×1000毫米　1/16
印　　张	15
字　　数	242千字
版　　次	2017年1月第1版
印　　次	2017年1月第1次
书　　号	ISBN 978-7-5090-1169-0
定　　价	39.00元

如发现印装质量问题，请与承印厂联系调换。
版权所有，翻印必究；未经许可，不得转载！

楔子

西河·金陵怀古

佳丽地。南朝盛事谁记。山围故国绕清江，髻鬟对起。怒涛寂寞打孤城，风樯遥度天际。

断崖树，犹倒倚。莫愁艇子曾系。空余旧迹郁苍苍，雾沈半垒。夜深月过女墙来，赏心东望淮水。

酒旗戏鼓甚处市。想依稀、王谢邻里。燕子不知何世。入寻常、巷陌人家，相对如说兴亡，斜阳里。

    南京号称六朝古都，孙吴、东晋、宋、齐、梁、陈都在此地留下过浓墨重彩的一笔，而作为南四朝中最后一个王朝——陈朝，因国祚短而常为人所遗忘。大家对于陈朝的印象，无外乎杜牧那首诗中提到的"商女不知亡国恨，隔江犹唱后庭花"，因而对陈朝的认知也仅仅来自于亡国之君陈叔宝。

    不过，今番笔者要为大家讲述一个真实的陈朝，不仅限于《玉树后庭花》中所展现的香艳颓败的靡靡之风，更多的是乱世烽火中的峥嵘岁月。

    本书从侯景之乱爆发前说起，以陈朝彻底灭亡为终点，前后时间跨度近四十年。期间，形形色色的风云人物会轮番登场，共同谱写那段烽火狼烟中的陈朝往事……

玉树流光

南陈帝国兴亡录

目录

- 楔子　　　　　　　　　　　　　　　　001
- 第一章　侯景之乱　兴邦不成反致丧邦　　039
- 第二章　祸起萧墙　萧家子弟凶狠如豺　　077
- 第三章　何去何从　动荡中的南陈开国　　115
- 第四章　龙阳天子　陈文帝的"天嘉之治"　155
- 第五章　太建北伐　虎头蛇尾的"中原梦"　193
- 第六章　衣冠道尽　陈叔宝的另类人生　　229
- 跋

第一章

侯景之乱　兴邦不成反致丧邦

在中国的历史上，曾经有过一个王朝。该王朝有个奇特之处，开国皇帝的姓氏与国号一致，没错，就是南朝最后一个王朝——陈朝。多年来，大家对陈朝的印象或许仅仅停留在那个吟唱着"玉树后庭花，花开不复久"的荒唐天子陈叔宝身上，他那"胭脂井"的故事确实让人捧腹大笑。

然而，真实的陈朝绝非一个被胭脂水粉浸染的王朝，它是在刀枪箭雨中搏杀出来的。在最黑暗的时刻，陈朝顽强地保留了汉文化的火种，最终等到隋朝大一统，恢复汉家衣冠。

而作为陈朝的开国之君陈霸先，更是见证了那段峥嵘岁月。是他，将如同病夫一般的南中国从死榻上拉了起来，推翻了压在江南百姓身上的大山，维护了汉民族的尊严，让江南以新的姿态傲立南方！连毛主席也曾鼓励大家多读读《陈书》，了解一下陈霸先建立南陈的不世之功。

"霸先饮马，挥师千里，乱舞群魔立克。侯景伏诛，剪除僧辨，民族除压迫。身经百战，临危受命，鼎立三分践祚。泽华夏，英谋雄算，大公无我。"那么，开创陈王朝的陈霸先究竟是怎样一个人？他是如何成长起来的？让我们一起揭开这个金粉帝国的神秘面纱吧！

霸先其人

苏湖熟，天下足。

自南宋以来，江南成了富饶之地的代名词，苏州、湖州就是其中的典型代表。但是，在700多年前的南北朝时期，江南的开发才刚刚起步，湖州远没有后世的富饶，而我们的主人公陈霸先就出生在湖州边上的长城县（今长兴）内。

陈霸先的祖上并不是江南人，而是地地道道的北人。据说，陈霸先N代前的祖宗是东汉的县令陈寔，虽然官不大，但老爷子在任时还是很受爱戴的。搁现在，他是实打实的"人民公仆"。不知道是不是陈老爷子那种"以天下为己任"的胸怀感染了霸先，霸先帝确实是按照先祖的足迹一步步走过来的。

提到陈寔，还有个典故与他有关，就是"梁上君子"。记得那是东汉末年的一个深夜，比现在的黑夜暗得还早一些。一个全副武装的年轻小贼，不知怎的到了老爷子房梁上。陈老爷子年纪虽大，眼睛却不花，面对这个毛头小贼，陈老爷子没有立刻喊抓，而是来了场现场教育。他把子孙全喊了进来，对他们说道："孩子们，你们以后要'good good study, day day up'，不能学坏，最后做了'梁上君子'啊！那些作恶的人其实本性不坏，只是缺少教育，因而学坏了，好好的苗子毁了。你们要谨记这个教训啊！"老爷子的箴言儿孙听没听进去不清楚，这梁上君子倒是大受感动，当即从梁上跳将下来，表示要洗心革面，重新做人。陈老爷子见说教有了效果，摸着梁上君子的脑袋说："娃啊，照年纪，我也可以做你爹了。你老爸没有好好教育你，现在由我来尽尽责。好娃娃，以后不要这么做了，这两匹布，算是给你的压岁钱，拿去好好做人。"小偷点点头，离开了。

要搁今天，陈老爷子肯定要被狗仔队爆料说是在炒作，刻意抬高自己一类。不过在那时，老先生则被赞为高风亮节。

到了陈霸先的十世祖陈达的时候，正巧赶上"永嘉之乱"。得，皇帝都南渡了，那我也赶一次移民潮。于是，在"衣冠南渡"运动中，陈达也随大流来到了南方。当时，陈达就做了长城令。

陈达之所以被选任长城令是有原因的。据某位大师拿着风水罗盘斟酌后，说："老陈啊，我专业从卜四十年，这块地皮那是大大的好，知道这叫什么吗？这叫龙抬头啊龙抬头，不是拜相也封侯。你买了这块地，保准子孙各个飞黄腾达……"老陈是个实在人，一听此说，心中也很开心，给了大师点钱，便把家安在了长城县内。

这个预言是如假包换还是后人杜撰已不可考，事实是到了陈达的第十代，果真就出了个陈霸先。你说巧不巧，别说什么封侯拜相了，人家都称帝了。

陈霸先生于公元503年。这一年又被称为"梁天监二年"，也是南梁开国皇帝萧衍登基的第二个年头。换句话说，霸先帝还可算是梁帝国的同龄人，见证了梁朝的繁荣，也见证了它的衰败。这一年，也不是个太平年，四川的刘季连（刘裕宗室子弟）实在扛不住政府军，转而向武皇帝萧衍投降，后者很大度地赦免了他。陈霸先就在这个动荡的时局中成长起来。《建康实录》中说，霸先家贫，却又不肯下地干活，遂只能靠捕鱼为生。关于此观点，我只能说是无稽之谈。根据劳动人民的经验看，捕鱼绝对不会比下地干活轻松多少，说陈霸先懒得吃不了稼穑之苦，却乐意起早贪黑去捕鱼，这不是可笑么？

事实上，陈霸先哥仨虽称不上土豪，也算是个小康家庭。陈霸先的哥哥陈道谈（也作陈谈先）还官拜东宫直阁将军，在后来的健康保卫战中中箭，为国捐躯。陈霸先还有个弟弟陈休先，也在东宫任职。后来简文帝萧纲派他外出组建民兵团，结果被侯景给残忍杀害了。这么看来，陈霸先一家子真可以算是一门忠烈，政治面目绝对清白。不难想象，能做得东宫的官，没点背景那是行不通的。

那么，可不可以是陈霸先自己先发迹，然后带动兄弟共同致富？事实上，"侯景之乱"前，陈霸先一直在岭南扫匪，虽然颇有建树，但是……我们知道有句话说得好，"不到京城不知道官小。"那个时代，就算一个封疆大吏和一个京官相比，也未必能高出多少。更何况，陈霸先也是打下手的，远没有达到坐镇一方的实力，更别说安插个把兄弟去东宫任职了。所以，说陈霸先先发达再带动两个兄弟的说法并不可信。

既然如此，为何还要强调陈霸先家贫呢？这牵扯到南朝当时的社会属性。彼时，政治地位的高低是衡量贫富的唯一标准，虽然陈家经济条件还行，但因没有政治地位，所以也只能算是寒门。也正是由于这一社会属性，为后来的"侯景之乱"提供了温床。

陈霸先就在这么一个准小康的家庭中成长起来，随后迎来了人生的第一个职业——里正（村官）。别小瞧了这么个芝麻官，搁现在，也是个人见人抢的肥缺。南北朝时期，土地不是公家的，也没有开发商来征用地皮。陈霸先要想捞点油水，基本不太可能，当然，他也不屑如此。陈霸先和刘邦不同，刘邦一个小亭子也能四十年如一日干得不亦乐乎，陈霸先却闲不住，心想：做这鸟官不是浪费青春么？爷的青春爷做主，走了！

怎奈，陈霸先走得不地道，好歹也学学关二爷来个封金挂印啊，一来名声好，二来也算有个交代，正如关二爷说的那句话"我来时明白，去时不可不明白"。但霸先帝就显得有些"去时不明白"，竟来了个不辞而别。这种事情，放在今天也要担上个"玩忽职守"的罪责，何况当时？

那么，陈霸先逃到哪里了？他来了个"就近原则"，跑到了临郡——义兴（今江苏宜兴）。

今天的宜兴素有"陶的古都""洞的世界""茶的绿洲""竹的海洋"之称，是紫砂壶原产地，拥有80余个石灰岩溶洞、3500余公顷茶园，竹海纵横800里。宋代诗人苏东坡在宜兴留下"买田阳羡吾将老，从初只为溪山好"的诗句。宜兴更是人文荟萃，在中国古代历史上曾诞生了4位状元、10位宰相。

1600多年前的南北朝时期，宜兴也是具有举足轻重地位的郡。为东晋三定江南的周玘出身于此，楚帝桓玄曾在此发出"父为九州长，儿为五湖伯"的喟叹，竟陵八友之一的任昉还在此任职期间留下了"任公钓台"的痕迹，而陈霸先也将与这座城市结下不解之缘，他在这里遇到了其人生中的第一个贵人——皇族萧映。

某家酒楼内，萧映与陈霸先推杯换盏。萧映道："陈仔，你不在下若里做村长，来我这宜兴做甚？"陈霸先嚼着下酒菜，微笑道："青天大老爷啊，当村长没前途，老窝在乡下只能过老婆孩子热炕头的生活，我想来京城见见世面啊！"此言不无道理，当时的南京城已经是拥有百万人口的大都市了。

萧映大吃一惊，仔细看了下对方的面孔：方头大耳，天庭饱满，五官端正，是个大富大贵之人,于是道:"像你这样有上进心的年轻人已经不多了。你说得不错,在乡下确实成不了大事!这样,你去油库做个看守如何?小子,我看好你哦!"

人家是皇族,又给自己机会,想必当初那不辞而别的罪责也能一笔勾销。陈霸先索性就坡下驴,应承下来。看管油库的官职固然不算大,但咱有句老话,"宁为牛后,不为鸡首",能待在京城总还是好的。

当时也有人质疑萧映,说:"老爷,你怎么把这种人搞来啊?此人背景恐不清白啊!"萧映只是微微一笑:"陈仔他日前程不可限量啊!"此话颇有根据。据史料记载,陈霸先少时习武,那拳头也是邹志明级别的,加之还学过奇门遁甲,搁那时亦算个半仙。当然,萧映也没有奇货可居的意思,就当学学古贤,养个门客什么的,时间久了便淡了。不过,旅居京城的十余年倒是磨砺了陈霸先的性格,他在踌躇满志的同时,还锻炼出一份内敛和耐得住寂寞的决心。事实证明,只有耐得住寂寞的人,才能守得住荣耀。而此时,与陈霸先一起看守油库的人则做起倒卖国库粮油的勾当。看来,哪朝哪代都少不了挖国家墙角的败类啊!陈霸先并不为所动,用鲁迅先生的话来说,陈仔把别人倒腾粮油的时间用在了研读兵书上。在此期间,他还收获了可贵的爱情——娇妻章要儿。

此时的陈霸先不过是个名不见经传的小人物。如果不是那次改变南梁国运乃至整个南朝命运的"侯景之乱"爆发,也许出身寒门的他穷其一生也和九五之尊的宝座无缘。

北方时局

与南梁帝国波澜不惊的太平盛世相比,彼时的大江北岸,北魏政府却处于混乱之中。

公元524年,北魏六镇起义爆发。叛军席卷了魏廷的半壁江山,尤以葛荣为首的叛军势力最盛。紧接着,公元528年,因镇压"六镇起义"而崛起的羯胡酋长尔朱荣入主洛阳。在河阴之陶渚(孟津),将两千多北魏王公和汉族大家像下饺子一样通通扔到河里祭河伯了,史称"河阴之难"。当时的场景那叫一个惨绝人寰,那叫一个丧心病狂,那叫一个哀鸿遍野。再借用鲁迅先生的话描绘那些劫后余生的鲜卑贵族的心情,便是"惨象,已使我目不忍视了;流言,尤使我耳不忍闻。我还有什么话可说呢?我懂得衰亡民族之所以默无声息的缘由了"。后面还有句话,"沉默呵沉默,不是在沉默中爆发,就是在沉默中灭亡!"这笔账,是被汉化的鲜卑人记下来了。尔朱荣已经成了整个北魏的恐怖分子,大家都忍不住要"食其肉,寝其皮"。

此次杀戮大臣数量之多蔚为奇观,导致尔朱荣一下子就创下"中国一次性屠杀大臣之最"的纪录。唐朝末年,朱温也模仿尔朱荣干了一票,史称"白马驿之祸"。不过被杀之人尚未及百,与尔朱荣比,不过小巫见大巫了。

"河阴之难"后,北魏政府的权力中心进行了彻底洗牌,原先那帮汉化鲜卑人的地位均被尔朱荣带来的六镇杂胡取代。经过这么一次大换血,北魏已然名存实亡。尔朱荣还得意扬扬地将女儿嫁给孝庄帝,乐呵呵地当起了国丈,发明了一个称号——柱国大将军。这个称号震耳欲聋,直到后来侯景的"宇宙大将军"才将其压了下去。不过,明眼人看来,在孝庄帝眼中,这个突然冒出来的岳父被称作"蛀国大将军"才恰如其分,整个北魏都快被他蛀蚀光了。每次看到尔朱荣,孝庄帝都要起一身鸡皮疙瘩。

当然,尔朱荣对于自己成为北魏的"邦国之蠹"也绝非浑然不知,加之搞了个大屠杀,确实有点心虚,更怕自己在洛阳待久了被人搞个暗杀什么的,于是乎,这个柱国大将军以"打猎"为由跑到山西大本营去了。

转眼到了公元529年,梁武帝派遣直阁将军陈庆之护送北魏宗室元颢前去洛阳争夺皇位。陈庆之仅率七千白袍军,半年多的时间里,从铚县至洛阳,前后作战四十七次,攻城三十二座,皆克;破敌百万,所向披靡。以至于洛阳城内流传着一首童谣:名师大将莫自牢,千军万马避白袍。

陈庆之毕竟是孤军深入,创造完一系列神话后,终究还是返回了南梁首都——建康城。此后,北魏乱局继续升温。不甘于做傀儡的孝庄帝奋力一搏,捅死了那位"功盖魏武,祸比董卓"的羯胡岳丈尔朱荣。随之而来的是北魏的风云变幻,掌权人换得比日本首相还勤快。先是孝庄帝"杀猪"(杀朱)之后独掌大权,接着,"小猪仔"尔朱兆不服,率人马挟制住孝庄帝,后令其稀里糊涂死掉。再往后,贺六浑趁机跑到河北,学起刘皇叔,逢人就吹嘘自己有个牛掰的汉人祖宗。此时,众人不再叫他"贺六浑"了,都喊"高欢"了。久而久之,高欢觉得这么喊不尊重他,人们索性改喊起"欢爷"。

也该高欢发迹了。这位"欢爷"鼓吹的祖宗不是别人,正是河北大户、渤海高家的同一祖上。两家一看有亲,立马一拍即合。不消多久,高欢凭借忽悠,就做成了"河北老大"这把交椅。要说高欢以武力取天下,或许很多人都信,但其取河北,靠的可不是武力,而是诈力。

这边高欢得势,那边尔朱家内讧了。原来,"小猪仔"尔朱兆的叔父尔朱世隆看不下去了,要夺回尔朱家的领导权。尔朱兆可没有尊老爱幼的优良传统,一副老子天下第一的样子。双方这么一斗,狼来了。

高欢见尔朱家乱成一团,觉得机会来了,提兵十万来战尔朱家。经过一系列征战,高欢终于抢过了尔朱荣的大棒,开始操纵北魏的局势。随后,他又将目光盯上先前因扫平关中匪患而西进的尔朱荣旧将贺拔岳。他买通侯莫陈悦刺杀了贺拔岳。贺拔岳死后,部队群龙无首,高欢可是得瑟了。眼看一统天下已经是板上钉钉的事情,他顿时心旷神怡。他找来了侯景,令他火速前去接管贺拔岳的部队。

路上,侯景遇到了未来的西魏之主——宇文泰。此时的宇文泰只不过是个小角色,压根儿没入侯景的法眼。同样,宇文泰也不认识侯景。两人狭路相逢,宇文泰问道:"你们何人?从何而来?去往何方?"侯景如实相告。宇文泰听完,勃然大怒,骂了一句:"贺拔公虽死,宇文泰尚存!卿何为也?"言外之意相当清楚:大哥死了,我这个小弟还在,你等有多远滚多远!

侯景不是莽夫,看到宇文泰手下多,怕硬来吃亏,于是悻悻离去。第一次见面,侯景表现得狼狈不堪,却也让他记住了这个黑脸汉子。而宇文泰也顺势认识这位高欢最为倚重的跛子。宇文泰接过贺拔岳的大旗,使得高欢叫苦不迭。于是乎,关中由此正式成为独立王国。随后,孝武帝西去,高欢又立了一个皇帝,北魏正式一分为二,东魏、西魏并立。之后,高欢为了统一北方,与宇文泰发起了五次大战。经过多次交手,高欢并吞北方的计划宣告破产,只能默认与宇文泰平分天下的既定事实。"玉璧之战"后,高欢也郁郁而终。

纵观高欢一生,早年因为上门女婿的缘故,生活得颇为滋润;中年因为好友的推荐,得以在尔朱荣帐下效力;壮年成了帝国的最高掌权者;老年却因五次中原鏖兵,郁郁而终。其一生跌宕起伏,风生水起,也算值了。至于他为何没能一统天下,这不是天意,而是人谋。

贺六浑一生致力于将国家全盘胡化,于歪路上越走越远。此倒行逆施之为,注定政权不能长久,更别说一统天下了。孝文帝改革,北魏国力呈现几何倍数增长,这是北齐,乃至北周极盛时期都达不到的水准。当时洛阳的衣冠繁华,是之后历代永远无法复制的盛景。可是,以尔朱荣为首的六镇武人,无视孝文帝改革带来的空前发展,将"六镇起义"都归结于孝文帝改革,打出要"砸碎一切,全盘胡化"的旗号。然而,尔朱荣没能做到,宇文泰和高欢却沿袭他的路子改造国家,东魏、西魏、北齐、北周前期,都是胡化非常严重的国家。逆天而行,又想千秋永固,可能么?

然而,东魏、北齐没有随着贺六浑的离世而拨乱反正,却随着时间的推移,在胡化的道路上越陷越深。高欢死后,其子高澄一下子成了东魏的最高统治者,而这一年他还未及而立。大权在手的高澄掀起了一场"肃贪"之风,结果逼反了佣兵十万、节制河南的侯景。考虑到自身实力有限,侯景起兵的同时,向南梁抛来了橄榄枝。

寒山之败

此时的南方，萧衍已经在皇位上坐了四十余个年头。萧衍的一生，见证了北魏从顶峰滑落到谷底。他出生的当口，孝文帝的汉化还处于起步阶段；而到他撒手西归之时，东魏已经快从版图上消失了。前半辈子，他和拓跋宏比试谁更有资格一统天下；后半辈子，就开始与北魏诸君比试着谁更信佛了。此时的南朝，整个就是一个佛国，佛教几乎可算作南梁的国教了。若非萧衍佞佛而终，难以预料中国会否和西欧中世纪一样，发展成为一个政教合一的国家。

面对侯景的求援，朝廷内外一致反对，萧衍却做出了一个最终导致他凄惨亡命的决定：接纳侯景，逐鹿中原！而后，萧衍命自己的侄子萧渊明为主帅北方降将羊侃为副，提兵十万，直指彭城。

面对南梁的主力部队到达彭城，与侯景的人马连成一线，高澄心中真不是滋味，好在他还留有后手。

慕容绍宗，前燕太原王慕容恪的嫡系后人，年少之时便崭露锋芒，在尔朱荣帐下出谋划策。尔朱荣能操纵北魏军政大权，少不得慕容绍宗的妙计辅佐。若不是他后来政治斗争中站错队跟了尔朱兆，封侯拜相亦是轻而易举之事。慕容绍宗想不通，高欢应不是那种不识人才的庸主，可东西魏五次大战，高欢几次陷入困局，却没有想到启用自己。使者的到来解开了慕容绍宗的疑惑，原来高欢雪藏自己这么多年是为了给他的儿子一份大礼，一份平灭侯景的大礼。倘若一早就受到高欢重用，慕容绍宗必定位极人臣，而高澄又不曾与他施加恩德，到时如何使唤得了他呢！先雪藏多时，再突获龙宠，如此，慕容绍宗必将对提拔自己的高澄感激不已，死心塌地地卖命。想到这，慕容绍宗叹了一口气，道："高王，你果然心思缜密啊！"

同样的套路，后也为唐太宗所用。临终前，太宗贬谪徐世绩，太子李治深感不解。太宗便道："你对徐世绩并无功德，我将他贬去外边，你登基后再将他召回,便是对他施加了恩德,此人会尽心竭力辅佐你。如果诏书下了,徐世绩却在长安踌躇不前,朕就要杀了他,这样的人留不得。"后来,徐世绩果然识相,接了诏书就急急忙忙赶去封地。李治也如约召回启用了他。怎奈,徐世绩的后人徐敬业最后还是走上了造反之路,徐世绩一生堆砌的富贵最后终成浮云消散殆尽。

慕容绍宗刚刚到达京城,就看到东魏各个地方部队云集京城。除了斛律金镇守北疆外,东魏能喊得上名字的将军都来了,连驻守晋阳防止西魏东进的段韶也被秘密调回来。看来,自己建功立业的机会到了。

高澄此次拨出十万大军南下破敌,高岳任大都督,慕容绍宗任东南行台(相当于东魏东南战区总司令),杜弼为军司。表面上,高岳是老大,其实慕容绍宗才是掌管全局者。高岳仅仅统帅中央军(六镇鲜卑人),此次战役规模很大,少不得高家自己人坐镇,不过做做样子,虚张声势。慕容绍宗才是这次行动的核心人物。

有人也许会问:"慕容绍宗何德何能,就搞得定侯景?"我们不妨先调阅一下侯景的档案,不难发现,原来此君早年就拜了慕容绍宗为师,学习兵法。学生干得过老师吗?也很难说。慕容绍宗虽然教过侯景兵法,奈何后者思维敏捷,善于举一反三,很快就出师了。时过境迁,侯景一直在外带兵实战,慕容绍宗则长期脱离战事,此消彼长。此役对慕容绍宗来说,未必十拿九稳。

此外,还有一件事情让慕容绍宗格外头疼。由于被破格提拔,空降到军中,慕容绍宗所要指挥的都是军龄高出他数倍的"老司机":段韶,驻守晋阳,东魏的西线总指挥;韩轨,高欢妹夫,先前曾率主力军与侯景交锋;斛律光,北疆总指挥斛律金之子,未来北齐王朝最为倚重的将领,被尊为"东国明月"。虽然斛律光尚未有骄人战绩,但仅凭有个牛气哄哄的老爹已经能让他在一个拼爹的时代高人一等了。

慕容绍宗凝视着地图,发布了受命以来的第一条命令:"彭城是要地,必须占领此处,将梁军和侯景部队切割开来;先破梁军,再击侯景。为确保能从容击败梁军,我会派一支部队进驻谯城,组织侯景部队的东援。"慕容绍宗的战略意图很明显,以徐州为据点,和侯景加南梁部队打一场"淮海战役",在江淮肃清敌人。如此布局,一来可减少对河南之地的破坏,确保战后能够火速恢复经济;

二来，震慑大江以南的梁朝政权。

于是，慕容绍宗瞄准了进攻的第一目标——橐驼岘。途中，慕容绍宗忧心忡忡，据说梁军人数保守估计十三万，而自己满打满算才有十万。如果梁军已经占据了橐驼岘，那么，自己的大军就会完全失去地利，陷入被动挨打的境地。事实证明，慕容绍宗想多了，当他到达橐驼岘时，竟然不见梁军一马一卒。原来，此时的两军主帅萧渊明还在彭城南边的寒山饮酒呢。羊侃谏言："老大啊，早前我就提议，筑坝水攻彭城。你说打仗不能认死理儿，要因时制宜。好了，现在鲜卑人来了，全是正儿八经的骑兵。平原交兵他强我弱，为今之计，只有趁他们立足未稳攻过去，否则……"萧渊明没理他，接着酒劲撒起疯来，高歌一曲道："兄弟抱一下，喝下这小酒，这小酒一喝立马就能一醉解千愁。兄弟抱一下，索虏我们不怕，看看我大梁天威啊他索虏立马趴下……"

羊侃简直不敢相信，大战在即，身系十三万军士身家性命的主帅竟然在这撒酒疯？但为了大局，羊侃只能再次劝谏。萧渊明嘿嘿一笑，道："我叔是皇上！你也想指使我去做事？"

话已至此，羊侃心中凉了大半截，他所做的只能是偏守一隅，而不是筹谋全局，就算他想筹谋全局也没那个资格。此时，能谋全局的人正喝得颠三倒四呢！羊侃心知肚明，眼下能做的就是守好自己的阵地。既然无法力挽狂澜，至少保全跟我出生入死的兄弟安然无恙回到江南，与家人团聚。出了萧渊明的营帐，羊侃带着自己的部队，前往河堰。而帐内，萧渊明依旧醉生梦死……

与此同时，侯景部队正马不停蹄地从悬瓠赶往彭城。侯景原本准备等梁军和东魏军交火之后，自己作为生力部队参与战事，怎奈当他得知高澄派了慕容绍宗领军，登时脸色就变了，竟然在马上大呼："是谁教鲜卑儿（指高澄）派遣绍宗来的？若是如此，高王一定未死！"

想当初，韩轨前来把侯景围住。侯景也只是微微一叹，很鄙夷地说道："整天啃臭烘烘猪大肠的小子能有什么能耐？"但现在的慕容绍宗却让他精神错乱，误以为高欢还没死。惊愕过后，侯景镇定下来。此时，他只有快速赶到彭城，与梁军合军才是上策。一支兵力达到二十万的集团军，用得着害怕慕容绍宗那十万兵马吗？

然而，慕容绍宗等不及了，刚刚稳定好部队，就带领先头部队对萧渊明的南梁集团军发起了进攻。要知道，慕容绍宗谋略上还行，真的拿刀上阵砍人头，那是相当狼狈的。慕容绍宗当然不傻，自己被越级空降到这边，做了很多久经沙场的战将的头头儿，已然让不少人心存芥蒂了。因此，他必须拿出点实际行动来表率表率，他慕容绍宗绝非浪得虚名，首战必须告捷。

再说梁军郭凤的阵营首先遭到进攻，其他将领慌了神，去萧渊明大帐请求示意。而此时的萧渊明醉如烂泥，还能有什么示意？此前，萧渊明的一举一动均按照萧衍发出的一道道诏书走，按部就班。现在诏书还没来，敌人就开打，也太不按规矩出牌了吧！此时，面对这群手下，萧渊明就算没醉，也只能装醉了。

就在这时，侯景的使者也来了，进帐一看，瘫在帅案上的不正是萧渊明么？再看这群垂头丧气的将领，感觉就像慕容绍宗已经突袭得逞，萧渊明猝死，手下将领给开追悼会一样。好在经人提醒得知，主帅萧渊明只是宿醉，而非猝亡。使者定了定神，转达侯景的意思："大家追击北军的时候千万不能超过两里。"语毕，萧渊明还瘫在那里纹丝不动。使者只能暗自叫苦：这么个玩意是来打仗的还是来送死的啊！反正话已带到，自求多福吧！

使者前脚走，一群将士后脚也出了营帐，登上高地，眺望前方慕容绍宗和郭凤的军队正在酣战。他们考虑的不是去火速增援，而是坐山观虎斗。有人说："原来老郭这么牛啊，慕容绍宗亲自前来，老郭还能苦苦支撑这么久！"又有人说："来，我赌一壶酒，老郭扛不住半个时辰。"还有人说："我赌一坛，老郭这次肯定被慕容绍宗阵斩！"大家你一言我一语，将这出"作壁上观"演绎得淋漓尽致。这让战场上正抛头颅洒热血的郭凤情何以堪？

这时，胡贵孙的血性上来了，对身边的赵伯超说："我们来此不就是大战的么？敌人现在主动送死，我们还在这按兵不动作死吗？"说完，他带着手下部队猛冲了过去。东魏军没想到梁军中还有不怕死的，没有防备，被杀伤数百人后开始后撤。大家一看，连胡贵孙都能立功，我为何不可？原来鲜卑人也不过尔尔。

赵伯超铁了心要将怯懦进行到底，对身边人道："这索虏是不可战胜的，我们与之争斗，只能死路一条，不如早点回去，如何？"手下将士不愧是赵伯超一手带出来的，异口同声道："此言甚是！说得太对了！"同时，帐内喝得不省人事的萧渊明不知道怎么突然猛醒，像打了鸡血般下令全线出击！

其实，慕容绍宗早有后手，已安排好伏兵在路上，只说自己前去诱敌。他原本杀得老郭部队正起劲，以为用不上伏兵了，没想到，半路杀出个胡贵孙，计划又要按原定进行。更令慕容绍宗意想不到的是，这次，还闯进了一条大鱼。

侯景之所以让使者提醒"追击北军不能超过两里"，是由南军的军种决定的。梁军多为步兵，只有依靠阵型才能应对骑兵的侵扰。一旦追击超过两里，再好的阵营，都难以维持原有的状态。阵型不整，步兵就成了骑兵的待宰羔羊。

悲剧发生了，二十万大军败得神速。继萧宏和萧综之后，萧渊明再次给兰陵萧家添上一记全军覆没的败笔。在鲜卑伏兵肆意的屠戮和虐杀之下，梁军哀鸿遍野，死伤无数。大量士兵选择投降，而逃跑的梁军为了抢夺船只，发生内讧，砍下的手指都能装满船舱。别说萧渊明，连那个按兵不动的赵伯超都未能逃脱，全成了阶下囚。

全军覆没的惨景下，依然有漏网之鱼。当东魏军向着河堰进发的时候，恰巧遇到了一支部队军容整齐地向南撤退，正是"羊老虎"羊侃的部队。而东魏军只能默默尾随，目送羊侃的军队消失在视野中。这就是名将的力量！虽然羊侃已经离开多年，可是东魏士兵看到"羊老虎"的大旗，依旧闻风丧胆。时隔多年，"羊老虎"在北方的威名依旧有增无减。值得庆幸的是，这次手下的子弟都被完整地带了回去，羊侃算是无愧于心了。

寒山之战败了，萧渊明也被作为战俘带回了东魏国都。作为高澄炫耀的筹码，百姓争相目睹这位出身南朝高门兰陵萧家的贞阳侯的庐山真面目。萧渊明命不错，遇到的是元善见这么个傀儡。若是换成刘裕，他早和慕容超、姚弘一般下场——悬首京城了。可是，如果这时萧渊明被杀，反倒能成全他的一点名声。后来恰恰是这个家伙的南归，使得江南再次陷入万劫不复的境地。

萧衍收到寒山之战失利的消息时还在午睡，差点从御座上跌落下来。过了良久，才道："吾得无复为晋家乎？"意思是，自己难不成要遭遇司马家北伐失利，苻坚挥军南下时的情形吗？当初淝水之战中北府将士尚且可以背水一战，而此时萧衍的大梁还具备和北虏实打实再干一场的军队吗？事实证明，马上到来的大动乱不仅毁了整个萧梁皇朝，更将整个南朝送上了落幕倒计时的快车道，江南彻底失去了与北方对峙的实力。

十万大军瞬间覆灭，荡平河洛也只能成为梦中的盛景了。更重要的是，此次的十万大军大部分出自吴地和中央军，中央的控制力也无法保持下去了。萧衍的几个儿子坐镇地方，手中的军队成了帝国最大的威胁。外藩再次入主建康不过是时间问题，北方兵戎未靖，而南边诸子又是磨刀霍霍，随时准备夺嫡。萧衍即便能料定生前，可他死后，大梁必会重蹈"八王之乱"的覆辙。萧衍登上建康城，遥望北方，亦只能黯然而泣。

"狗子"南来

寒山之败后不久，侯景也被慕容绍宗所败。溃败的侯景收拢八百残兵南下寻求梁朝庇护。

不久，南下的侯景就巧取豪夺了韦黯所辖的寿阳。消息传来，建康城内议论纷纷。对于侯景的突然到来，梁朝君臣在朝堂上展开了激烈的讨论。首先，"老和尚"萧衍表示很不悦：你来我南边投诚不来建康城报道，却占了寿阳，有道理么？想当初独孤信、贺拔胜，哪个出身没你好？他们有你这么不守规没距么？你一个代北破落户，真不知道自己几斤几两了？更何况，之前我已经容忍你找来西魏搅局了，还为了你这么个玩意把我大侄子和十万兵马都搭进去。再者说了，当初你起码还有十万大军，坐拥河南，现在有个啥？八百残兵就想要我寿阳？

萧衍不爽，下面也不闲着。傅岐主张接纳，萧介主张杀之。萧介上了一道表章，明确指出，侯景就是一个彻头彻尾的三姓家奴，就是东汉时候的贼吕布、东晋时候的江北虎（刘牢之）——此反骨，必须杀！萧衍称赞萧介为忠臣，可称赞归称赞，内心却很纠结。如果现在杀了侯景，无异于让臣民们见识到，原来我们的"和尚"皇帝是个佛口蛇心之人。更重要的是，这么做，等同于向世人承认，皇帝之前做的都是错的，身为帝王的威严何在？看过电视剧新《三国演义》的朋友一定不会忘记那句台词："作为帝王，知错改错但不认错。"同样，此时的萧衍知错也不能认错，至于改错……

很快，侯景收到朝廷的诏书，受封南豫州牧，等同于默认侯景坐镇寿阳的事实。但侯景却觉得这个官职有点奇葩。此时，侯景的头上有两顶帽子，"河南王"和"南豫州牧"。实际情况如何？戴着"河南王"的帽子却没了河南，而所谓的"州牧"也在魏晋之时被废弃不用了。侯景不懂梁武帝的用意何在，只觉得戴着这两个帽子是个笑话。笑话归笑话，自己残疾都被笑了这么多年，也不在乎再多两个笑话。人活着比什么都好，这是侯景目前最真实的想法。

如果事情真能如此平和发展，倒也不失为一件喜事，可接下来的变局，让侯景那颗平静的心又躁动起来。到达南方不久，萧衍就收到北边高澄的来信，信内这样写道："老和尚，从我父亲开始就与你和平相处。但是，你公开支持我境内反革命势力——侯狗子，且武装干涉我国内政，挑起战火。如今你们大败，本衙内大人有大量，也不想计较。我愿意与你重修条约，再次缓和边境形势。我高澄好歹也算半个汉人，西边那个宇文泰可是正儿八经的索虏啊！我们此时应该同仇敌忾，一起消灭西魏，这才是该做的。"

　　"老和尚"多精明的一个人，思忖着：想当年我萧练儿加冠的时候，你爹贺六浑连胚胎都没形成呢！你一个黄口小儿，也想来诈我？很明显，此时公开答应求和无疑是逼侯景作乱，若不答应，我就不信你高澄敢大举南侵。虽然之前我吃了败仗，但南梁的国力依然比你东魏强。我和西魏没有矛盾，可你有。你要是一旦挑事，就要考虑两线作战了。萧衍把形势看得很清楚，现在的实力对比，也默认了两国边境不会发生大战的事实。既然无须声明就能做好的事情，何必节外生枝搞个声明，刺激侯景呢？

　　无疑，冷处理是此时最佳的处理方法。事实上，萧衍也是这么做的。可高澄不满意，一计不成，再生一计。不久，萧衍收到宝贝侄子萧渊明的信，信中说："叔啊，我在这过得很好，高澄是大好人啊！侯景是恐怖分子，留不得。西魏、东魏都在通缉他，您怎么可以把他收留下来啊！高澄向我保证，只要你把侯景遣送回东魏，我便可以回来了。叔啊，我想死你啦，你快救我啊，叔啊！"

　　读毕，萧衍哭了。朝堂上，一眼看穿萧衍心思的朱异竭力提议两国修好，送还侯景，迎回贞阳侯，臣下也一同附和。但仍有人固执己见，此人就是之前提出要接纳侯景的傅岐。他劝阻道："陛下，这是反间计啊，高澄小儿目的在于离间你和侯景啊！"

　　那么萧衍没有看出这是反间计吗？经历了这么多刀光剑影，反间计于萧衍不过小儿科。早年夺权之时，他就多次用过此计，临老会这么容易中计吗？萧衍之所以将计就计，全因被羁押的是他的侄子萧渊明！萧渊明在萧衍心中的地位一定程度上可以和自己的几个儿子等同。萧渊明的父亲是萧懿，萧衍的大哥。萧衍和这个大哥的关系最亲，而他起兵的直接原因便是东昏侯杀了自己的大哥！

可以说，大哥的死是萧衍心中永远的痛。他总觉得对其有所亏欠，所以对萧渊明也照顾有加，这也就是为何他能用一个侄子替换掉他的亲孙子而出任北伐总指挥的根本原因。帝王可以不认错，但心中若有亏欠，始终会影响其决策的制定。后世道光帝在立储的时候选择了优柔寡断的奕詝而没有选择爱子奕䜣，也是因为考虑到奕詝的母亲死得早，心中有所亏欠，所以才感情用事。

萧衍心中有亏欠，但这种话不能明说，他知道自己该怎么做。他写了一封信，让夏侯僧辩捎回去。夏侯僧辩没有直接回东魏国都邺城，而是跑去寿阳溜达。他这么一溜达，就被侯景捉住了。侯景一看信，大吃一惊：不是说萧衍是活菩萨么？怎么如此佛面蛇心啊！要不是今天捉了夏侯僧辩，自己被卖了都不知道呢！于是，侯景决定先礼后兵，一方面写信告诉萧衍不要中了鲜卑小儿的反间计，另一方面又给梁武帝宠臣朱异送去了三百金，因为他心知肚明朱异能够起到的作用。朱异收了钱，却没办事。他深知，萧衍决定的事情，基本没得商量，梁朝君臣不怕侯景造反。试想，一个仅带八百人的家伙，就算造反，又能拿我大梁帝国如何？虽然，落井下石的名声不好，可为了萧衍心中的骨肉亲情，面子折损点又算啥？不久，侯景得到回复：梁朝已经派出使臣出使东魏，其任务就是——魏梁关系正常化。

这对侯景来说不啻于晴天霹雳。朱异这厮太不厚道了，收了钱不办事！于是，侯景再次上书抗议："陛下，你要是和鲜卑小儿关系正常化了，我又该如何处之啊？"萧衍回复道："朕与公大义已定，决不会成而相纳，败而相弃。"——咱既然和你说好了，自然不会让你成为议和的牺牲品。侯景还不满意，又叫嚣："我现在招兵买马早晚会打回去的，议什么和啊！不要议和，议和我肯定要死。"为了让侯景相信自己，萧衍拍着胸脯说："我一个万乘之君，会逗你玩么？"为了避免侯景再来骚扰，萧衍又补了一句："不劳复启。"对于萧衍口头承诺的"不抛弃，不放弃"，侯景自然不认同，他准备再试探一下"老和尚"。很快，萧衍收到高澄的"国书"，其中提到：送回侯景，两国恢复邦交，萧渊明也可以平安回来。萧衍很高兴，刷刷刷大笔写下八字："贞阳旦至，侯景夕返。"尽管傅岐仍坚持己见，认为："弃侯景不义，逼反侯景不祥。"但这样的声音于朝堂上毫无力量。以朱异为首的百官都表示，只要委派一名官吏就可以把侯景捉来。这封"国书"又回到了主人侯景的手里。侯景登时就气得冷汗直冒，明示左右："我固知萧老儿薄心肠！"心想：原以为我侯景就够不要脸了，没想到你这个活菩萨萧衍比我还不要脸，实打实的佛口蛇心！前几天还人模狗样给我发誓，如今立马看出什么德行了！老子要造反了！

说干就干，只要侯景想造反，甭管河南、淮南都一样！有条件要反，没条件创造条件也要反！更何况，侯景的狗头军师王伟也起哄道："我们等着被梁国送去东魏是一死，造反失败也是一死，'等死，死国可乎'！"一下子把造反拨到除暴安良的高度上。

侯景开始大肆煽动百姓，要带着百姓"均贫富"。南朝土豪不胜枚举，咱们就是要"均"他们的贫富！平均地权，做到人人有田有女人！说这话时，侯景竟然不觉得自己滑稽，就算南梁土豪猖獗，那也是人民内部矛盾，你一个外来侵略者打着"均贫富"的旗号在人家地界上造反，还提出平均地权……孙中山先生都没完全做到的事情，一千多年前的侯景居然跃跃欲试，也真是无知者无畏了。值得一提的是，侯景确实还有点小手段：男子全部从军，女子全部充军。这倒是真给寿阳城的百姓解决了"剩男剩女"问题，而且赋税一律罢免。土豪确实已经被扒光了，侯景居然征召到了八千士兵。

接下来，侯景踌躇满志，要带着这八千士兵去建康城里打土豪。他给朝廷写了一封信，说自己已经拥兵八千，这八千好歹也是梁朝的编制，怎么也得派发装备吧！萧衍倒是很大方，要多少装备，政府肯定提供。这时，朱异就要小聪明了。侯景的一万匹锦成了青布，武器也都是兵库里淘汰多年的陈旧设备。侯景感觉自己的智商被人愚弄了，于是又开口要工匠，表示要自己锻造兵器。萧衍也痛快答应了，可这工匠可把侯景等得望眼欲穿了。

随后，侯景又提出了第三个要求：我要老婆！我老婆都让鲜卑小儿剁了。但是，这个老婆必须是从"王""谢"里面挑。何为"王""谢"？南朝四大家族，王、谢、袁、萧。"王""谢"居前列。门阀制度是东晋以及宋、齐、梁赖以生存的体制，也是南朝的根本政治制度，尤其在东晋和齐、梁，世家大族一直与政治高层有着密不可分的联系，左右着各种决策。门阀制度讲究门当户对，梁山伯配不上祝英台，焦仲卿也配不上秦罗敷。同样，侯景这个代北的破落户想娶王、谢家的女人真是异想天开。这要是让你得手了，岂不是扇了梁朝的耳刮子么？更是对梁朝政治制度的一种践踏！所以，萧衍这次很不客气地拒绝了：王、谢门高非偶，可于朱、张以下访之。说白了，"王""谢"二姓焉是你侯某人可以企及？找个比姓朱的或者姓张再次一点的姓就知足吧。

这下可是严重地刺激了侯景：合着老子要娶的老婆娘家比朱、张地位还低？朱异算是"暴发户"了，可见姓朱的在南梁并不是大姓。比姓朱的还差，那要姓什么？难不成老子要和陈庆之这样的寒门陈姓联姻？

于是，侯景立马怒气冲天地开始声讨萧衍的恶行！

直捣江东

侯景反了！

侯景反了！

侯景反了！

重要的事情说三遍！这次不是谣言，有了钱，有了武器，有了军队，再不干一票，反倒是对不起老和尚对自己的栽培了。侯景如是想。然而，造反最开心的却不是侯景，而是萧衍。现在，萧衍终于有足够理由来清算这个"侯麻烦"了。八十多岁的萧衍一改沉沉暮气，激动地喝道："是何能为！吾折棰笞之。"意思是，有什么大不了的，能成事？我折根木条都能狠狠抽他一顿！

根据萧衍的部署，梁军五路齐发，兵围寿阳。南路军是合州刺史萧范，北路军是北徐州刺史萧正表，西路军是司州刺史柳仲礼，东路军是西豫州刺史裴之高。总指挥是邵陵王萧纶，五路大军共计十万。如此铁索合围也能看出，萧衍早就谋划好对付侯氏造反的高招了，只等他就范呢！一旦围剿成功，侯景的脑袋会被快递至建康，供世人观瞻。然而，当大军合围之际，侯景却突然不见了！

侯景去哪了？一时间，这成了五路大军议论的焦点。当大家一片茫然之际，侯景居然出现在了长江边！原来，此君利用各部队不协调的当口，发扬运动战优势，溜出包围圈，直奔建康城而来。这是要干吗？直捣黄龙？他难道疯了？非也，这恰恰是他此刻所能选择的最正确的道路！刚出道时，他的成名之战就是尔朱荣七千破葛荣百万的战役。那次战争的核心思想就是：快速冲击，就地斩首，直接拿下主帅，贼军必然瘫痪！侯景决定故技重施，与其和十万大军周旋，不如直奔主题，擒获萧衍！可萧衍不比葛荣，有高大坚实的建康城墙守护，侯景这次能成功么？

萧正德，让我们记住这个名字。正所谓"没有家贼引不来外鬼"。萧衍家也出家贼了，此君就是萧正德！他可以说是萧衍的儿子，抑或说是萧衍的侄子。话说，萧衍的原配郗徽一直无法给他生儿子，连着三胎都是女娃。不孝有三，无后为大，这样的老婆不该被休么？彼时，萧衍尚未发迹，而郗徽的母亲贵为公主，郗姓也算东晋时代的名门。严格意义上讲，萧衍还算是倒插门，哪还敢休妻啊！不过，一直没儿子也是大问题，刘裕四十多才有儿子，咱可不能和他一样啊！于是，萧衍急急忙忙从弟弟那儿过继了一个儿子，就是萧正德。

萧正德的老爹就是萧衍的宝贝六弟萧宏。正所谓"龙生龙，凤生凤，老鼠的儿子掘地洞"，用在萧正德父子身上再准确不过。老子不是个东西要造反，儿子更不是个东西。只可惜郗徽没做国母的命，萧衍登基的时候她倒先走了。不巧的是，萧衍收了萧正德做儿子的四五年后，丁令光给自己生下了个胖小子，就是我们熟知的昭明太子——萧统。

皇位是个好东西啊，自然要让亲生儿子来坐。于是，"伪皇子"萧正德坐不住了。借奉命给侯景送东西之机，双方勾结到一起。萧正德当即表示愿意给侯景做内应，前提是要保他做皇帝。这下不难理解侯景为何敢放手一搏进攻建康城了吧，原来是朝中有人。

侯景又心生一计。他在长江边放出话来，要打合肥。合肥是南路军萧范的大本营。听到这个消息，萧范也不着急追赶侯景了，而是回到大本营等着侯景来攻，而其他几路大军也改道到合肥。就在这群人傻乎乎地赶去合肥布口袋阵的时候，传来了侯景攻克谯州的消息。此时，大家才恍然大悟：又被侯景耍了。这也不能怪他们，既然侯景有本事跳出寿阳这个包围圈，他肯定也有杀回合肥的可能性。兵法有云："虚则实之，实则虚之。"就在这虚虚实实间，梁朝的诸将被忽悠了一次又一次。

紧接着，侯景再破历阳。历阳位于长江北岸，与长江南岸的采石（安徽马鞍山）仅一江之隔。想当初，北胡第一次打到江北，还是北魏的拓跋焘时代，距今已有百余年了。侯景能否突破拓跋焘的极限，渡过长江呢？

我们先来看看梁朝长江防线的兵力配置。由于近五十年未曾打仗了，长江上的水军只有三千人，而采石作为军事据点竟然没有设防，更别说要全面封锁长江了。当然，此时的梁军已经有人提出布防长江，在江边歼灭侯景的设想，此人便是羊侃。羊侃建议："两千人马立即接管采石，同时命令邵陵王所部直接进攻寿阳，打掉侯景的据点。只要封住侯景渡江，就能端了侯景老巢，其必然如同丧家之犬一般。"

可惜此时朱异再次代表萧衍发言："侯景必无渡江之志！"满座哗然，诸多后人根据朱异的这句话，无端就把他定义为侯景的同谋。这可着实冤枉了朱异。事实上，朱异之前是说了很多有利于侯景的话，但也都是为了迎合萧衍的心思罢了。从侯景讨要锦袍，朱异却给青衣看，朱侯二人压根就不是穿一条裤子的。那么，朱异这次为何又帮侯景说话？细想，朱异不过是在陈述一个事实。侯景既然要渡江，肯定需要船，难不成游泳过来么？侯景确实缺乏渡江的条件。但事情发展到这地步，已经无法用常规逻辑看待侯景了，人被逼急了什么智慧都有可能应运而生。朱异的常规逻辑使得梁军错失了良机。萧衍则思考得过于缜密，既然侯景能使出障眼法，让大家在合肥扑了空，这次到长江会不会也是一次"狼来了"？当各路部队疲于奔命时，侯景则可凭借运动战歼灭梁军。事实证明，多思多虑，萧衍算准了侯景，却没算准自己。

侯景固然没有船只，但萧正德有啊！蒙在鼓里的梁朝君臣自然不知道萧正德会在这个时候雪中送炭，令船只护送侯景破江而来。此时，羊侃仿佛已经看到侯景大摇大摆渡过江来，联想当初寒山之战时萧渊明无视自己的谏语，再看殿上君臣，只能仰天长叹："今日败矣！"

如果我们关注一下此时萧正德的所作所为，一定会哑然失笑。朝廷任命萧正德坐镇丹阳郡，负责建康及长江防务工作。好嘛，如此一来，侯景渡江后将毫无阻力地向建康城一路推进。

侯景成功渡江的消息很快传到建康城。"四十年中，江表无事"，大梁四十多年的太平日子即将一去不复返，取而代之的是侯景羯胡的兵临城下！萧衍大为震惊，更万分不解：没理由啊，一艘船都没有的侯景难道是从天而降吗？萧衍在臣民心中高大上的形象瞬间土崩瓦解，慌乱之际，传位东宫成了他唯一的想法。面对太子萧纲，萧衍说出了内心想法："以后军国大事无须问我，内外军队都交给你了。"萧衍老了，想问题考虑太多，既要想着如何用"阳谋"杀侯景杀得有理有据，又要谋算着侯景在长江边是否又是虚晃一枪。萧衍觉得想多了确实累心，或许换一个思维简单的人会好一些。怎奈，这是一步错棋，这个太子萧纲，除了会写写诗文，政治上就是"一头猪"，连他七弟梁元帝萧绎的一半都达不到。

大战将至，大批民众涌入建康城，盗贼横生，家家闭户。平日里的"城管"——京城卫戍部队纷纷去武库抢兵器自卫，仿佛有把刀在手里，侯景就不敢杀自己了。歌舞升平的盛景不在，草木皆兵的惨象却比比皆是。

再看双方的对比情况。建康城此时是一个人口规模过百万的大都市，派出十万大军不是什么问题，可缺乏优秀将领是梁朝的症结所在。五十年的太平盛世，让江南人民的骨头都安逸酥了，畏马如虎，谈战色变，让他们刀尖舔血无异于天方夜谭。这也不能怪他们，梁武帝治理得太好了，在位四十七年，除了在江淮和北魏打拉锯战，境内一直没有战事发生，连规模稍大的造反都没有。刘宋时期建康多次被围的景象是梁朝百姓不曾见到的。宋、齐两朝暴动频发的三吴之地，此时更是成了安稳的大后方。那么，将领的情况如何？史书评价当时的情况是"宿将已尽，后进少年在外"。早期的曹景宗、韦睿不复存在，中期的陈庆之、兰钦也驾鹤西去，剩下的青年将领则不堪大用，还都在边境上历练呢。侯景把建康城内的情况摸了个底儿掉，扬言道："城中非无菜，但无酱（将）耳！"城里不是没兵啊，就是没拿得出手的将领。

侯景这边虽然要补给没补给，要兵员没兵员，却有一个秘密武器——守卫朱雀门的萧正德。有他为内应，胜过雄兵十万。更重要的是，侯景此时已经将围堵他的部队远远甩在后边，兵锋直抵秦淮河，几乎已经到达了南京城下。

梁朝这边万般无奈，只好请出羊侃坐镇。值得玩味的是，羊侃是个地地道道的北人，犹如二战时期，最后固守柏林抵抗苏军的竟然是法国人。侯景没能想到，最后保卫南朝都城的居然是一个北方佬。此时，羊侃名义上是给萧纲的儿子萧大器做副手，萧纲虽无能但也能审时度势，索性完全放权，深信只有羊侃挡得住侯景，若连羊侃都扛不住了，南梁的气数也就到头了。

由于萧正德放水，侯景此时已经开到秦淮河边，准备渡江。梁朝时代的秦淮河没有风光无限的"八艳"，没有"隔江犹唱后庭花"的商女，毫无胭脂水粉气，只有萧瑟的西风，吹动着平静的湖面，不时泛起一点点涟漪。此时，萧正德也不再伪装了，直接带队跑去与侯景会师。

萧纲精心安排的谋局全面崩溃，只剩台城还在政府军手中。叛军萧正德所部与侯景所部成功会师，声势大为一振。宣阳门下，会师后的两支反政府武装大搞庆功宴。为了统一着装，萧正德命令部下反穿军服，露出里面的青色里子。事态进展得如此顺利让侯景都难以置信，尤其政府军撤出了石头城，等于把一座粮仓捧到自己面前（石头城平时作为储备粮食的所在）。此时，萧衍父子也都躲进了皇宫，皇帝都不主持大局了，大臣们也纷纷作鸟兽散。小小的皇城内竟聚集了十万人口，还有四十万斛趁乱运进来的粮食。侯景面对政府军的全面崩盘，不免飘飘欲仙，突然觉得自己高大上起来，再也不是那个身有残疾的不幸之人，已然可以比肩高王，哦不，是比高欢更厉害。高欢只能占领北方一半的土地，而自己只要拿下萧衍，将控制整个南方……

台城旧梦

皇城告急，整个宫殿就是一个孤岛，而台城就是孤岛上最伟岸的山巅，抵抗着滔天巨浪，以免这座孤岛被海水吞噬。全体人员都被动员起来，王侯将相放下身段，纷纷参与到台城保卫战中来，挖土堆山，就连萧纲都亲力亲为积极做出表率。

羊侃不愧是名将，虽然台城此时已是孤城，但他依然防守得无懈可击。侯景在台城下，再也尝不到守株待兔的甜头。他深知，这是最后的堡垒，拿下台城，就将坐拥天下，改朝换代。于是，他派兵猛攻，进攻之余还蒙骗守城的将士，说自己只想杀掉朱异，之后立马退兵。萧衍听闻侯景的要求，如同宋徽宗处置蔡京一般，对儿子萧纲说："既然朱异贪赃枉法，扰乱朝纲，索性杀了他一人以谢天下！"其实，萧衍心中很清楚，朱异没有错，所做的一切都是自己的意思；萧衍更清楚，即使杀了朱异，侯景也绝不会退兵。事已至此，萧衍却必须这么做，一来，平日里受朱异欺压的大臣不在少数，杀朱异，稳人心；二来，既然侯景场面话说得这么好听，那就遂了他的心愿，到时候要是还不退兵，他就是失信于天下，百姓也可看清这个所谓的"革命者"的真实面目，看他如何站得住道德的制高点！

不过，萧纲不这么想，一旦遂了侯景的意，他岂不要蹬鼻子上脸，继续勒索朝廷？政府的公信力还往哪里搁！朱异因萧纲的坚持捡回一条性命，此时只怕恨死侯景了。进攻的同时，侯景还四面放火，既然打不进去，把大门烧了岂不妙哉？羊侃就命人将大门钻孔，从孔里浇水灭火，还派出敢死队跑到城外浇水，真是豁出去了。侯景改命人用大斧去砍东掖门，看到门被砍出一道道口子，心里很是得意。但很快，砍门的士兵就哀号着退了下来，原来羊侃利用这些口子刺出长矛，来不及躲避的人直接被穿成肉串了。侯景这下急了，急中生智，居然造出了几百个木驴，每个木驴里面藏四五个人，外面蒙上湿漉漉的牛皮，底端装上轮子。这么一来，"侯式坦克"横空出世。可惜，首批试验品效果很糟，挡得住火，扛得住箭，却在羊侃的投石器进攻下，被砸了个稀巴烂。看着自己的艺术品就这么毁于一旦，侯景气得要吐血。

然而，每场战争都会成就一场工业革命，推动科技迅猛发展。很快，侯景又鼓捣出"侯式坦克2.0"，改良了木驴的背部，将其设计为尖顶，这样一来，砸落的石头不会积压在木驴背上，而是会滑落下去。看着羊侃那边的投石器失效了，侯景得意地说："老羊啊，你不知道改良后的坦克是你的巨炮打不穿的么？"

梁军一时不知如何应对，要是让这木驴进来了，两千年前在希腊发生的"特洛伊木马屠城"可就要在建康城再上演一次了。不过，羊侃一点也不慌张，既然巨炮搞不定"侯式坦克2.0"，那就试试"羊老虎榴弹"吧！随后，城楼上扔下数千把火炬，一下子点燃了侯景的一匹匹木驴。侯景诧异道：老子不是做了防火设计么？的确，侯景用了湿牛皮，可老羊的火也不是一般的火，此乃"三昧真火"，引燃材料全部采用高效燃烧物，同时，火炬又加上了钩子，一旦砸中木驴，会狠狠钉死在木驴身上。拥有制导系统的"羊老虎号榴弹"很快就把"侯式坦克2.0"摧毁得粉碎，里面的人烧得连灰都不剩。

侯景命人在城外筑起土山，羊老虎则派人去挖地道。土山地基不稳，只能轰然倒塌。侯景一看，既然土山你可以搞定，那我就来楼车。转眼之间，两座高大的楼车拔地而起，侯景的叛军纷纷学着阿三拥上楼车，准备居高临下对着城内射箭。城内士兵面对如此庞然大物纷纷手足无措，唯独羊侃气定神闲，微微一笑道："不急，不急。他们战车造得仓促，属于三无产品，典型的'豆腐渣工程'，还挤进这么多人，地基又不稳，车子迟早得坍塌。"果不其然，侯景的战车还没开到台城城门前，就轰然倒塌，给城内梁军现场直播了一场天大的笑话。

拼才智，侯景还真不是羊老虎的对手，不过，明的不行可以来阴的。于是乎，侯景前瞻性地搞起纳粹二战时的伎俩。当时，德国人捉住斯大林的儿子雅科夫，以此进行要挟，而此时侯景手里也有羊侃的儿子羊鹭。但羊侃的态度十分坚决，居然在城头拉弓要射死儿子，并高声喊道："当年我南下投效，连宗族都不顾，今天岂会顾及一个儿子？"侯景一看"羊老虎"来真的，连忙让人把"小羊"带走，以免丢了这个王牌。侯景觉得，得让人给羊侃洗洗脑了，于是派手下傅士哲去做说客。傅士哲问道："侯王不辞万里来觐见，朝廷为何把他拒之门外？"羊侃理直气壮对曰："带着一群胡虏，打砸抢烧掠过秦淮河，又来攻城，这是合适的觐见方式吗？"傅士哲又说："侯王本来就是行伍出身，带几个兵很正常啊！我们是来锄奸的。"羊侃道："陛下做了四十几年的皇帝，海晏河清，何须劳他人来清君侧？你们是锄奸，还是杀驾？"傅士哲没话说了，竟然膜拜起羊侃："我在北方就听过阁下'羊老虎'的威名，望您今日赏脸脱下铠甲一见，也不枉此生了。"羊侃坦然照做。傅士哲一看这架势，再无赘语，深深折服，连他手下带来的"贼兵"也被羊侃的人格魅力所征服。

侯景怕手下反倒被羊侃给忽悠过去，连忙把傅士哲喊回来，也让聚集在城下的士兵都散了。侯景不明白，羊侃和他同是北人，为何这个北人会为了守住南朝的江山和自己死磕？而此时，由于侯景之前约定士兵与百姓秋毫无犯，时间久了，自己队伍中的粮食被吃得差不多了，他却不想因为抢粮而搞得形象大减，加上叛军又不会自产粮食，如此，便有了逃兵。

侯景先是拥立萧正德于城下登基，这下可把萧正德这个傻宝儿开心坏了，还把女儿嫁给了侯景。随后，侯景命令士兵猛攻台城外的唯一堡垒东府城，并将降兵全部杀光。同时，他还命人到处散播萧衍已死的谣言，以此瓦解城内的斗志。萧衍一把老骨头了，还得亲自上城头辟谣，也真是无可奈何了。更绝的是，侯景索性撕毁伪装多时的面具，来了一场彻底的大革命。为了使读者能够更好地了解侯景之所以能在江南掀起巨浪狂涛的原因，以下插入一段南朝社会矛盾的评述。

首先，需要清楚的是魏晋南北朝风靡一时的制度——九品中正制。在此制度催生下，形成了"世胄摄高位，英俊沉下僚"的特殊现象。简言之，就是严格"拼爹"，个人荣辱完全由出身而定。如此一来，就产生了划分清晰的阶级。有阶级就有斗争。当时的地主阶级也是分等级的。九品中正制的提出，正是由地主阶级中的士族地主阶级提出来，借以维系自己统治地位的。

士族地主阶级是怎样形成的呢？这还得追溯到战国时期。当时，各国为了富国强兵，纷纷变法，促使奴隶社会向封建社会过渡。秦朝是中国历史上第一个封建王朝，秦朝的官吏基本属于皇帝任命，其身份必然属于上层人士。到汉朝，最初的官吏基本都是老一辈"泥腿子"的后代或门生。到了汉武帝时代，推出了首个选拔官吏的制度——察举制，说白了，就是乡里公推"人品王"，谁人品好谁人上。

这样问题就来了，假如A当时在朝中当官，B被A推荐上去做了大官，那么B肯定要记得A的好，在举荐官员的时候，B肯定要还A的人情债，便从A的亲属子弟里找人。那么，被找上来C日后肯定也要记得B的好，自己选拔官吏的时候，难免也要考虑一下B家族的人。久而久之，A、B两个家族中做官的人越来越多，家族越来越富裕，从而形成了庞大的官僚集团。这就是察举制带来的严重后果。加之刘秀建立东汉后对功勋集团非常照顾，官僚集团在东汉有了长足的发展，以至于士族和外戚、宦官成了东汉中后期的三大支柱，我们常说的"袁绍四世三公"就是这种制度下的典型代表。

由于察举制被滥用，地主阶级开始分化，形成了士族地主阶级和庶族地主阶级。通俗点说，就是大地主阶级和小地主阶级。大地主阶级对应的是高门世家大族，而小地主阶级对应的就是寒门。有了阶级分化就有阶级矛盾，虽然同属地主阶级，但内部矛盾也是比较大的。士族地主阶级为了维护自己的利益，怂恿当时的君主曹丕推行"九品中正制"。此前，曹操一直主张拉拢庶族地主阶级，打压士族地主阶级，因为士族所拥有的经济和政治大棒将会大大限制皇权。在封建时代前期，如果缺乏一个强有力的皇权，国家必然走向分裂，如三国，如南北朝。

同时，士族地主阶级长期享受高规格待遇，慢慢变得腐化、无能，严重污染国家管理层。曹操高瞻远瞩，才决定打压士族，抬高庶族。但到了曹丕，为了称帝和强大国力，他需要士族地主阶级在经济上和政治上的双重支持，从而必须制定令他们满意的政策，保障他们的既得利益，"九品中正制"遂应运而生。

祸根久种

由于国家政策的扶持，士族地主阶级持续做大。他们有了钱就生娃，生娃干什么——做官；做官干什么——捞钱；捞钱干什么——生娃；生娃干什么——再做官。如此循环往复，士族地主阶级中就诞生了几大家族，琅琊王氏、陈郡谢氏、河内司马氏等等。曹魏也依靠士族提供的大规模财力、物力的支持，统一了三国。而取代曹魏的司马家本身就是士族中的大门阀，上台后自然要保障世家大族的利益。

但是，西晋的迅速崩溃和东晋的疲软不振，让人们看到了士族地主阶级的腐朽，它已经遭到时代的抛弃。刘裕正是看到了这一弊政，通过自身的行伍经历，拉拢了一批和他一样出身低微的武人，试图建立一个"军政府"国家。经过毕生的努力，刘裕在政治上压制了世家大族，军事上夺回了他们的特权，经济上也抑制了其势力的扩张。

不久，刘义隆登上历史舞台，"元嘉之治"使江南得到了有力的发展，使得刘宋王朝的GDP迅速增长。政府腰包鼓起来的同时，刘义隆却忘了打压世家大族，而后者也趁机富了一把。继任者孝武帝刘骏为了缓解财政赤字和经济危机，则正式对社会开放山川、森林、湖泊等资源的开发权。这样一来，几大门阀重新攫取了经济大权，刘宋王朝内部陷入混乱，世家大族则乐得一旁看戏。最后，外戚兼世家大族——兰陵萧家登上了政治舞台，取代刘宋，在江南相继建立齐、梁两个政权。由于本身的阶级属性，使得萧家坐稳江南之后又开启历史倒车，重新恢复了士族地主阶级的特权，刘宋王朝的改革计划被付之一炬。从历史发展观看，士族制度已腐朽没落，齐、梁的衰败亦是必然。南朝如果不及时进行大换血，势必也将走上绝路。

萧衍登基的时候，曾感到帝国内部矛盾重重，对大臣范云说过这么一句话："如今，我感觉自己是在用枯朽的缰绳驾驭六匹马。"范云对曰："愿陛下日慎一日。"试想，萧衍这样本身就系世家大族出身的人都看出问题症结，可见士族地主阶级已经成为阻碍社会进步的特大毒瘤，时刻危害着南朝的生命。那么，可有根治的法子？刘裕有过尝试，但仅限于军事层面，即分藩。通过分封藩王，让自己的子弟控制军队，实现"王领导枪"，将军事大棒牢牢抓在本家人手中，从而维护刘家皇权的独尊。毕竟，刘裕亲眼见识到了东晋司马家的覆没，王敦、苏峻、桓温等权臣相继上台，左右朝政，乌烟瘴气。刘裕决不允许自己的帝国内出现"臣不臣、君不君"的无序现象，遂采取分藩。但是，分藩万一搞不好，就容易出现西晋那样的"八王之乱"。于是，他对藩王的部队进行了限制，单单一个藩王的军队无法对中央政府军造成威胁。如果想造反，藩王们只能抱成一团，一荣俱荣，一损俱损。

正因为有了军队，藩王才有了野心。也正如刘裕所料，后世确实出现了藩王抱团威胁中央的情况。唯一一次的成功个案是孝武帝刘骏入主京师，拉拢了自己的六叔和六弟一同反抗刘劭。此后，刘宋王朝喋血不断。但此内讧却并未导致北魏趁机捞便宜，对比梁朝末年导致领土大幅度缩水的王室内讧，这不得不说是一个奇迹。究其原因，不外两点：一是刘宋藩王人马较少，破坏性有限；二是刘宋皇室在军事上的成就高过齐梁皇室不止一两个段位。北魏不是没有趁火打劫的念头，趁刘骏平定刘诞叛乱之际，曾出兵南下，试图夺取山东。无奈刘骏在军事上太过强悍，有宋武遗风。青州一战，打得北魏再也不敢动浑水摸鱼的念头。内耗虽然没伤国体，却使得皇室子弟死了不少，最后倒让外戚萧道成捡了便宜。当时，刘宋皇室已剩不下几个人。假使说还有一个能撑得住场面的人，萧道成都不会那么轻而易举地取得政权。可见，有时能人多了聚在一起反而坏事。

鉴于内耗严重会大规模削弱皇室的实力，萧道成委派到各地的皇子都是没有实权的，权力都在他们的监护人——典签手中。好比说，南齐的皇子想出门玩，不准！为什么呢？典签没同意。原本想维持皇室内部和谐，未承想却害了萧道成的子孙。萧鸾篡权后，恰恰就是依靠典签，把萧道成在各地的嫡系子孙杀得一干二净。在掌握生杀大权的典签手中，公子王孙不过是待宰羔羊。

这些弊端萧衍是亲眼所见的，权衡利弊，他只能再次进行分藩。而藩王的权力却远比刘宋时期大，而统御能力却低于刘宋几个档次。所以，萧氏皇族一旦内讧，结果是毁灭性的。这一点萧衍不是不知，依靠中央政府的权威尚控制得住政治时局，但寒山之战失利后，他开始惴惴不安了。

分藩真能抑制世家大族的腐朽么？当然不！这是治标，不能治本。士族地主阶级已经烂到根上，小修小补杯水车薪，除非一下子切除这颗毒瘤。何况，改革者萧衍本人就是既得利益者。既然无法化解这一矛盾，就只能试图延缓病发吧。这时，萧衍想到了宗教。石虎曾为驾驭不服约束的汉人施行疯狂杀戮，后来，他反省到汉人是杀不完的，就算杀完，羯胡人又不会种粮食；少了可以剥削的汉人，羯胡迟早要饿死。石虎想到了宗教。在当时的中国，佛教最能平抚人们的不满，道教讲究无为，人都不做事了，那吃什么？佛教讲究积德行善，强调"因果报应"，强调"放下屠刀，立地成佛"。老百姓想法简单，为了下辈子投胎到一户好人家，今生必须做好事，偷奸耍滑都不行，更别说造反了。举国上下全是良民，社会秩序也就稳定了。

简单地梳理一下就会发现，凡战乱之时，宗教就会兴起。风雨飘摇中，百姓只得去佛门寻找寄托，石虎、拓跋宏、萧衍等人只是发现了这一规律，并加以积极引导。孝文帝之后的北魏佛教大行其道。为了使百姓将皇权与教权联系起来，北魏开凿了石窟，把佛祖雕琢得和君主一个模样，意思是，佛祖就长成我们皇帝的样子，大家要像尊敬佛祖一样尊敬我们的皇帝。

萧衍对于索虏的这套做法嗤之以鼻，如此"二货"的做法岂是我等精英可以效仿的？他索性把自己彻底打造成佛。萧衍向世人展示自己皈依的虔诚，修了大量的佛寺，又四次舍身，甚至订立了"持斋"这一戒律。萧衍用切身行动告诉世人一个深刻道理：佛就是我，我就是佛！这一套有用吗？萧衍曾问过达摩祖师："我为我佛做了这么多，会有多少功德？"达摩面无表情地说："毫无功德！"萧衍简直不敢相信自己的耳朵，合着做了这么多全是无用功。达摩教诲道："佛讲究'度人'，而你做什么事都带着目的，这不是'度人'，而是'忽悠人'。你所谓的"为佛所做的贡献"，其目的就是为了巩固自己的统治。"萧衍很不喜欢达摩，十分介意他把话说得那么难听。然而，这确实是大实话，无法辩驳。好在不久后，达摩就去北边了，眼不见心不烦。

百姓对政府的不满并未因萧衍是佛而有所减弱。不过，推行佛教治国确实延缓了社会矛盾爆发的时间，只是，社会矛盾压抑得越久，人民反抗会爆发得更猛烈。早在三国时代，北方的庶族地主就开始表现出对士族地主阶级的强烈不满了。南方的庶族地主阶级和士族地主阶级的矛盾激化出现在东晋后期，爆发了"孙恩之乱"。萧道成上台后的倒行逆施，更是激起了"唐寓之起义"。如果不是萧衍的苦心经营，梁朝也早就动乱了。但之前的两次人民起义失败皆因庶族地主阶级实力过弱，而陈庆之北伐一下子提高了江南本土庶族的政治地位，为其再次进行反抗提供了契机。士族和庶族这两大地主阶级的矛盾，最终被侯景所利用，演化成一场大乱。

难道真的不能通过改革以和平的方式实现士、庶两族的政治权利交接？理论上应该是可行的。北魏曾经已经很接近了，推行过均田制，这在经济上是个能够抑制世家大族经济特权的很好的做法。怎奈，当时北方在半原始半奴隶社会的基础上一下子跨入到封建社会，缺乏循序渐进的体制过渡，改革在阶级层面的影响力实在有限。当然，南朝也曾有过这么个机会，那是在刘裕开创南朝之时。当时，刘裕如果凭借自己的军事威望强行推行这一制度，效果将会非常不错，经济上可以重新转型，可惜当时刘宋的决策层中没人提出这一方案。刘裕之后，南朝便永远失去了这一契机，直到后来的陈朝。

北魏孝文帝还有个非常荒谬的做法，导致其汉化非但没有让江山永固，反而断送了帝国的命运，即引入门阀制度。一个很明显的事实是，孝文帝施行汉化改革时，受崔浩的毒害太过严重。崔浩在拓跋焘时代提出汉化改革时，头一条就是引进南朝的门阀制度：崔卢王郑，我老崔家排第一。后来，崔浩因经济犯罪被砍了脑袋，"汉改"就此夭折。而孝文帝恰恰是一个忠实的汉化信徒，为了"汉化"不惜砍了太子的脑袋，并把门阀制度也引进过来。殊不知，西晋的迅速崩溃、东晋的疲软不振，外加宋、齐、梁的内耗不断都是拜它所赐。孝文帝却如获至宝般将它捧得很高。北魏原本没有士族地主阶级存在，可以从半原始半奴隶社会的模式中一下子跳跃到封建社会的庶族地主阶级当政的时代。但由于引进了"门阀"，这个大跨步一下子被鼓捣成了小碎步。孝文帝本想通过汉化（封建化）弭平胡汉之间的民族矛盾，结果矛盾没彻底搞定，还节外生枝扯出个阶级矛盾。很快，北魏就尝到了门阀制度带来的苦果。其军队战斗力迅速下降，朝廷官员迅速腐化。

不久，六镇起义来了。从孝文帝改革到北魏灭亡，整个王朝连五十年都没到。

而以尔朱荣为首的六镇胡人通过暴力叛乱，将原本通过汉化得来的成果砸了个稀巴烂。他大吹"胡化"之风，导致民族矛盾又一次盖过了阶级矛盾。虽说在社会形态发展上来了个大退步，所幸退步中有些小进步，即"胡化"的同时对门阀进行了大清洗，也算是因祸得福切掉了一个社会毒瘤。而南朝却没有这么幸运，腐朽的世家大族继续阻碍着国家的发展。

话说回侯景这里。

侯景是六镇起义的见证者，包括其手下很多人都是。他们造反不是因为吃不饱，而是贫富差距大。大家都吃不饱，没意见；但你大鱼大肉，我却只能青菜馒头，矛盾就来了。用专业术语说，这叫"基尼系数"。这个数值一旦高于某个指标，就可能引发动乱。造成北魏贫富差距悬殊的根源，就在于引进了门阀制度。那么，在世家大族横行霸道的江南，情况就更不容乐观了。

此时的南梁不差钱，梁武帝在位期间是南朝经济发展的鼎盛时期。但若论政治清明、财富分配公平，梁武帝的统治却远比不上刘宋时期的"元嘉之治"。九品中正制度下不缺富二代、富三代，甚至富十代都能扒拉出来一堆。萧衍自身的一些做法更是助长了这些不正之风，如对亲属过于纵容，对百姓过于压制。侯景看清楚了这一点，决定在南朝的土地上来一场类似于"六镇起义"的动乱，发动平日受压迫的阶级，解放他们，将其武装起来，促成叛军的一部分。但光靠自己和萧正德这点人马肯定不够，但若是发动起建康城周围被压迫的奴隶、草根，那么自己多个几万，乃至几十万的拥趸应不在话下。

注意，笔者此处的用词，侯景的所举不是"革命"而是"动乱"。何为革命？革命是要实现一群人的目标，而不是一个人的目标。侯景所作所为美其名曰"领导穷人翻身"，其实质只是为了自己做皇帝。他欺世盗名，让数以万计的穷人充当炮灰。更滑稽的是，侯景一不是汉人，二不是南人，却口口声声叫嚣着要维护江南汉人的利益，摆脱北来侨民的压迫，一点逻辑都不讲。当然，此时的民众多半被侯景所蒙蔽，他们迟早会看清其真面目，他既不是在革命，也不是在救江南。日后真正带领江南人民当家做主，摆脱身上枷锁的那个人叫——陈霸先！

魔王兽性

侯景为了征兵，颁布了"解放奴隶宣言"，表示不管是谁的奴隶，只要参加"革命军"就是平民了！一下子，他招募了不少奴隶，其中有一个来自朱异府内。台城下，这个穿着锦袍，骑着骏马的奴仆，对着台城上的朱异大骂道："你个老贼，混了五十年，还只是个中领军，我刚刚投靠侯王，已经是开府仪同三司了。对了，你这辈子搜刮来的财富，现在都是我的啦！"这一句话戳中了朱异的痛处。他虽然深受梁武帝宠幸，但毕竟出身低贱，即便权势滔天，官位依旧无法超越那些士族出身的人，而自己奋斗一生积累下的钱财，如今也都成了他人的囊中之物。家奴的话不仅刺激了朱异，更刺激了台城内的奴仆们，三天内，逃跑的人数以千计。

人多了有好处也有坏处，比如粮食。石头城的粮食很快就被吃光了。侯景下令，没粮食就去抢，建康城一百多万人呢！跑进台城里面去的也就十万，足够抢的。抢不到米还可以吃人，人肉可比米还好吃呢！城内境况稍微好点，毕竟当初运进了不少米，可没菜下饭怎么办？尤其是萧衍，是吃素的，没了新鲜蔬菜，只能开小荤——吃鸡蛋了。

此时，城内城外又掀起了建土山的大潮。城外用的是惩罚机制，叛军驱赶难民干活，干得不麻利，拖出去斩；城内就人道多了，萧纲继续学逢人就发百元大钞。可出不去城，要这钱也没用啊！这次，侯景从"科技男"转型为"工程男"，利用土山和城墙的落差，命令士兵甩出钩子，玩起了溜索。不过他这着被羊侃很轻松地用扔火把给破解了。终于，久等的援军出现在人们的视野中。钟山一带，邵陵王萧纶的部队最先抵达南京外围。不仅如此，当初合围侯景的各路人马也在紧急赶来的途中，被外界最看好的萧绎统领荆州军也出发了。

侯景急了，心里嘀咕："不是说萧家老六（萧纶）的部队在渡长江的时候，被大风刮死不少在江水里么？咋还有命来这啊，而且来得还不少啊，整三万啊！"原以为能够奇袭建康，在援军到来之前搞定一切，可现在自己被拖在建康城下，援军眼看到了，萧纶都来了，其他人也快了。情形极为不利啊！侯景脑子转得飞快，立刻做了两手准备：一方面把抢来的美女财宝都装箱带上船，一旦情况不妙，立即开溜，能跑多远就跑多远；另一方面，随时准备和萧纶决战。

萧纶性子暴躁，少时是个混账，越长越发像个人了。尤其这次勤王之师中，唯一真正想解围的也就是他了。即使他在长江遇上大风浪，也没有耽搁多少时间，火速往建康城推进。当初，侯景渡长江选择了采石，而萧纶则选择京口的瓜洲渡，这与萧纶急切的性格分不开。如果他从采石渡江，出现在侯景叛军的后方，虽更易于和其他联军会师，却无法更快地与台城取得联系。此时，侯景拥立萧正德等于另立朝廷，这对于本身对皇位就有想法的萧纶来说更是无法容忍。所以，他选择瓜洲渡，直接将军队拉到侯景正前方，并可以与台城取得联系。萧纶希望能短平快地击破侯景的部队。但客观上，这反而使自己的部队和大部队脱离开来，成了一支孤军，这也为其后来的失败埋下了伏笔。

萧纶听从部下"常跑将军"赵伯超（寒山之战中一直嚷嚷着要退兵的那位）的意见，走小路顺利绕过侯景的截击部队。《资治通鉴》中记载赵伯超在寒山之战中被俘，笔者前文也引用了这一观点。但此君这时又出现，很有可能是史书记载过程中的笔误。

萧纶的部队在蒋山成功扛住了侯景的第一波进攻。初战告捷，萧纶便在玄武湖附近摆下阵营和侯景对峙。结果赵伯超这次又毫无悬念地选择开溜，侯景趁势将其掩杀。混战中，三万人马灰飞烟灭，萧纶仅带了一千人成功突围。此时，城内却相继发生了两件事，朱异和羊侃一前一后都去"佛祖"那儿报到了。

先说朱异。有人认为，朱异是一世小人，是彻头彻尾败坏梁朝的人。其实不然，他只是个代罪羔羊。萧衍何许人也？倘若朱异真的把持朝纲，萧衍会纵容他骄横这么多年？事实上，朱异在朝堂上所说的每一句话都是萧衍的意见。正因如此，萧衍才会让朱异如此风光。朱异出身寒门，少时热衷赌博，大一些便开始阅览古籍，青年时已是博览群书了。可以说，他是那个时代自学成才的先进代表。

当时，梁朝给寒门子弟开辟了一条凭借科举做官的捷径。是不是很耳熟？没错，大家一定想起了科举制。其实，梁武帝开创的这一制度正是科举制的前身。世人都知道是隋朝开创了科举，却鲜有人知其源头在这里。或许是因为在梁武帝的"科举制"下诞生了朱异这个在后世看来名声不佳之辈，这段渊源才被人为地忽略了。谁会希望具有里程碑意义的"科举制"会培养出这么一个祸国殃民的人物？

平心而论，朱异虽然造成了祸国殃民的事实，但其本心还真不是想去祸国殃民。朱异和梁武帝很像，诗文、棋艺、书法、周易无一不通。别人做官都要二十五岁，朱异时年二十一岁就做了官。之后，他便遇到了一生的贵人——萧衍。君臣相知，一起商议朝政整整二十五年。可以说，萧衍后半生的政治生涯，是朱异陪他度过的。自古伴君如伴虎，试想，朱异若真有异心，以萧衍的精明又怎么会睁只眼闭只眼？

朱异是从寒门奋斗上来的，不管多么被皇帝宠幸，在那个只认爹不认实力的年代，世家大族自然容不得他这么个异类。在贵族心中，朱异根本就不配享受这份殊荣，中伤、抹黑朱异的谣言从世家大族的口中传播开来。然而，世家大族看不起朱异的同时，朱异也一样看不起他们：有什么可拽的？你们不就是靠爹靠祖宗沾光吗？我朱异能有今天谁都没靠，靠的是自己的本事！在一个门阀森严的等级社会，能混到这个地步，我深感自豪！所以，朱异一生都没有给那些高层门阀好脸色看。别人劝他收敛些，他也只说：那群依靠家中枯骨起家的富二代，即使我给他们脸，他们也照样看不起我。既如此，我何必给他们脸呢？

透过千年的岁月，我们依然能够从朱异嚣张跋扈的背后，看出一个出自寒门者在门阀只手遮天的时代，依靠自身本事闯出一片天地的辛酸与无奈……朱异死后，他的朋友曾经对梁武帝说，朱君这辈子唯一的愿望就是做一个国家级的高官。而此时，萧衍似乎也从侯景作乱的变故中看到门阀政治到底给江南带来了什么。出于对这位追随了自己半辈子的老朋友的缅怀，萧衍追谥朱异"侍中""尚书右仆射"。人死万事休，一向看不惯朱异的世家大族也不再唱反调了。确实，台城保卫战中朱异所做的贡献他们也都看在眼里，在死亡来临前，高门、寒门，能有什么区别呢？

朱异死后不久，羊侃也死了。与朱异不同，羊侃是城内所有百姓的精神支柱。大家都不敢相信，这个当年能手抓碎石板的"羊老虎"也会归西。毕竟，羊侃不是神，也是个血肉之躯。羊侃死的时候四十五岁，正值壮年。以他的体力不可能只活这么久，可这一个月他是带病守城的。守卫台城这么久，羊侃能做的都做了。他成功地阻挡了侯景各种各样的进攻，甚至不惜引弓射杀自己的儿子！可是，他累了，实在撑不住了。他多想再多活一天，多守卫台城一天！当初，他义无反顾，突破索虏重重围困，为的就是能重归南朝，重回汉家天下，实践祖先的诺言。他做到了，回到了南方，并且在南方最需要他的时候，又义无反顾地献出自己的生命，无愧于一个汉家好儿郎！

有心杀贼，无力回天！睁着那双不甘的浑浊双眼，羊侃倒下了——他再也无法继续守卫这片土地了，该做的都做了，剩下的只能期待后来人了。

远方，各路勤王之师正马不停蹄地赶来，他们能否一雪萧纶的前耻，击败侯景的叛军？台城最终的命运又该如何？江南又是否能重新归于平静？

别急，台城的故事还在上演……

第二章

祸起萧墙 萧家子弟凶狠如豺

侯景的到来把江南这个花花江山搞得天翻地覆，建康城再也不见昔日的歌舞升平。八百人，仅仅只是八百人，给江南带来的冲击和伤痛却远远超过拓跋焘的南下。梁武帝的轻敌和失误已导致战争初期的被动，而坐拥南朝三分之二领土的各路萧家藩王却在与侯景的对峙中再次退却，将台城拱手让给了这个羯胡跋豪。

当尘埃落定，萧绎成为这场皇位争夺战的最终胜利者。他击败所有对手，亦包括侯景。可是，他引领江南又将走向何方？江南是否会在他的手中得到拨乱反正？

生死搏杀

萧纶的先锋失利,以及朱异和羊侃的相继死去,使台城内的民众斗志跌落到谷底。侯景这边则是士气高涨,他将毕生所研究出的"飞机""坦克"全部用上。一时间,十几种巨型武器在城外张牙舞爪,大显神威。接替羊侃的柳津依旧沿用羊侃的老方法,掘地道、扔巨石、放火炮,和叛军相持不下。逼不得已的侯景出了个狠招,引玄武湖的水淹了台城。这下,城内黔驴技穷。经过两个多月的鏖战,各地勤王之师大部分都到了,整整十万人马!这黑压压的一片在侯景面前一摆,他再次发懵了。

先说之前的五路合围大军。继萧纶最先到达后,东路军裴之高、西路军柳仲礼相继兵临城下,南路军萧范也派了先头部队前来救火,还有萧纲的宝贝儿子——江州刺史萧大心也派了部队前来。其他各地方部队也出手相助,尤其是荆州的萧绎,一下子掏出五万人马前来援救;儿子萧方等一万步兵、大将王僧辨一万水军开道,自己亲率三万大军殿后。不过,他们声势虽大,行军速度却很慢。无独有偶,昭明太子的次子萧誉也是走走停停,一路不忘看风景。

既然援军到了,就该选个盟主。可惜,萧衍的儿子孙子都不在。好不容易提前来的萧纶却在战败之后不知去向。既然找不到皇族,就只能从军界大佬里挑了。挑来挑去,挑上柳仲礼做盟主。

柳盟主打开地图,细细揣摩,指着青塘说道:"这个地方如果被我们夺取了,我们的水军就可以在秦淮河上畅通无阻,侯景的退路也将被切断。你们谁去帮我占领此地啊?"可惜没人理他。他又朝韦粲挤挤眼睛,意思是:哥们儿,你来吧,弟弟我信得过你!韦粲面有难色地望了望柳仲礼,潜台词是:弟啊,不行啊,我真打不过侯景,去了也是送人头啊!柳仲礼说道:"想去守卫青塘的向前一步——走!"话音未落,众将士全体后退一步,就韦粲还在原地。柳仲礼哈哈大笑:"不愧是我表哥,就你啦!我把刘叔胤的水军也拨给你。"韦粲稀里糊涂成了送死鬼。

韦粲的举动当然逃不过侯景的眼睛，他前脚跑去扎营，后脚侯景就发兵了。

"祸事了！祸事了！"一名小卒闯进大帐，对着进餐的柳仲礼喊："禀将军，韦粲将军立足未稳，被侯景部队进攻。韦氏父子四人全部为国捐躯，韦氏宗亲惨遭屠戮，死了有百人以上。"

柳仲礼一听，猛地把饭碗扣在桌上，大喊："拿爷爷的八十斤大槊来，我要活劈了侯狗儿！"

说完，柳仲礼仅带了几十个骑兵，就冲入敌阵，当时就砍了几百人，把侯景吓得差点尿裤子："晕，岛夷哪来这么个狠人啊！"叛军吓得跌落水中，淹死的就有千人以上，侯景还差点被柳仲礼抹了脖子。而柳仲礼毕竟孤军作战，又不是开了外挂的吕布，一个不当心，就被人砍中了肩膀，跌在泥坑里，眼看叛军大刀长矛就要招呼上来了，好在郭山石及时赶到，救下了这个大盟主。

侯景看形势不妙，果断撤军。这次交锋双方互有胜负，但青塘却被联军夺下，客观地说，联军优势略胜一筹。可那一刀给柳仲礼带来深深的恐惧。从鬼门关走了一圈的人更加懂得生命的可贵，一旦经历过生死大劫，很难再淡定地面对死亡。

这时候，萧纶带着残兵出现了。原本，萧纶被打得只剩一千人马，以至于大家都以为他归西了呢。萧纶的突然出现，让联军大为震惊。柳仲礼现在面对萧纶的心情相当于当初萧斌对待王玄谟的心情：一败涂地还敢回来！要不是顾及你是皇子，看我不给你来个斩立决。可萧纶还像个没事人一样，整天乐呵呵地去找柳仲礼问长问短，嗑瓜子唠嗑。柳仲礼呢，压根儿就不给他好脸色看。

柳仲礼不再发话，手下将领可按捺不住了。青壮派人士组织了一次对侯景的进攻。此次战役中，将领樊文皎战死。值得庆幸的是，联军夺下了东府城。这个东府城不得了，里面积蓄了侯景到处搜刮来的粮食，这样一来等同断了侯景的粮道了。怎奈，联军军纪不佳。柳仲礼不进行决战不说，大家闲得慌，竟做起了扰民的勾当，居然搜刮起百姓了。老百姓那个气啊，好容易把王师盼来了，结果和侯景是一丘之貉，到处奸淫掳掠。百姓大失所望。事实证明，这并不是偶然。几年后，王僧辨率兵剿灭侯景之后又洗劫了一次建康城的百姓。好在那时却有一位严守军纪的将军，不拿人民一针一线，与百姓秋毫无犯，他的名字叫——陈霸先。正因如此，在后来的建康保卫战时，他获得了百姓的无条件支持。

战争打成了僵持战，拼的就是粮食了。侯景粮道被断，等于没戏了。狗头军师王伟又建议了："侯王，要不我们此刻求和吧？"对，大家没有听错，是"求和"。侯景这人，烧杀抢掠，无恶不作，随便拎出一条罪名都够枪毙一百遍了。此刻，他居然还能求和，说明其脸皮还是蛮厚的。不过，求和是要双方同意的，他这边一厢情愿算哪回事啊！不过，侯景觉得梁武帝会首肯，理由是：老和尚那边也断粮了！很快，侯景的使者就进城讲和了。侯景毕竟是侯景，求和可不是无条件投降，双方都要提出自己的目标。侯景的意思是，江南是待不下去了，索性把江淮那块地割让出来吧！反正你在北边也守不住高澄那鲜卑小儿，我还可以给你看家护院，多好啊！面对侯景的厚颜无耻外加得寸进尺，老好人萧衍也震怒了，撂下一句话："和不如死！"

　　然而，萧衍又一次忘记了他的身份，他已经被架空为太上皇了，现在朝廷的一把手是萧纲。萧纲说要和，那就是和；萧纲说要战，就只能战。萧纲的态度如何呢？令我们吃惊的是，面对侯景的求和，萧纲欣然同意。他有自己的苦衷："父皇啊，我想活下去！你活了八十岁够本了，我才四十多，好日子没享受一天就遇到这档子事。我不甘心，能求和就求和吧！丢了的领土还能夺回来，人生最痛苦的事你知道是什么吗？人死了，钱没花完。"

　　萧衍动容了，蝼蚁尚且贪生，更何况是自己这个可以做皇帝的儿子呢？自己做了四十几年的皇帝，够本了，可他不同啊！儿子刚刚掌权，好日子一天没过就遇上台城被围，简直是生不逢时。出于对孩子的疼爱，萧衍默许了萧纲的决定，只淡淡说了一句："勿令取笑千载。"

　　求和是铁定的了，可侯景却做起了大爷！如今欠债的才是大爷。侯景说："去江北，我怕你们下黑手。我这儿还没渡江呢，很可能就被你们的联军宰了。这样，让萧纲的儿子萧大器做人质。"既然铁了心要议和，也不必在乎附加条件了。只是萧大器是皇太孙，不能犯险。于是，萧纲挑了另一个儿子萧大款去做人质。萧大款表示很悲剧，"大款"没做成，冤大头倒成了自己。除此之外，还让城外的联军和叛军歃血为盟。

　　侯景又说：没船过不了江！关于这船的事情，双方又再次陷入激烈的讨论中。侯景在这磨磨蹭蹭，那个谨慎出名的萧会理却火速来了。此时，萧会理已经把萧正表给搞定了。这里分享一下萧宏几个儿子的名字：萧正仁、萧正义、萧正德、萧正则、萧正立、萧正表、萧正信。看看，一个赛着一个正义凛然，可干的都不是人事。

萧会理来了，侯景又有了拖延的借口，要让萧会理撤到秦淮河南岸。朝廷只得照办，这么一来，侯景就可以肆无忌惮地开始运粮食了。看到梁朝君臣颇具诚意，侯景便觉此时翻脸有点磨不开面儿。他再次找来狗头军师王伟。此君在侯景进攻建康的过程中立有大功，侯景每一次犹豫，都是他来帮忙定夺。王伟简而言之："背盟而捷，自古多矣！"意思是，背弃盟约、出尔反尔的人，古往今来不胜枚举，让侯景不要有心理负担。

侯景一想，也对啊！我侯景是什么人，早就是反复无常惯了，还在乎再反一次吗？况且，东府城的粮食运过来了，萧老七的荆州军也走了，只要搞定这台城外围的联军，我依旧做我的皇帝！于是，他公开撕毁合约，修书对萧衍破口大骂（当然，少不得是王伟捉刀），其中有一句："臣至百日，谁肯勤王？"翻译成白话，我来这都近百天了，你看过有谁敢大着胆子勤王？梁武帝接到这封信气得半死，合着自己一番好心好意还被人给耍了。

这次侯景铁了心要打下台城，让将士们饱餐了一顿，便发起了总攻。此时的台城已经被玄武湖的湖水浸泡了多日，本就摇摇欲坠，加之萧纲也不再广发钞票，士兵们感到很愤怒。当福利成为一种习惯，一旦停发，下面反倒会认为你有负于他们。感觉"被辜负"的士兵们做了汉奸，直接打开城门引羯胡贼侯景入室了。当萧确满身血污，急急忙忙冲到萧衍的寝殿大喊"台城陷落了"时，萧衍却出奇的镇定。他坐在床榻上一动不动地看着萧确，过了许久喃喃问道："还能再打一打么？"萧确无奈地摇了摇头。

萧衍脸上浮现的不是惊恐，不是愤懑，不是悲哀，而是轻松，无比欣慰的轻松：是啊，百余日的煎熬终于结束了，不是自己故意认输，实在是打不下去才失败的。对了，我萧练儿失败了，真的败了，没有败给北魏孝文帝，没有败给北魏宣武帝，没有败给东昏侯，没有败给尔朱荣，没有败给高欢，没有败给宇文泰，唯独败给了侯景——个反复无常的残疾人。平心而论，侯景并非对手里最强的，更不是最完美的，但我偏偏败给了他！或许，这就是天意吧……

许久沉寂之后,萧衍轻轻说了一句:"自我得之,自我失之,亦复何恨。"

萧衍是不是亡国之君?是,也不是。他与后唐庄宗李存勖的命运颇有些相似之处——同样是开国,同样是死于叛乱。他们缔造过辉煌,也把王朝带入了深渊。但两者之间也仅仅是相似,因为这个世界上没有谁的人生是可以复制的,皇帝也不例外。

攻破台城的喜悦让侯景郁闷许久的脸庞终于展露笑容。这一次,他可以真正效仿高欢把持朝政,接受万民的膜拜。不过,在此之前,他必须解决一件事:台城外围还有不少联军,总得遣散他们啊!城外的柳仲礼还想着侯景何时会杀掉皇帝和太子,一旦出现此番状况,他就能明目张胆带着弟兄们杀进去,争做中兴之臣。他望了一眼旁边的萧纶,萧纶也默契地望了望他。

终于,他们等来了朝廷的使臣——萧大款,他带来的消息让柳仲礼异常伤心:你们都散了吧,哪里来的回哪里去!

柳仲礼犯难了,皇帝没死,如何能杀进去?这时杀进去等同于作乱。诸将聚集过来,等着柳仲礼拿主意。萧纶也表示一切由柳仲礼做主。作乱是要诛九族的,一旦失手萧纶未必会死,但自己一定会被株连。就算成功了,只怕届时萧纶也会以这个理由置自己于死地,实在划不来。曾经不服柳仲礼的老裴,以及后起之秀王僧辩也一同说道:"大将军,你坐拥雄兵百万,还把台城给搞丢了。此时正是一雪前耻、夺回地盘的大好时机,有什么好迟疑的!"但柳仲礼不理他们,就这么耗着:反正我不战、不和、不走,你们谁想走可以先走,我不拦着!

一看联军盟主竟然要起无赖,参战的部队纷纷离开。最后,柳仲礼带着柳敬礼、羊鸦仁、王僧辩、赵伯超四个将军敞开大门,向侯景投降了。这么一来,撤走的诸侯都看清楚了:好嘛,原来你支走我们是为了能更好地当汉奸啊!柳仲礼的形象一下子从救世主沦为大汉奸。最终,柳仲礼也因为今日之误,错失了角逐天下的机会,最终被后起之秀王僧辩所取代。王僧辩也是个不吸取教训的人,日后再次扛起了"汉奸"大旗,成了陈霸先的刀下鬼。

历史总会出现惊人的相似,每每读到此段,笔者脑海总会浮现出西晋灭亡时的情景，同样是胡人围京，同样是城外数十万大军，西晋的勤王之师也是眼睁睁看着皇帝被匈奴人掳走而没有一个人敢去抢夺回来。援梁联军选择了沉默，静静看着一个王朝走向灭亡，静静等待自己沦为亡国奴。

成了阶下囚的萧衍却从未给侯景低过头。侯景要给自己手下加官，得到的总是萧衍的一口回绝。侯景心中不满，让萧纲去做做这个老顽固的思想工作。萧纲好言相劝，可是一向和和气气的萧衍却爆发雷霆之怒："混账！谁让你来此！佛祖若有灵，我家江山必得光复！若是连佛祖都不帮我们，你一味哭丧又有何用！"萧衍就是如此，外柔内刚，一辈子没服过软。既然萧衍不封，那侯景就自己干。他自封为丞相。每当底下人提到"侯丞相"的时候，萧衍也会大怒道："侯狗子罢了，狗屁丞相！"

"老和尚"萧衍的"非暴力不合作"行动引发了侯景的怒气：行啊，不配合是吧！成全你！于是，他开始克扣梁武帝的口粮。萧衍毕竟是八十多岁的老头子了，之前台城保卫战已然把他饿得骨瘦如柴，再这么一耗，彻底一病不起了。病困中的萧衍向身边人索要蜂蜜水，侍从告诉他：侯景不给。袁术只做了几年皇帝，尚且因喝不到蜂蜜水而气得吐血而死，萧衍做了半个世纪的皇帝，如今却沦落到这个地步，无异于催命。这位开创了"四十年中，江表无事"的一代雄主，终于抑郁而终。没人知道他最后那两声呻吟想表达什么，或许他在想：朕是国君，是皇帝，是近五十年的大梁天子，最后却连口蜜水都喝不上。朕还是当初那个威震北朝的萧练儿么？

如果说，没有晚年的侯景之乱，萧衍的一生应该会是一位完美的帝王，死后成佛也说不定。可侯景之乱毁灭了萧衍的一切，包括他的帝国。然而，这难道全是他个人的责任吗？非也。萧衍的后半生一直过着苦行僧般的生活，不淫乱，不奢靡，勤于政务，劳心劳力。底下人荒淫是底下人的事，社会浮夸奢靡却没有影响到萧衍。在乌烟瘴气的社会氛围中，他是唯一一个保持良好行为准则和品质的贵族。

萧衍的死亡标志着一个时代的终结。接下来，南朝将会在侯景和萧衍诸子孙的博弈中分崩离析,失去淮北,失去蜀中,失去荆襄,也失去了与北朝分庭抗礼的实力。

几家欢喜几家愁,萧衍死了,必定也有人高兴。不用说,侯景最开心。萧衍一死,萧纲铁定配合自己,他成了名至实归的万人之首。建康城,一座连前秦大帝苻坚、北魏太武帝拓跋焘都望而却步的城市,如今却被自己踩在脚下,何其壮哉!何其伟哉!然而,旷日持久的兵连祸结令建康城面临着前所未有的粮食危机。于是,控制住新皇帝萧纲的侯景,又将贪婪的目光投向富庶的三吴之地……

侯景目前所掌控的只不过是建康城,城内别人拿他当丞相,出了建康他啥都不是。而建康城经历一番征战后早就成了一片废墟,哪里还有粮食啊!而且,各地的藩王也不送粮食来了。没过多久,侯景就发觉没东西吃了。种地吗?根本来不及了,只剩一条捷径了——抢粮。

蛮族眼中,从来就不需要发展生产,也不重视种田养蚕。他们只需要做一件事——将自己变得血腥和强大,依靠掠夺来自足,将别人的财富占为自己的财富。发展经济要本钱,如果用抢,本钱就省了。然而,任何一个热衷发动战争的狂人,即便能逞凶一时,却无法称霸一世。

一时之胜负在于力,千古之胜负在于理。纵观古今中外,那些依靠侵略扩张逞凶的狂人所建立的帝国如今何在?雄踞地中海的罗马帝国何在?地跨三大洲的阿拉伯帝国何在?横扫欧亚的蒙古帝国何在?称霸全球的日不落帝国何在?同理,侯景依靠蛮行所建立的政权也长久不了。但此刻,侯景还处于巅峰时期,三吴之地注定要遭受一番劫难。为弥补军粮问题,侯景决定侵略三吴:一来,打下三吴有助于巩固建康城的大后方;二来,此地经过梁朝半个世纪的和平发展,粮食充裕,可以解决目前的缺粮问题。

此时,三吴之地由萧纲的儿子萧大连和萧大临掌控。可在侯景的一番攻势下,三吴之地惨遭沦陷,兄弟二人纷纷成了俘虏。萧纲虽然有二十个儿子,但成年且出镇地方的只有萧大心、萧大临和萧大连三人。随着大临、大连两兄弟的失败,三吴之地落于侯景之手。粮食危机得到化解,而萧纲在地方的势力也被消灭殆尽,原本就无实权的萧纲更显孤单。

侯景攻下三吴后，继续进行扩张，消灭了江州的萧大心，彻底打垮了萧纲在外的势力，同时也将自己的势力渗透到长江中游地带。那么，萧衍诸子这时究竟在干吗？他们又能否阻挡住侯景的西进呢？

同室操戈

自从台城被破、梁武帝饿死到侯景攻克三吴，萧衍诸子中一直没有人再出兵对侯景扶持的傀儡政权进行打击。人们不禁要问，萧衍的几个儿子究竟在干吗？难道就这么放过侯景？其实，不是不顾，而是顾不上。萧衍一死，几个儿孙正窝里斗得热火朝天，还有工夫管外人？

我们先来了解一下此时南中国的局势。梁朝境内有以下几大势力：萧纶据郢州、萧绎据荆州、萧纪据益州、萧誉据湘州、萧詧据雍州、萧勃据广州，另外萧范在合肥，萧大心在江州，还有柳仲礼在司州。柳仲礼原先投降了侯景，怎么又出现在司州？原来，侯景担心地方无自己人，除留下羊鸦仁和柳仲礼的弟弟柳敬礼、赵伯超在京城之外，柳仲礼和王僧辩都被外派出去了。柳仲礼走的那天，侯景和他意味深长地说了一句："天下之事尽在将军。郢州、巴西以后全靠你了。"足见侯景对柳仲礼的器重。可惜，这位柳仲礼的辉煌自从卸任联军盟主便不复存在，倒是一直不被重视的王僧辩成为日后送侯景归西的头号人物。

侯景劫掠三吴的同时，各地的萧家子孙也不闲着，热火朝天地上演内讧的戏码。此时在荆州，萧绎正遭受着昭明太子的两个儿子萧誉、萧詧的两面夹击。萧誉在萧绎南边，萧詧在北边。当初萧绎撤兵，除了出于自己的私心外，这两个侄子的功劳也是不可磨灭的。原来，萧绎南下时，传来侄子萧誉进攻自己封地的消息，吓得他紧急撤军。萧绎一撤军，萧誉那边也没动静了。可梁子铁定是结下了，萧绎横了心地要弄死这两个不学好的侄子。

萧绎的第一记重拳砸在了萧誉头上。首先，萧绎以萧慥勾结萧誉为由，先灭了萧慥，夺了信州；紧接着又以萧誉拒绝供粮为由，兵发长沙。王僧辩，这个名不见经传的小将这时成了时代的弄潮儿，而将这个小将由幕后推到台前的正是他的主人——萧绎。在"楚子集团"彻底崩溃后，梁朝已经没有拿得出手的将领了。萧衍当时选择北人羊侃、羊鸦仁，而萧绎也学老爹，启用了北人王僧辩。可王僧辩的政治底细不清白，之前有和柳仲礼一起投敌的前科。不过，萧绎只讲政治，一切可以帮他实现政治目的的人他都可以不计较。高明的政治家善于运用敌营的人。更何况，王僧辩只是一时不慎上了贼船。本着这个原则，萧绎后来连侯景的得力干将任约都大度赦免了。此次，王僧辩和信州刺史鲍泉一起执行攻打长沙的任务，而鲍泉则是出了名的老实人。两人在出兵的问题上起了争执，鲍泉天真地以为，此战"如汤沃雪，何所多虑"。但王僧辩不这样想，认为要想取长沙，必须要有一万大军。而之前那次失利损失不少人马，新军操练还需时日。他主张向萧绎请求延期出兵，老实巴交的鲍泉也答应帮他说话。

　　对于王僧辩推迟出兵的种种理由，萧绎全盘不予理会，勃然大怒问道："你找这么多借门，是不是怕打仗？难道想通贼？"萧绎之所以不计前嫌地将王僧辩从牢里放出来，是因为念他可以帮自己打仗。如今，王僧辩既然做不到这一点，那就让他再进一次牢房——我可以说你当初投敌是被迫，同样，我也可以说你如今投敌是故意！萧绎如此霸道，王僧辩却依旧憨憨地说了句："今日受死心甘情愿，但恨不见老母。"语毕，只见王僧辩血流如注，一声闷哼，倒在地上。原来，萧绎怒不可遏，直接拔剑照着王僧辩的大腿来了一刀。随即，王僧辩被打入了大牢。等他醒来的时候，伤口还在汩汩流血。更让他无奈的是，儿子、侄子都在牢里和自己相遇了，看来萧绎要赶尽杀绝了。

　　为了救回儿子，王僧辩的母亲披头散发、身穿素服去跪求萧绎。看着泪流满面的王母，萧绎终于给王僧辩送去了止血草药。难道萧绎被亲情感动？非也。儿子的死尚且无法令萧绎动容，更何况是个和自己毫无干系的老妪？只不过，王母的哭诉让萧绎冷静下来，目前自己身处孤岛，东面是萧纶，西面是萧纪，北边是萧詧，南边是萧誉。荆州光鲜亮丽的背后潜藏着四面受敌的大危机。他可以搞定政治，但是军事绝非自己所长，这一点上只有依靠王僧辩。

　　王僧辩下狱，外边的战局也发生了天翻地覆的变化。首先，受到王僧辩被惩的刺激，鲍泉这个大诗人竟然像打了鸡血一般，连战连捷，将萧誉打得只能龟缩在长沙。三弟萧詧一看二哥被揍得这么惨，火大了，直接带着大队人马奔江陵而来。可萧绎手下的精锐部队都给鲍泉带出去了，万般无奈下，他不得不再次启用王僧辩。

入狱后的王僧辩思想逐渐成熟,开始明白这个社会的游戏规则,开始懂得为自己攫取权力。这是王僧辩养成野心家的第一步,皆是拜萧绎所赐。出狱后,王僧辩变得很谦逊,一点都没有怨恨萧绎的样子,给萧绎仔细讲解了守城方法,并提出收买萧詧的手下将领,令其自乱阵脚。王僧辩,不,如今应该称其为"王都督"了。在王都督的精心部署下,萧詧手下的杜家兄弟反水了,发兵反攻襄阳。萧詧连忙撤军,又遇天降大雨,粮草损失不计其数。回到襄阳的萧詧使出侯景一般的凶残手腕,将投敌的杜岸拔舌、鞭尸、肢解、油炸,无所不用其极,还掘了杜家祖坟,将杜家祖先挫骨扬灰。论手段狠毒,萧詧一点不输给他七叔。而后来,萧绎也学了他的一两招,借以对付侯景的狗头军师王伟。

　　解了江陵之困,鲍泉那边却久攻长沙不下。萧绎很恼火,临阵换将,王僧辩直接成了长沙方面军的领袖,改鲍泉去蹲牢房了。经过王僧辩半年的攻打,长沙城终于扛不住了。长沙沦陷后,萧誉成了俘虏。"勿杀我,得一见七官!"成了萧誉的遗言。萧绎早下令王僧辩,不留活口。要是让萧誉真见了七叔,这不是给萧绎添乱么,还能明目张胆地杀?王都督已然看出其中端倪。

　　另一方面,为了报复萧詧的挑衅,萧绎决定攻打长沙的同时顺带拿下襄阳。但由于兵力不足,他只得借力打力。他下诏给柳仲礼,让他出兵。此时,柳仲礼正郁闷着呢,当初一念之差做了所谓的"汉奸",被各地藩王一致鄙视,俨然将他混为侯景一党。如今萧绎给他投来橄榄枝,消灭萧詧便是坐上萧绎大船的投名状。一旦成了萧绎的手下,之前的污点就可以一笔勾销了。

　　柳仲礼太想当然了,怎知萧詧已与境外势力相互勾结,做了一回真正的汉奸!鉴于之前损失惨重,萧詧意识到必须获得"国际友人"的支持,才可以在这场搏杀中占到优势。萧纶等人既然选择了北齐,那么自己就去拉拢西魏,抱宇文泰的大腿好了。早年间,为了和贺六浑对抗,宇文泰只能去给突厥可汗当干儿子,每每细数从前就一肚子不爽,现在送上门来一个干儿子,喜得他眉开眼笑。同时,他也有了武装干涉梁国内政的借口。这次执行任务的是杨忠,也就是后来隋文帝杨坚的老爹,其依靠军功不断升至八柱国的地位,也是从这次战争开始的。

　　这时,作为西魏国十二将军之一的杨忠率领部队向襄阳开拔,由于所带的部队并不多,他命令部队不断变换旗帜,造成援军众多的假象。萧詧那颗不安的心终于镇定下来。

柳仲礼这边压根儿就没料到西魏那边会突然武装介入，挺近襄阳之际，却传来老巢安陆被攻击的消息，于是匆忙回军，途中被杨忠伏击，一下子被俘。杨忠趁机接管了柳仲礼的地盘。萧绎也未能预料到事情发展至此。他只好做打内战的决心，在内部还没统一之前，不想再和西魏结仇。于是，对西魏占领柳仲礼的地盘采取了默认态度，不再将兵锋指向萧詧。

杨忠一看目的达成，撤军回了西魏，而萧詧的地盘也顺带划归给了西魏。萧詧现在的身份只是西魏在汉水一带的代理人。萧绎在侄子这儿碰了钉子，开始把气出在六哥头上——消灭萧纶，便可以整合整个长江中流了。

萧绎扩张的同时，侯景也不闲着。他派任约扫除了萧纲在外围的最后一股势力——掌控江州的儿子萧大心。解决了萧大心，侯景准备一路向西，首当其冲的就是萧纶。萧纶一看，连最能打的萧范表弟都死了，自己能扛几天？他广发英雄帖，萧詧、萧誉、萧绎、萧纪、萧勃、柳仲礼等人都没落下，号召大家一起合力讨伐侯景。萧绎的部队很快就来了，不过不是来打侯景的，而是来接管自己六哥的地盘。

当初，萧纶苦劝七弟"停止内战，一致抗胡"，萧绎只回了一句："要打侯景，等我先宰了这两个不孝侄子再说。"那时，萧纶已经料到，解决完两个侄子接下来就是自己这个哥哥了。出乎意料的是，萧绎来得是如此之快。萧纶为了一泄心中之愤，写信指责王僧辩："你前年才把你家主子的侄子给做了，现在又来杀你家主子的兄长，以此获得荣华富贵，就不怕天下人不答应吗？"王僧辩也学乖了，知道贸然行事肯定要背上骂名，于是将萧纶的信递交给萧绎。在得到萧绎的进攻命令后，他便气势汹汹地发起了对萧纶的总攻。萧纶知道自己在侯景、王僧辩的两面夹击下必败无疑，便对手下将士们说："我没别的想法，只想灭贼而已。固守的话，早晚要弹尽粮绝，主动出击，则会被后世讥笑为同室操戈。但是，我也不能平白无故束手就擒，只能逃了。"尽管将士们纷纷请战，萧纶却熟视无睹，径自逃亡汝南。

逃到汝南的萧纶下场很凄惨。由于此地濒临宇文泰的西魏国，又有小道消息说他勾结东魏，准备东山再起，宇文泰一听：这还了得？早就听说萧家老六和高家老二眉来眼去，现在在我眼皮子底下要挖我墙脚，岂能容他？于是乎，杨忠再次执行了这次任务。行家一出手，就知有没有。很快，萧纶就败下阵来。由于之前柳仲礼曾经在宇文泰面前搬弄是非，投诉杨忠贪财寡义，让杨忠很是不爽。这次杨忠准备吞掉萧纶的财宝，又怕萧纶多嘴，索性一不做二不休，直接宰了萧纶沉江。死人自然不会说话，萧纶的财宝尽成了杨忠的囊中之物。带着大把大把的钞票，杨忠离开汝南，深藏功与名。

这次战役以萧绎和侯景共分萧纶的地盘为终结，武昌和西阳并入了侯景的版图。经过一年多的搏杀，在南中国土地上的各地军阀中诞生了四强：占据了东部的萧纲政权、占据了中部的萧绎政权、占据了西部的萧纪政权，和占据了南部的萧勃政权。他们四股势力将争夺南朝最后的领导权。其中，萧纪通过抽签，直接避开了诸侯混战，轮空进入四强；侯景票掉了萧纲的几个儿子，成功晋级；萧绎则通过票掉自己两个侄子、一个哥哥也跻身四强；萧勃则在贵人的帮助下，坐镇岭南，成为最后一位晋级四强的幸运儿。此时的局势简直就是官渡之战后南方格局的翻版：侯景对应孙权控扬州，萧绎对应刘表控荆州，萧纪对应刘璋控益州，萧勃对应士燮控交州。说到这，大家或许会对这个萧勃感到好奇，不是说之前台城陷落后的一批军阀中都没他么，怎么会突然之间成了四强之一？帮助他登位的贵人到底是谁？要解开这个谜团，我们就该把目光重新投回最初提到的那位神秘主角——陈霸先身上。

南疆有虎

话说回来，我们已经把陈霸先晾在一旁很久了。

梁朝末年天下大乱，那个看油库的陈仔是否也趁乱而起，成为时势造就的英雄呢？答案是肯定的。十年磨一剑，当命运给陈霸先机会的时候，他已经三十八岁了。那一年是公元540年，欧洲爆发了令后世毛骨悚然的鼠疫，有四分之一的人口因此丧生。而中国岭南地区，也酝酿着一场阴谋。

这一年，陈霸先的贵人萧映被任命为广州刺史。当时，岭南还是一派人迹罕至之地，穷得响叮当，更要命的是治安也是一团糟。如三国孟获那种恐怖的少数民族经常会袭击汉人，还能跑去大城市当街砍人。萧映深知此地是龙潭虎穴，所以点名要陈霸先跟随，赏其一个六品官。

可不要小看这个六品官，出身寒门的人这辈子能混到这地步，一百人当中都没十个。可陈霸先的仕途绝对不会止步于此。不过，他刚刚走马上任，粤人就给了这个新刺史一个下马威——驻边士兵哗变了，理由就是没发军饷。等到萧映到达这里的时候，叛军已经发展到四五千人，还占据了安县和化县。而萧映此时手中也不过四五千人。

萧映说道："陈仔啊，养兵千日用兵一时，这事就靠你啦！"陈霸先二话不说，带了一千人马就出去了。一比五的巨大悬殊啊，还是叛军的主场。但他若再问萧映要兵，萧映肯定会说："没有！"结果，陈霸先一个夜袭，两个县先后告破，生擒匪首。尔后，陈霸先胸怀似海，请求萧映赦免匪首，收编了他们。萧映却不这么想：初来乍到，不来点下马威，这帮广东仔怎么看我？于是，萧映还是斩杀了匪首。不过，陈霸先的功劳也是要奖赏的，命其任西江督护、高要太守。

剿匪只是个前哨战，陈霸先接下来遇到的可是铁杆的分裂分子——李贲。他越南河内人，越南历史教科书上"前李朝"的开国皇帝。不过，在梁朝政府看来，这不过是个"伪帝"。因为自有汉以来，中国历朝历代就对越南北部拥有绝对的主权，直到五代十国的南汉时期，越南才开始脱离中华帝国的控制。而当时，越南北部被称作"交州"，时任交州刺史的是萧家宗室——萧谘。奈何这个富二代太无用，一看越南人闹独立，就给李贲砸钱。李贲收了钱，就让他跑路了。李贲起兵的时间是公元541年12月，也就是说，陈霸先前脚平完叛，这厮后脚就扯旗造反了。而且李贲打出的理由冠冕堂皇——为俚人争取民族独立，建立一个俚人自己的国家。这个"俚人"就是现在黎族的祖先，目前主要分布于我国海南岛一代。

萧谘开始出逃，就奔着同族亲人萧映这儿来了，毕竟广州和交州一衣带水。此事惊动了中央，萧衍震怒，立刻组织镇压叛乱。高州刺史孙冏和新州刺史卢子雄接受了这个艰巨的任务。岭南的瘴气真能杀人，这是不争的事实。不过萧家人被欺负了，困难再多也必须抛在一边。结果确实很惨，因为疾病，两位刺史手下死了一大半，剩下的一小部分也趁机开溜了。萧谘直接上书叔叔萧衍，说两位刺史通敌，良心烂掉了。萧衍也不管三七二十一，中央检查小组都懒得派，直接将两位刺史赐死。

老大死得冤枉，手下的士兵火了，登时又来了一次哗变，为首的三人叫杜天合、杜僧明、周文育。群情激奋的士兵将二萧围在了广州城内，扬言要宰了他们。这两个富二代没法儿，只得向远在京城的老和尚萧衍求助。收到两个侄子的信，萧衍懊恼不迭：一来，远水难救近火，调中央军南下，估摸着到时候只能拉回侄子的尸首了；二来，万一这叛军再联合境外势力，广州、交州从此脱离中央政府独立也不是没可能。南疆一乱，萧衍有陷入两线作战的危机。

这时，陈霸先也收到这封信。此时，他手下已经有三千人了。不过，这次的叛军有两三万，也就是说，由以前的一比五上升到一比十的差距。以一当十，之前能塑造这样的神话的也就是梁朝那位"千军万马避白袍"的陈庆之。当初，自己在义兴待过一阵子，陈霸先便想效法这位心中偶像，也来一次奇功，带着三千人马就去解广州之围了。

打仗是要用脑的，陈霸先是去解围的，不是为了逞一时之勇。发动进攻前，他对叛军进行了火力侦察。原来叛军分成了十多个小队，对广州城进行多方死命围攻，如此，陈霸先便确定了作战方案——集中所有兵力，攻其一部，挫其锐气，破其军心！

他首先扑向周文育。周文育也算陈霸先半个老乡了，和陈庆之一样，都是义兴出来的，家庭背景也相当不错，算是江南的豪族了。不巧的是，他是被收养的，养父周荟才是义兴周家的正宗苗裔。可就是这么一个收养的娃，最后却让义兴周家在江南被琅琊王氏压制了两百余年后，终得以扬眉吐气。

周文育原名项猛奴，小时候因为家里穷，被周荟收养。后来，周荟接到上级白袍将军陈庆之的命令去征讨山蛮，便带上周文育上战场历练。老周不及陈白袍，在和山蛮的激战中被杀死，周文育发了疯般地冲入敌阵，夺下干爹的尸首。那群蛮子哪能让这小子跑掉呢？一个大官的首级能值好多赏钱呢，于是围住了周文育。结果，这帮山蛮因为这个愚蠢的决定反而留下了自己的几十具尸体。突围成功后的周文育也身受重伤，养好后便请求陈庆之带着老父的尸体回义兴。出于同乡之谊、袍泽之情，加之很喜欢周文育的勇武，陈庆之厚礼相赠，送其还乡。如今，周文育却作为叛军出现在这里，显然是朝廷的一大损失啊！冷兵器时代，武将拼的就是单兵作战的能力。虽然能从蛮敌的重重围困中杀出一条血路，周文育却在交手不到十几个回合后就被陈霸先擒拿，在场叛军无不被陈霸先的威武所震慑。

为了挽回面子，杜僧明也来和陈霸先较量，依旧逃不出被擒拿的下场。最后，杜天合见两个兄弟都给陈霸先捉了，知道这次遇上了刺头，准备开溜。怎料，陈霸先的弓箭手早就将他的退路堵住，一阵狂射，杜天合就此一命呜呼。当然，陈霸先的弓箭部队此次刚刚崭露头角，此后，他们将如慕容家的重骑兵一般，为陈霸先创造一个接一个的胜利，敌人看到陈霸先就能想起这支可怕的弓箭部队。

三千击败三万，此事一下子惊动了中央。萧衍翘起了大拇指道：陈霸先，好样的！同时，他还派画师前去给陈霸先画一幅画像，他要看看这个继陈庆之之后，又一位寒门将种长得哪般模样。能受到皇帝如此礼遇，陈霸先已经算是跻身梁朝重要将领的行列了。这次，他又被加封为直阁将军。大家一定对这个称谓很熟悉吧？没错，是陈庆之在北伐前的官职，这样的巧合冥冥中似乎暗示着什么。

当然，如果战地记者去采访一下当时的陈霸先，他肯定会自豪地说："此次战争，让我收获最大的不是陛下的赏识，也不是官职的晋升，而是收降了两位好汉。"指的是杜僧明和周文育。陈霸先对此二人推心置腹了一番，杜、周也都是明白事理之人。他们已被陈霸先那种英勇无畏和虚怀若谷的气度所深深折服，决定死心塌跟着他一起奋斗，建功立业，青史留名。而陈霸先也极为欣赏两位因主帅被冤杀而与萧氏宗族愤然为敌的决裂，顶着萧映的压力硬是把他们的性命保全下来。话说回来，此时的萧映也未必敢再对陈霸先指手画脚，既然陈仔认为是好的，那便是好的。

陈霸先、周文育、杜僧明，外加后面要提到的侯安都，此四人成了日后大陈帝国的开国元勋。假使今日陈霸先杀了杜、周，陈朝是否还能建立还真是个值得商榷的问题。

萧映由于缺乏一颗过硬的心脏，在经历这次暴乱事件后便吓得病倒了，数月后竟然一命归西。陈霸先对这位从义兴开始就一路照顾自己的贵人很感激，虽然被萧映晾了十几年，直到上任广州的时候才得到提拔，可在陈霸先心里，滴水之恩必当涌泉相报。他决定亲自护送萧映的灵柩回建康。陈霸先如果当时真的回到建康，侯景之乱很可能就被扼杀在摇篮里了，百姓也不必遭受那么多苦楚了。可那样的话，或许也不会有后来的陈朝了。

那位分裂分子李贲在陈霸先北上的那年正式当起了皇帝，建立了越南历史上第一个政权——万春国，自称"南帝"，我们通常称其为"李南帝"。该王朝也被称作"前李朝"，都城定在龙编，也就是今天的河内。

李贲的建国让萧衍再次震怒：你搞自治可以，但要搞"两个南朝"的阴谋，我就要绝对镇压！萧衍任命陈霸先为交州司马，令他会同定州刺史萧勃和新任交州刺史杨瞟往交州平定李贲叛乱。接到诏书的陈霸先第一时间率部折回，但见到杨瞟后，杨瞟却表现出一副不怎么想出兵的样子。原来，萧勃准备割据岭南称雄，想拉杨瞟入股。杨瞟怕出战折损兵力，到时萧勃就看不上自己了。陈霸先那叫一个气啊：这都哪跟哪啊，陛下活得好好的，萧家子孙就想着各自为王了，这样下去怎么得了！是时候给杨瞟上上政治课了。

陈霸先找到杨瞟，推心置腹地说道："现在交州成了别人的地盘，你难道要在广州做一辈子流亡的交州刺史么？而且，派你平叛是陛下的意思，你要是不出兵，这不是抗旨不遵吗？死罪啊！"这话把杨瞟吓得不轻。怂人关键时刻就要吓唬吓唬，一吓就来种。杨瞟决定出兵，而军事行动由陈霸先全权指挥。

李贲一听"岭南虎"陈霸先来了，立马将大军排成一排，全部压在边境线上，务必做到严防死守。未承想，陈霸先不走寻常路，通过大量运兵船，从北部湾南下，直接出现在李贲的大后方。李贲肯定后悔没读《史记》，遥想当年齐国人把宝全部压在西边，结果让秦军直接从燕地南下，直捣黄龙。不过，老天已经不给李贲感慨的机会了。陈霸先像驱赶猪猡一般，把李贲赶得到处跑。也是李贲命里该着，逃到了僚人的地盘，结果被僚人砍了脑袋换了赏钱。可怜的"李南帝"，没想到自己的王朝竟然一世而终。在这次战斗中，陈霸先的弓箭部队在水军抵达越南沿海时，确保了梁军的安全登陆，再次向世人展示了这支部队的神威。

至此，梁朝重新恢复了对北越的统治权。陈霸先对前李朝之战确保了中华南疆的领土完整，将妄图分裂中华南疆的分子统统消灭。据说，越南的教科书也提到了这场战役，陈霸先的英雄表现自然也被收录在了后来外国的课本中。

按理说，赢得此役，陈霸先绝对有资格荣升一州刺史。不过，除了被加封了一些虚名外，他依然是个副手，全因他出身寒门。在一个世家大族横行的时代，寒门子弟如何当得一州刺史？当然，在梁朝，出身寒门者能做到一州之长的也不乏其人，那便是横扫中原的白袍陈庆之，此时的陈霸先与他还差着一个档次。

就在陈霸先寻觅新的战机以此提升威望时，跛豪侯景来了。侯景之乱爆发时，陈霸先四十六岁，在那个年代已经算步入老年了。毕竟，不是每个人都能活到萧衍那个岁数。此时，人在岭南的陈霸先得到消息，只有一个念头——北上勤王。不过，国难当头，真心毁家纾难的毕竟少数，热衷发国难财的却俯首皆是，比如陈霸先的上司——广州刺史元景仲。此人是北魏宗室，对侯景这个北方来客自然举双手欢迎。于是，元景仲在广州响应侯景，另外还问陈霸先要不要入股。显然，他小觑了陈霸先，一个忠肝义胆之辈是不可能大发国难财的。陈霸先深知，如今自己与元景仲势不两立，矛盾不可调和，便痛斥来使，抢先发兵围住广州城。元景仲当时是整个广州的老大，而陈霸先手里只有几千人，所以后者的形势更危急。但是，陈霸先掏出一纸诏书，淡定地说道："元景仲勾结贼人，已经被朝廷正式除名。朝廷命曲江公萧勃为新任刺史，大军马上开到！"在广州城的百姓眼中，这位两次稳定南疆的陈霸先才是实际的统治者，如今又有诏书在手，元景仲立刻变得众叛亲离，于绝望中上吊自杀。

　　什么叫民心——这就是民心！什么叫权威——这就是权威！陈霸先现身说法给元景仲上了最后一课，兵不血刃地占领广州城，也是陈霸先人格魅力的一次集中展现。

发兵北上

元景仲走了,萧勃来了。这主儿是陈霸先请来的,初来乍到,威望不高。陈霸先以始兴郡叛乱为例,将周边不听话的叛党一一收拾了一番,萧勃这才坐稳广州刺史的大座。不料,此主儿也没好到哪去,虽不附逆,割据的游戏倒玩得起劲。

简单说下当时的形势:各路军阀虽然多,但基本分成三派,即保皇党、附逆派、割据军。如之前元景仲那种追随侯景的,姑且可将它划分为附逆派;而萧勃一类想玩割据的,就属于割据军;陈霸先这样真心救国的,当然就是保皇党了。

之前说了,萧勃早就有心割据,这次做了广州的老大,其野心更大。当陈霸先求请北伐时,萧勃竭力挽留,希望他入伙割据。小小燕雀,安知鸿鹄之志?萧勃的小人之心永远揣摩不出陈霸先的君子之腹。侯景之乱中,陈霸先至少贡献了五位亲人。但是,你要问他是否后悔,他一定会坚定地说:"为了复兴汉文明,为了江南人能够真正地当家做主,我无怨无悔!"

陈霸先将这些年积攒的钱财全部用来采购军械和粮食,四处招兵买马。在始兴郡征兵的时候,他未来的战友——当地土豪侯安也带领数千人投奔了他。这位南陈开国四大元勋之一粉墨登场了。

尽管如此,萧勃还是想做最后的努力,留住陈霸先。陈霸先索性回了一封信,讽刺萧勃:"侯爷,你作为萧家的皇族,总该不会要阻止一个外姓人去救国难吧?"

离开萧勃的陈霸先受到了萧绎的注意。陈霸先也把天下诸侯审视了个遍,发觉这位"独眼龙"七爷最有可能一统天下,便派人接洽。萧绎以皇帝的身份下诏书,任命陈霸先为广州刺史,默认他可以除掉萧勃,割据广州。因为萧绎心中也不相信真会有一个外姓人,义无反顾地要平乱。他只当陈霸先暂且称臣,然后借他的名义,正儿八经地杀了萧勃,趁机将广州变为他陈霸先的势力范围。和萧勃一样,萧绎同样小觑了陈霸先。有无心胸,是萧绎最终失败的根本原因,也是陈霸先最终成功的根本原因。

北伐的路不好走，除了侯景的叛军，各地山大王也是麻烦多多。这不，刚刚到达江西地界就遇到了蔡路养这只拦路虎。老蔡早就得知陈霸先这些年在岭南赚了一大笔钱，这次是衣锦还乡，此时不抢更待何时？可他哪里知道陈霸先的钱财全部被变卖充军费了，更不知道陈霸先是个软硬不吃的主儿，二话不说就和他开打了。不过，蔡路养军中有个十三岁的毛头小子萧摩诃，喊老蔡一口一个"姑父"。别看这小子才十三岁，单骑杀入陈霸先的部队，没人挡得住，连陈霸先帐下猛将杜僧明都在激战中被他打下马来。陈霸先一看自己弟兄这是要被生擒活捉的架势，也不顾安危，带着亲兵冲过去解救杜僧明，还把自己的战马给了老杜脱围，这道德感比那个在混战中让自己弟弟顶死的阿瞒可是高出好几个档次啊！

手下的人一看老大被围，立马朝这边杀来。周文育、侯安都、徐度等好几个将领围着萧摩诃打，就是吕布当年都没见过这个架势。陈霸先对萧摩诃一人连战数将的纪录叹为观止，对他又推心置腹一番。最终，陈霸先用自己的大义和真诚，感动了这个十三岁的小将，真心臣服。而这位十三岁的小将一直贯穿了整个陈朝，并在陈朝后期成了大陈军界第一人。不过，他的一生却是实实在在的悲剧，这个过程留待后述。

从陈霸先这一路收降的将领来看，不难发觉，如果缺乏一个宽阔的心胸是不可能做到的。在陈霸先军中，从来就没有嫡系与非嫡系的争端，大家都是自己人。不管你来自哪里，不管你之前做过什么，只要愿意和我陈霸先一起干，大家便是好兄弟，我会像于万军中拼死救杜僧明一般营救你们每个人！什么是人心——这就是人心！

解决了蔡路养，接着出现在陈霸先面前的是另一位附逆派——高州太守李迁仕。老李不只自己想附逆，还准备拉拢自己的下属冯宝。说到这个冯宝，额外插一句，他的祖先可是堂堂的北燕皇室，和大名鼎鼎的北魏冯太后是拜一个祖宗的。他老婆也很牛，是当地俚人的老大冼英。冼英颇有远见，认为这次老李征召自己的丈夫是为了拉他一起下水，所以规劝丈夫千万不要就范。冯宝一开始不相信，不过出于"耙耳朵"的性格，也就进行了观望，没料到，老李真反了。这时，冼英则慷慨激昂地鼓噪丈夫出兵讨贼。冯宝伸手摸了摸冼英的额头，问道："老婆，你没事吧，还讨逆？你没看到萧家那几个儿子自己都不急着讨逆，我们这些外人激动个啥啊？"冼英见冯宝觉悟甚低，义正词严道："我怎么嫁了你这么个怂货？瞧你这出息，看看人家陈霸先，手上就几千人，一听到上司元景仲要投降侯景，立马带着全部家当就把广州城围了，还把元景仲逼得自杀！再看看你……"

男人最受不了老婆在自己面前夸耀别的男人有多英勇，当下，冯宝就拍着胸脯道："老婆大人，你下命令吧，让我怎么做，我就怎么做。我要让你看看什么叫'男人'！"不久，冼英带着一千人出现在李迁仕的军营前。李迁仕正因冯宝不给自己面子生闷气，看到冼英到来眼前一亮：战场之上，居然也有这么漂亮的妞儿！这冯宝也太幸福了吧！

冼英首先给老李赔罪了，随后又说自己是来送军资的。现在，李迁仕只想看冼夫人的"军姿"，哪还有心情看送来的军资啊！他连忙将冼夫人迎进城内。哪知，冼夫人前脚进城，后脚就吆喝着部下抄家伙，明晃晃的刀枪从箱子亮出来。李迁仕始知这"送军资"的言外之意，城也不要了，只身逃了出来。

不久，冼夫人就在李迁仕的大本营迎接了陈霸先的北伐军。两人相见恨晚，畅聊不休，谈人生、谈理想、谈哲学……冼夫人最终被陈霸先的气质深深折服，回去就对丈夫说："陈将军是当世英才，天下无人可比。能救我大中华于水火的铁定是他了。据说，他为北伐，倾尽家财，我们也该拔刀相助。夫君，是时候呼朋引伴，让你的朋友都倾囊相助了，有钱的出钱，有力的出力，为陈将军助一份绵力。"

在各路土豪的帮助下，陈霸先在江西境内对李迁仕的反动势力进行了彻底的打击。经过半年多的光景，李迁仕逃无可逃，终于死在陈霸先手上。就在陈霸先击破李迁仕的消息传到江陵不久，萧绎的一道诏书下来了：封陈霸先为江州刺史，北上汇合王僧辩，扫平整个江西境内的亲侯景势力。而此时的陈霸先已经拥有三五万人马了，还有两千艘战舰和五十万石粮食。可别小看这粮食，这可都是陈霸先散尽家财搞来的，可以说得上是陈霸先的命根子。而萧绎之所以会给陈霸先下这样的命令，是因为前不久发生的一件事，正式挑起了萧绎和侯景的大决战。

生死决战

让我们把视角再次调转到萧绎这边。

自从上次和侯景瓜分了六哥的地盘,萧绎便一直担心自己要和侯景来场总决战。萧绎对于这个羯胡跛子始终心存顾虑,但怕什么来什么,这场绝杀还是不可避免地发生了。

其实,和侯景平分六哥地盘后,萧绎始终内心不爽。他让鲍泉辅佐自己的次子萧方诸坐镇江夏,随后让大将徐文盛率水军东进。徐文盛在贝矶与侯景的西征大将任约相遇。因水战是徐文盛的强项,任约惨遭大败。退守西阳后,任约便向侯景求援。侯景让宋子仙率领两万人前来支援。萧绎一看侯景增兵,自己也给徐文盛派去了两万援兵。得到援军的徐文盛立马攻克了武昌。侯景一看傻眼了,武昌丢了,要是再丢西阳,刚刚瓜分到的萧纶的那点地盘那可要全吐出来了。煮熟的鸭子飞了,显然不是侯景的做事原则。于是,他亲自带兵两万,准备一举荡平徐文盛的部队。

萧绎见侯景亲自出动,料想只打打局部战争已不可能,只能硬着头皮和侯景全面开火。好在,侯景是个旱鸭子,打水仗胜算不足!好消息果然接踵而来,徐文盛首战击毙匪首库狄式和。此人萧绎有所耳闻,是个人物,想必侯景现在肯定在号啕大哭吧!显然,萧绎低估了侯景,身经百战的人哪会因为死了个把手下而乱了方寸?侯景冷静下来发现,梁军的主力全压在西阳城周围,而作为大本营的江夏城却异常空虚。于是,他让宋子仙和任约带着一支骑兵部队,弃水路走陆路,绕道徐文盛,直扑江夏城。江夏城的失守一下子将战局扭转过来,侯景的突袭瞬间断了徐文盛的后路,没有粮食的徐文盛所部很快各自作鸟兽散。徐文盛带着少数几人回到江陵,当然,等待这位将军的是"手里捧着窝窝头,菜里没有一滴油"的监狱生活。比较悲催的是,他这一去再也没能重见天日,后来死在狱中。

其实，萧绎当时也看出江夏空虚的弊端，令王僧辩带领王琳、杜龛等一帮猛将飞驰支援，这几乎动用了荆州军团的全部主力。萧绎准备让王僧辩和徐文盛前后夹击叛军，前提是江夏城尚在手里。怎奈，由于自己儿子无能，战局一下子被打乱。王僧辩及时得到了江夏失守的消息，便在巴陵驻扎下来。

公元551年4月，侯景在江夏城完成了所有大军的集结，号称二十万兵马。史书如是记载："江左以来，水军之盛未有也。"而他的对手是据守在巴陵的王僧辩。消灭王僧辩就等于摧毁了萧绎主力，而吃下萧绎主力意味着自己南朝霸权的确立，剩下的萧纪和萧勃不足挂齿。

"遥望洞庭山水色，白银盘里一青螺。"唐人刘禹锡的诗用在这里恰到好处。此时的青衣侯景在这洞庭湖中俨然成了一道靓丽的风景线。他想象着自己日后如何登基称帝，如何一统天下，却不料探子来报，守卫这座城的正是王僧辩。

王僧辩？侯景觉得有些似曾相识。终于，他想起来了，不是当初那个跟着柳仲礼一起投降自己的小将吗？才几年的光景，他就能独当一面了？不过，萧绎也真是无人可用了，居然派这么一个手下败将来阻拦我侯景。"蜀中无大将，廖化作先锋。"侯景对战胜王僧辩信心十足，就好比陈庆之得知自己的敌人是丘大千一般。侯景未多做考虑，便对巴陵城发起了进攻。一时间，数以万计的叛军鼓捣着侯景开发出来的新式武器，对着巴陵城四周进行猛攻。王僧辩对此非但没有惊恐，反而略显得意：侯景老儿，就让这座城成为你的"玉璧"吧，我会让你和高欢一个下场！

巴陵城集中了萧绎的所有主力部队。如果侯景像突袭江夏一般再次突袭江陵，说不定萧绎真的要提前见他父皇了。可是侯景却选择在城下死磕，那他的部队就只能是殒命城下了。

此时，身在江陵城内的萧绎也不安稳，部队全部拨给王僧辩，自己是在进行一场豪赌：赌赢了，天下大定；赌输了，身首异处。如果单单和侯景赌还好把握点，关键是这场赌局还有人想下注。侯景大军压境的消息很快被他的弟弟萧纪和侄子萧詧得知，两人纷纷表示要"帮助"萧绎。萧绎自然清楚此二人打的什么算盘：如今江陵兵力空虚，要是这两人趁火打劫，自己必死无疑。萧绎不愧是老谋的政客，没过多久就想到了办法———封信和一个人。信是给萧纪的，信中暗示要与他共分天下："老八，你不用来了。等我灭了侯景，咱们就做孙权和刘备。"萧纪得此个授意自是乐得开怀，傻呵呵地回四川当他的土皇帝了。值得一提的是，这个萧纪没过多久还真在四川称帝了。当然，皇帝不是人人都能做得了的，他显然没这个命。

打发完萧纪，就要对付萧詧了。这时，萧绎从大牢里放出一个人，一个戴罪之人。此人叫胡僧祐，和王僧辩、羊侃一样，也是北边过来的，在北魏担任过高官，河阴之难的时候南逃到了梁朝。突然获释，让胡僧祐有点受宠若惊，更让他大吃一惊的是，萧绎居然拜他为大将，统领两万甲兵、两千骑兵。吃惊的不只老胡，还有萧詧。萧詧知道这个胡僧祐，颇有些本事。一听到他领军，他便立刻偃旗息鼓，打道回府。原来这是一出戏。萧绎知道，如果他跟侄子说已经击败侯景，不用他多事，这萧詧肯定来得更起劲了，索性，用老胡这个老将吓一把自己这个胆小的侄子。恰值此时，萧绎又收到侯景发疯般攻打巴陵的消息，心里简直是酸爽得很，不敢相信！

如果侯景头脑冷静些，应该派少量部队拖住巴陵城，然后直扑江陵；或是从江夏往南攻略湖南南部，趁机抢粮。可如今，侯景的脑子已然被烧坏了，选了最错的一步，围攻巴陵。萧绎觉得既然侯景已步入作死的快车道，那么，我可以考虑让他死得更痛快些。于是乎，他将剩余所有的水军交给了胡僧祐，让他去再补侯景一刀。在洞庭湖的一个子湖赤沙湖中，胡僧祐用火攻击败了侯景手下任约所率的五千人马，并生擒了任约。

任约被擒的消息传来，侯景再无战心。巴陵围城一个月，士兵死伤无数不算，还导致瘟疫蔓延，再打下去必死无疑。侯景让宋子仙率领两万大军留守郢州，自己则一溜烟跑回建康城。宋子仙成了侯景的替死鬼，时隔不久也被擒杀。

回到建康城，侯景内心憋屈，决定干一件让自己舒服的事情。什么事情能让此刻的侯景开心呢——称帝。要知道，就算是侯景最佩服的高欢，生前也没能做皇帝，自己要是称帝，那就比高欢还要牛啊！此时的侯景娶了萧纲的女儿溧阳公主，又是朝中丞相，还得了一个"宇宙大将军"的称号，已然是梁朝萧纲政权的实际统治者，按理说做不做皇帝都一样。可侯景不这么想，能名利双收当然是好事，但如今战局不利，万一自己真败了，连皇帝都没做过岂不遗憾？

侯景想称帝，可这种事儿不能一步登天，按照之前自己所看到的可借鉴的经验，那都是废了好几个傀儡皇帝，才自己登基的。侯景也准备如法炮制，首先把当了三年多傀儡皇帝的萧纲废了。紧接着，就和王伟商量该立谁。两人一琢磨，觉得萧统嫡长子萧欢的大儿子萧栋最合适，根正苗红，年纪也小。

公元551年8月，豫章王萧栋即位，改元"天正"。而作为废帝的萧纲自然没有存在的必要。被废不久后的一天，他就被人趁醉用装满土的布袋压死，自己所有留在京城的儿子也被杀得干干净净。萧纲死后上的谥号是"简文帝"，纵览其从台城被围期间临危受命到最后被废身死，只做过两个重大决定，也就是之前笔者所说的两个愚蠢决定。正是因为这两个愚蠢决定，使萧纲最终落得个凄惨下场，而被他连累的还有所有江南百姓。这正应验了那句俗话——可怜之人必有可恨之处。

萧栋还没坐热皇帝的位子，又被侯景废了。后者正式登基，新朝国号为"汉"，不知道此国号是不是对汉人的一种辛辣讽刺。不过，这个滑稽的政权也仅仅是昙花一现，因为王僧辩联合陈霸先打进来了，军队都到芜湖了。

侯景慌不择路，突发奇想，以皇帝的名义给王僧辩和陈霸先下了道诏书：你们撤军，我可以赦免你们和你们主子萧绎的罪过。王僧辩笑了：我们有正牌皇帝——梁元帝萧绎，你算个啥！而这时，镇守姑孰的侯子鉴是侯景的最后希望，他能否顶住王僧辩和陈霸先的合力打击，力挽狂澜呢？

魔王末日

公元552年2月的白茅湾，注定成为历史的节点。萧绎手下以陈霸先为首的南方军团和以王僧辩为首的西面军完成了顺利会师。两位南方最伟大的将领在此登坛结盟，共讨侯景。两人很像，都是在侯景之乱中从一名默默无名的小将逐步爬升至地方大员；但两人又不太一样，这也是他们最后会分道扬镳的主要原因。

此时，陈霸先五十万石的粮食引起了王僧辩的注意。五十万啊，放眼当时的南中国，只有陈霸先才拿得出这么多的粮食。当然，王僧辩也根本想不到这五十万石粮食会是陈霸先散尽家财换来的。面对此况，给或不给，给多少，这是个问题。可陈霸先却给了，而且只留给自己二十万，三十万的大头给了王僧辩。这是怎样的情怀？这是为平国乱不分彼此，不计个人得失的高义之举！而当王僧辩准备勾结北齐一起绞杀陈霸先的时候，他可曾想到当年姑孰的三十万石粮食？

侯子鉴得到侯景的指示——打陆战，千万不要打水战。起初，侯子鉴还蛮能遵守这个指示，怎奈后经王僧辩一再引诱，便把持不住了。看到王僧辩每每前来挑衅，不久又缩了回去，侯子鉴觉得这是一个机会，于是下令：全军出击！结果可想而知，侯子鉴大败，只身跑回建康。

得知这一消息的侯景居然哭了，而且钻进被子抱头痛哭。秦淮河，这个三年前侯景与援军对峙的地方，再次成为历史的焦点。只不过，这次侯景遇到了有生以来继陈庆之后又一个难缠的对手——陈霸先，这个新来的对手大有一显神威的态势。当然，面对侯景在秦淮河修筑的工事，王僧辩确实有些犯难。好在陈霸先关键时刻一马当先，作为先锋直接杀了过去，踏过了秦淮河。王僧辩一看有陈霸先在前面顶着，便也领着大军杀了过去。

侯景眼见地利已破，只能最后拼死一搏。他率领当初渡江的八百骑，外加一万步兵对梁军发起了总攻。他深知只要梁军扛不住冲锋，队形一乱，便是大规模的溃败！陈霸先看出侯景的险恶居心，建议王僧辩将部队一字排开，首尾相连，同时又能分散游击，以免被侯景冲垮前军，而导致大规模溃败。侯景一看梁军如此应付，心中凉了半截，但无论如何只能硬着头皮上了。

梁军的王僧智所部在侯景的冲击下开始支撑不住了，突然间一阵箭雨从侯景部队的后方袭来。他回头一看，正是陈霸先引以为傲的弓箭部队。两千弓箭手将侯景的叛军射得抱头鼠窜。侯景恨恨说道："陈霸先，又是你，该死的！"陈霸先看到叛军受挫，连忙下令扩大战果。杜僧明、周文育、侯安都等人奋勇冲锋，王僧辩麾下的猛将王琳、杜龛等人也各自领兵加入了战斗。

面对不利局势，侯景只得撤军。但是陈霸先的骑兵貌似不想让侯景活着离开南京城，紧随其后逼近侯景营寨。与此同时，王僧辩接受了石头城驻军的投降。侯景暴怒了，自己在建康城下一败再败全是陈霸先干的好事，如果今天自己要命丧黄泉至少要拉上陈霸先做伴！

侯景看得出陈霸先是梁军的灵魂，但此时的侯景显然已经撬动不了这帖灵符。尽管他集中了所有残军，身先士卒，但除留下成片成片的尸体，什么都做不了。陈霸先就像一座大山挡在侯景面前。可撼山易，撼陈霸先难！陈霸先看着侯景苟延残喘得也差不多了，挥师进攻，叛军瞬间土崩瓦解。

侯景在台城门下喊来王伟，大骂道："好好的你非要我做皇帝，今天害死我了！"骂完就想逃，结果王伟一下子拉住侯景的马鞍道："自古哪有叛逃的天子？宫中卫士，尚可一战。"这感觉真像极了当初桓玄出逃建康时手下规劝他的话，只不过侯景比起桓玄差远了，当然，下场却是一样的。

侯景仰天长啸："老子一辈子南征北战，灭葛荣，败贺拔胜，威震河朔，渡江到了台城，柳仲礼几十万大军都望风而降……这是什么——这是命！至于今天，亦是天亡我也，也是命！"难以想象，一个自恃勇力的人最后会将失败归结于命。侯景将置身台城的两个儿子抢出来，背在背上就打马而去。此刻，最亲的人也就这两个儿子了。要知道，他自己在北方的儿子不是让高澄骗了，就是让高洋杀了。这两个儿子再也不能死了，否则就真要绝后了。

侯景知道自己的部下谢答仁在富阳还有不少人马，准备南下入三吴。可惜赵伯超驻守钱塘挡住了南下的道路，而王僧辩的追兵在苏州再一次击败了侯景。侯景准备逃到松江（今上海），渡海逃生。叛军此时只有几十人了。为了减轻船上的重量，侯景把拼死抢出来的两个儿子也扔进水里。事毕，他总算稍稍镇定了心情，让舵手往东开。等他醒来时，船只已航行到胡豆洲，一看周围景色泛起嘀咕：岛上的人怎么还建起房子来了？再一看，不得了，大梁帝国的旗帜正迎风招展呢！侯景火了，刚想开骂，却发现了比他更火的人——羊鹍。此时的羊鹍身边已聚拢了一批人。羊鹍开口道："兄弟几个给大王这么多年鞍前马后的也够累了的了，到今天终究是一场空。倒不如借着大王的脑袋给兄弟们换俩赏钱啊！"侯景一看形势不妙，准备跳水。羊鹍一个箭步，横刀挡在了侯景面前。侯景又急忙跑回船舱，准备撬了船底大家同归于尽，不过羊鹍不给他机会了，扛起一把长矛直接从侯景的后背，给他来了个"透心凉，心飞扬"。值得一说的是，羊鹍正是羊侃"羊老虎"的儿子，而他的妹妹则被侯景强行纳为妾室。

至此，祸乱了整个江南的罪魁祸首就此伏诛。但是，侯景又死得太轻松了，像他这样恶贯满盈的人应该被押至南京的军事法庭接受审判。最后，他在无尽的恐惧中被处以极刑！然而，无奈的南京城居民只能以侯景的尸体进行泄愤。人们将他的尸体分成了三份，首级送到江陵天子萧绎处，悬首示众三日后被漆好，封存于武库，作为展览品给世人观摩，警示人们，这就是乱臣贼子的下场。他的两只手掌则被送去北齐，当时北齐刚刚取代东魏，这也算作是萧绎庆贺北齐建国的一份大礼吧。高澄九泉之下得知侯贼归西，也能瞑目了。至于侯景的肉，则被建康城的民众疯狂抢食，以泄心头之恨，骨头则被烧成灰下酒或炖汤，溧阳公主也因此拿到了一碗。

侯景在江北的党羽，以侯子鉴为首，献广陵（今江苏扬州）向北齐投降。至此，北齐基本拿下了长江以北的东部原梁朝境内所有领土。可是，北齐并非这次梁朝内讧中获利最多者，西魏马上也要下手了，而且一动手就是一块肥肉。至于江南的侯景余部，或被消灭，或是投降了新朝廷。

王僧辩一下子成了代表萧绎进行受降仪式的第一人。望着那群被押进营帐的俘虏，他看到了一张熟悉的面孔——赵伯超。想当年，赵伯超成为一方诸侯的时候，王僧辩还是萧绎手下一个小小的参谋长。如今，王僧辩是"国统区"的最高军政指挥官，而赵伯超则是"沦陷区"区区一汉奸罢了。王僧辩对赵伯超鄙视道："赵公啊，你享受的是国家的高等福利，却要投靠贼军，甘当汉奸。今天该如何啊？"

赵伯超无话可说。王僧辩让人把赵伯超押去江陵，让萧绎发落。赵伯超后被饿死狱中。随后，王僧辩牛气哄哄地说道："以前朝廷只知道有叫赵伯超的，可知我王僧辩？国家有难，是我一个人挺身而出，拯救天下的，这人世间的富贵还真不是一成不变的啊！"只是他未能料到，今日耻笑赵伯超做汉奸，明日他自己则被冠以"汉奸"的头衔被诛杀，真可谓"后人收得休欢喜，还有收人在后头"。

手下看到王僧辩自说自话，少不得一派阿谀奉承。还好王僧辩没忘记自己的身份，稍微清醒地补了一句："当然，山河重新一统全赖主上圣明，将士用命。我呢，恰好得上天眷顾，让我带了这么个头儿，谈不上什么功德！"王僧辩又一眼瞥见琅琊王氏的掌门人王克，更得意了："甚苦，事夷狄之君（你小子做汉奸做得很辛苦啊）！"此时的王谢家族早已在侯景的屠杀中死伤殆尽，即使侥幸活下来的也不敢再装腔作势了。王克战战兢兢地望着王僧辩，不敢说话。

王僧辩得意扬扬继续说道："王氏百世卿族，一朝而坠。"琅琊王垄断江南政坛数百年，今天到头了。自王导渡江以来，从最初的王谢桓庾，到后来的王谢袁萧，琅琊王氏一直稳居四大家族首位，"任凭风吹雨打，我自闲庭信步"，操控了南方近三百年的政治走向。不过，任何事物的发展都有期限，繁盛古生代的三叶虫、称霸中生代的恐龙、延绵千年的东罗马帝国，终有消散的一天。琅琊王氏也不例外，只是时间长短不同罢了。王僧辩虽然也姓王，却不是琅琊王出身，而是鲜卑的乌丸王，差别大了去了。

如果说王僧辩趾高气扬地打击了昔日权贵，那么他的肆意残杀则导致了建康城内百姓的深恶痛绝。王僧辩临行前问萧绎如何处置前朝旧主，后者说了一句话："六门之内，自极兵威。"萧绎自然是在暗示王僧辩对付萧栋要不留活口，在混乱中将其弄死。可如今的王僧辩自从在牢里反省过后，已经变得相当奸猾。他借口推辞道："我是去讨贼的，不是去学成济的。"成济是谁？看过《三国演义》的都知道，他被贾充怂恿着杀了高贵乡公曹髦，最后落了个灭族的下场。杀曹髦之前，贾充信誓旦旦地对成济说，你尽管杀，没事，我和司马大人都会罩着你的。结果杀完之后，贾充就让那二百五做了替罪羊。

不过，王僧辩连萧誉、萧纶都杀过了，还在意杀这么个傀儡皇帝？对此，王僧辩有话要说，之前杀的都是王爷，这次是皇帝，臣惶恐。王僧辩虽不敢杀皇帝，扰民的胆子却肥肥的。

"王师之酷，甚于侯景。"寥寥八个字把王僧辩入南京的惨象描绘得入骨三分。当百姓们拿出珍藏已久的盛装欢庆王师的时候，却被扒了个精光。面对如此突兀的情景，百姓只能抱头痛哭。荆州军所到之处，寸草不生，侯景没抢走的都被荆州军搜刮一空。为了毁尸灭迹，他甚至把延续数朝的太极殿都付之一炬。要知道，侯景当初都没这个胆子，可荆州军有。连自家的皇城都敢烧，实在不知道荆州军的人性哪里去了。

在这次不义行动中，两个人劫掠得最为起劲。一个是梁元帝的小舅子——王琳，就是那个兵痞，萧绎宠妃的弟弟。王琳本人就一身痞气，手下都是山贼、土匪组成的，这种部队要有纪律就怪了。还有一个是王僧辩的小舅子——杜崱，这厮仗着自己的姐夫，也有恃无恐地参与到抢劫行动中来。当然，还有一支部队却保留了良好的作风，坚决做到不拿群众的一针一线，他们就是陈霸先手下的岭南军。这也解释了为何只有陈霸先的军队敢一马当先与侯景激战，为何只有陈霸先的军队才扛得住侯景的猛烈攻击。一支缺乏信仰和凝聚力的部队是做不到的！眼见王僧辩部队的不齿行为，陈霸先心中只有不屑和鄙夷：民心已失，刀兵甲士果可恃乎？

不过，对于废帝，还是有热衷做成济的人，这个人叫朱买臣。萧栋三兄弟刚刚从密室中被放出，望着蓝天白云庆幸自己的劫后余生，唯独萧栋愁眉不展，对未来一片忧虑。朱买臣将他们兄弟三人迎到船上，好酒好肉地招待。看着三位皇子一番饕餮，朱买臣便借机走开。结果，这一走，朱买臣便再没回来，而这三兄弟再没登上岸，不久，就全部沉到河底了。

萧栋三兄弟的死对萧绎来说确实是一个好消息。萧绎再也按捺不住心中的激动，在江陵即位，改元"承圣"。随后，萧绎加封王僧辩为司徒、扬州刺史，率部镇守建康；加封陈霸先为征北大将军、南徐州刺史，镇守京口。出于陈霸先不是自己嫡系的考虑，萧绎召陈霸先的儿子陈昌和其侄陈顼入江陵为质，以确保陈霸先对自己的绝对忠诚。然而，一个不期而至的消息让萧七爷原本舒坦的内心一下子又揪紧了：萧纪打上门来了！这个消息很具有轰炸性。萧绎很厌恶这个弟弟，台城被围期间，他按兵不动。诸王内讧的时候，他依旧按兵不动。好嘛，现在我把各路军阀都消灭得差不多了，你倒跳出来抢成果了。更可笑的是，你这次居然打着"讨伐侯景"的旗号，难道不知道侯贼已经做了我的刀下鬼了吗？

　　萧绎随即在军事方面也做了部署，从牢里把甲级战犯任约和乙级战犯谢答仁统统放出来。何故？他们能打啊！非常之时必用非常之人。另一方面，萧绎准备借刀杀人，而这刀不是一般的刀，这把刀便是西魏。也就是说，此时的萧绎已经决定动用境外势力来解决自家问题了。

西魏南侵

当初，萧詧为了抵御七叔的进攻，内附西魏，将河东之地尽数让与西魏。至此，西魏的势力渗透至长江北岸。萧詧的引狼入室非但没让萧家皇裔引以为鉴，相反，时隔不久，已经控制了南方三分之二疆域的萧绎再次向西魏求援。而这一次的引狼入室，直接将梁朝送进了坟墓……

西魏军出动了，一万骑兵、一万两千甲士由大散关开拔，向剑阁前进。这次领兵的是宇文泰的外甥尉迟迥，这是他崭露头角的一战。多年后他却在战争中惨淡收场，北周王朝也随着他的惨败走向覆灭。由于萧纪主力在外，尉迟迥很容易地就到达了成都城下，实行了包围。

此时还在前线的萧纪得知老巢被袭，心中惊恐万分：没想到，老七为了做皇帝不惜引胡人南下，甘当千古罪人！比萧纪更恐惧的是他的手下，由于当兵的基本都是蜀人，得知这一消息，人们纷纷担心家人安危，哪里还有打仗的心思啊！面对此不利局面，萧纪软了下来，不得不休书议和。萧绎却换了一副模样：想战就战，想和就和，你当这是过家家么？要是答应了你，我的面子往哪搁？萧绎一口回绝了萧纪的议和请求。面子问题显然不是一个政客处理事情的准则，尤其在萧绎身上，面子更是可有可无，不然也不至于低声下气求助于西魏了。之所以敢这么横，除了西魏已经包围了成都外，萧绎还有两点有利条件：其一，探子来报，萧纪的军中粮草已经不多，没粮食还打得了仗？其二，任约在西面防线将萧纪控得死死的，萧纪压根儿不能越界一步。

不久，王琳、任约带领部队发起了对蜀军的总攻。士兵们哪还有斗志啊，纷纷溃散。萧绎的部队火速占据长江两岸的十四城，一举断了萧纪的归路。最后，众叛亲离的萧纪被樊猛包围后斩杀。在被尉迟迥围困了五十天之后，在得到萧纪死讯后，这座曾经做过蜀汉、成汉、谯蜀都城的城头竖起了降旗。随后，蜀地在很短的时间内全部陷落于西魏，尉迟迥成了西魏国的益州刺史。至此，梁朝的版图缩水至"侯景之乱"前的一半，长江天堑也因此荡然无存。历史在这里转了一个弯，而这个弯再也没能转回来，统一的曙光也在西魏攻陷成都的那一刻闪耀在了西魏国的都城上空……

消灭了萧纪，萧绎的首要任务便是休养生息，好好医治战争创伤，为实现梁朝中兴积蓄力量。然而，这次皇位争夺战结束得过快，抑或萧绎这一路走来过于顺利，他竟变得志得意满起来。如果这份自得仅仅表现在国内，也不会有什么大问题，偏偏萧绎要将这副自得展现给外人看。

这时，萧绎给宇文泰写了一封信，并让人出使西魏。信的言辞很激烈，态度很恶劣，字里行间严重声明：益州等地为我南梁固有领土，梁朝对该地区拥有不可争议之主权。当初这些土地被贵国野蛮占领，我们只当是贵国租借，现在是时候该归还了。

强硬的说辞让宇文泰大动肝火：什么固有领土？什么不可争议的主权？这年头，拳头才是硬道理！我管你主权不主权的，你们汉人不是一向认为我等族类是野蛮人么？这次，我就野蛮一次给你看看！

公元554年9月，宇文泰的军队出发了。他共出动了五万人马，是继当初接纳高仲密之后又一次的大手笔。而对于侯景献河南那次，他也只是象征性地派了一万人马意思意思，可见这次突袭江陵，宇文泰势在必得！

仅仅两个月，江陵这座南梁的陪都就在西魏军的攻势下陷落了。梁元帝本人也被俘杀。萧绎死了，也解脱了，苦的是那些还活着的人们。江陵被西魏军搜刮一空，梁朝几十年积攒的奇珍异宝亦被西魏全盘接收。然而，财宝仍无法满足鲜卑人的贪欲，他们还将江陵城剩下的几万居民全部迁徙到北方，充当家奴使唤。凡是带不走的，统统破坏掉：东西可以砸掉，那些老弱妇孺既然带不走，那就统统杀掉！时值隆冬，天寒地冻，大雪飘飞，那些被驱赶至北方的南方百姓受不了严寒和拷打，死者填满了沟壑。即使能坚强地活下来的幸存者，等待他们的也是暗无天日的劳作和奴役。江陵之难再次让人见证了北方游牧部落的野蛮，也再一次验证了在胡化之风盛行的西魏是看不到文明的。不过，不久后取代西魏的北周会在一代雄主宇文邕的领导下，重新扛起汉化的大旗，并为隋朝的大一统奠定根基。

西魏为了奖赏一直以来都很忠心的萧詧，封其为梁国王，都城就设在江陵。注意，是梁国王，而不是皇帝！也就是说，从建国的那一天起，萧詧的梁国就是西魏的附庸。后来西魏换了北周，换了隋朝，梁国的附庸地位则一成不变。隋朝统一天下后，杨坚索性还把这个附庸国给灭了。那么，这个梁国有多大呢？据史书记载，江陵方圆三百里，也就相当于极盛时期的梁朝的五十分之一吧。萧詧费尽心机，不惜忍受百姓的唾骂，最后得到的竟然是江陵一座空城，外加巴掌大一块地方，不知他心中又做何感想。历史上把萧詧所建立的梁国称之为"后梁"，也作"西梁"，存续三十三年，于公元前587年亡于隋朝，国祚和陈朝等同。

如果有人把萧詧的投敌全归罪于萧绎所逼，那就大错特错了。事实上，这个汉奸，他当得那是心甘情愿。手下曾建议萧詧设下鸿门宴，然后将于谨、杨忠等一干鲜卑人统统请来，一并杀掉，并以此作为洗心革面的壮举，以此号令各路诸侯。可萧詧给出的答复是：魏人待我厚，不可背德！

在做人和做狗之间，萧詧毫不犹豫地选择了后者。不过，如果当初他真杀了杨忠，还会有后来的杨坚么？历史的迷人之处不在于命中注定，而在于阴差阳错。

随着萧绎的死去，整个梁朝再次陷入混乱和纷争。没人会料到，此乱一直从梁末持续到陈初，直到陈朝建立五年后，南方才归于平静。此期间，南朝与北方的差距被越拉越大，甚至一度徘徊在亡国灭种的边缘。

萧绎死后，勤王到达长沙的王琳，在长江上游诸将的支持下自称天下诸侯盟主。他就是一个翻版的柳仲礼。随即，他另立中央，准备发兵攻打西梁，为梁元帝报仇。有人会好奇，另立中央，那此时南朝的中央是谁在把控呢？

第三章

何去何从

动荡中的南陈开国

经过三年多的鏖兵,将整个江南拖入战火的侯景终于死了。可是,笼罩南朝上空的阴云终究未能消散。

江陵陷落的消息传到建康,梁朝中兴大计就此化作泡影,南朝的出路究竟在哪里?王僧辩、陈霸先、王琳各自开始规划未来帝国的蓝图,究竟谁将成为这场争斗的最终胜利者?而取梁朝而代之的陈朝又是在何等的血雨腥风中拔地而起,开启了南朝最后的一段艰难历程?

生死抉择

梁元帝死后，还有个九子萧方智尚在人世。萧绎一共十个儿子，除了夭折就是被害，剩下这个老九聊胜于无。于是，王僧辩和陈霸先一同在建康城拥立萧方智为梁王，成立临时政府。这么一来，南方的土地上出现了三个政府：江陵的萧詧、建康城的萧方智，还有长沙的王琳支持者。此时，岭南的萧勃又趁机搞起自治，原本整合的梁朝又一次四分五裂。

家不和，外人欺。西魏刚刚罢兵，北齐又动起了染指南方的歪脑筋。原来，高洋看到宇文泰在这次梁朝内乱中攫取了那么大一块土地，领土翻了一倍，心里挺不是滋味的，想想自己仅得到淮南，简直是云泥之分。高洋就是鬼点子多，看到宇文泰在江陵扶持了一个傀儡政权，心里便有了主意：一个江陵能有多大，若是扶持一个管辖现有梁朝剩余领土的皇帝，北齐统一东部的宏图就不再是梦！到时候，拼领土，拼经济，拼人口，宇文泰肯定不够格。

高洋的主意还有个变招。他深知，如今王僧辩虽然名义上是梁朝第一人，但王琳、萧勃已经半独立了，唯一还在铁杆支持王僧辩的只有那个从岭南来的陈霸先。他们俩目前是共同扶持萧方智，一旦迫使王僧辩易主，那么，陈霸先很可能和王僧辩反水。一旦他们再发生内讧，原本四分五裂的梁朝将更加不可收拾。王陈相争，必有一伤，最好是两败俱伤。如此一来，就算强行用武力征服，一个四分五裂的梁朝还不是砧板上的鱼肉吗？

想当初，高洋的兄长用反间计引来梁朝"侯景之乱"，同室操戈，一下子将一个超级大国搞成二流国家，甚至连北齐都不如。而今，自己的"二虎竞食"之计比起兄长的反间计可谓有过之而无不及，南朝的命运极有可能因此计为之终结。高洋感觉自己的未来一片光明：倘若和宇文泰二分天下，统一东部，那自己将会比自己的父兄更伟大！

确定了方针，接下来需要考虑的就是派谁去执行的问题了。梁朝内乱时，跑来北齐的萧家皇子并不少，但高洋却对他们没什么好感，只觉得当初寒山之战中失败被俘的萧渊明比较合适。萧渊明从囚徒一下子转变为梁朝的替补皇帝，顿时受宠若惊。不过，目前为止，都是高洋在一厢情愿，毕竟人家王僧辩和陈霸先都没表态。不过，王、陈二人只能看出高洋的表层意思，对于更深层次的"二虎竞食"之计却全然不知，这也导致后来两人还真中了此计。好在陈霸先最后关头力挽狂澜，南朝才得以延续。

对于高洋伸出的橄榄枝，王僧辩一口拒绝。王僧辩如今官居太尉，坐镇建康，手下心腹都控制了三吴地区，未来极有可能取萧梁的天下而代之，怎么可能甘心当你高洋的小弟呢？陈霸先和王琳我都不放在眼里，你高洋算老几？在王僧辩眼中，现在的南朝就是三人"斗地主"，陈霸先、王琳，再加他。而他现在一把好牌在手，根本不想带高洋一起玩。不过，高洋并不慌：乱世中，实力说了算！你不同意，我就打得你同意！护送萧渊明南归的人叫高涣。高涣何其人也？北齐上党王，贺六浑第七子，高洋的弟弟。这个上党王大有当初曹操三子"任城王"曹彰的风范，怎么说？就是特别能打！史书载他"力能扛鼎"，连贺六浑都对他赞赏有加。

这次去南朝送人质的光荣任务就交给了高洋这位最能打的弟弟。王僧辩不知道高涣的水平，并未引起重视，只是让边防军前去阻挡。结果高涣攻破东关，斩杀梁朝的特进裴之横等人，一直打到长江边上。这么一来，王僧辩立刻不淡定了：没想到这高涣这么牛啊，我在江北的部队被肃清干净了，这仗不能再打了。再打下去，我这点嫡系人马都要被清扫干净了，到时候还怎么去灭王琳、平萧勃，打内战呢？

现在摆在王僧辩面前只有两条路：一是，把自己在三吴那边的心腹全部调往长江一线，结合陈霸先的部队，与北齐决一死战。但是，这将会大大削弱自身的实力，无法在日后的内战中取得绝对优势。二是，投降北齐，这样一来能够避免自己的部队被消灭，还可以在内战中借助北齐的势力消灭王琳。攘外必先安内，当初自己的上司萧绎不也是这么干的么？但是，这么做很明显要担上卖国贼的罪名。王僧辩与萧绎还有一点不同，那就是，萧绎是君主，梁朝是萧家的江山。在封建王朝，国家是皇帝的私有财产，他卖点国在道义上不会太亏。王僧辩就不同了，撑死下去就一权臣，稍微有点倾斜，这"卖国贼"三个字是肯定逃不掉的。

两者各有利弊，到底是保名声还是存底子，王僧辩陷入两难。最终，他选择了"曲线救国"，按照北齐的心思办事。因为他不放心陈霸先，虽然他是自己的革命战友，两人还是亲家（王僧辩的儿子和陈霸先的女儿已经有了婚约），但政治场上没有永远的朋友。萧绎的牢狱之灾给王僧辩上了一课——形势比人强，公道不在人心！高洋和王琳的行为更佐证了这一点。王僧辩知道王琳手下的那帮人不服自己，但陈霸先呢？谁又能保证这家伙就会真的和自己死命抗敌？乱世中摸爬滚打多年，谁不知道枪杆子里出政权？把军队拼光了，谁理你？陈霸先再傻也不会傻到和北齐死磕吧？而且，他就真没争夺大权的心？

事实上，王僧辩看错陈霸先了。他是一个为了国家可以将广州拱手让人的人，是一个为了北伐可以不惜倾家荡产的人，是一个为了争取民族解放可以奉献一切的人！如果王僧辩坚决抗战到底，陈霸先会不惜一切力挺这个亲家和战友。但是，王僧辩倘若为了权力，为了能在内战中取胜，屈从北齐，陈霸先是万万无法忍受的，他将会彻底与其决裂！王僧辩不会料到，阅人失误，竟然导致自己不仅与皇位擦肩而过，还搭上了自己的身家性命。他更不会想到，陈霸先居然真是那么一个"傻子"，一个真正做到不计个人利益的"傻子"！

王僧辩此时是江南战区的最高长官，只要他点头，那就一定不存在问题。萧渊明登基了，萧方智硬生生成了太子，王僧辩继续加官晋爵，北齐那边也满意了。不过，王僧辩此举虽然讨好了北齐，却种下了祸根。北齐本来就是预备当大爷的，如今看到这个结果自然满意，不过莫名其妙当了孙子的人肯定不干啊！王琳和其手下原本就对当初建康城遭劫的判决不满意，不然也不会另立中央，和王僧辩对着干了。王僧辩一服软，王琳更气愤了。而战友兼亲家陈霸先见王僧辩这个德行更是反对得异常激烈。对此，王僧辩只是一笑置之：我想怎么干就怎么干，因为我才是王大都督。与此同时，建康城的百姓也站在了王僧辩的对立面。如果说劫掠建康只引起了城内百姓的不满与抵触，那么，王僧辩公然妥协北齐则招来了百姓的痛恨和鄙夷。任何政府，一旦开始干起与民心相悖的事情，就离灭亡不远了。

不满的情绪蓄积久了终究会爆发。而陈霸先对王僧辩的不满早有端倪，此前的一次事件中，他们就彼此暗生嫌隙了。

陈霸先驻军京口之时，曾经收编了从淮南逃难过来的难民，军队一下子从原本的三万扩充到十万，由此引起王僧辩的猜忌。同时，陈霸先为了延缓淮南领地的流失，配合淮南一带反抗北齐的自发式义军，曾派徐度和严超达率三万兵马去防守边境重镇秦郡。结果如陈霸先所料，高洋果然派了辛术率军八万前来夺地。辛术先用云梯登城，被梁军的滚木礌石和强弓劲弩给击退了，城下堆满了齐军的尸体。随后，愤怒的辛术下令一面攻城，一面挖掘地道，发誓拿下秦郡城。徐度和严超达早有准备，分兵在城内把守，发现地道口立刻用柴火攻击，然后用土掩埋，地道变成了齐军的火葬场。

辛术又学起侯景，开始堆造土山。城内两将一看，也开始堆造土山，战事陷入了僵持。这时，陈霸先让周文育带兵控制住京口，自己则带着吴明彻（在接纳流民过程中新征召的武将）等将领北上夹击辛术。陈霸先到达的时候发觉双方在对峙，便下令安营扎寨。直到两军交火之后，才发动突然袭击。此战，辛术大败，陈霸先则在淮南之地得到了大批流民拥戴。经此一战，流民加入陈霸先军队的积极性更加高涨，军队从区区三万一下子扩编到十万。

正当陈霸先在淮南收降纳叛忙得如火如荼的时候，却收到王僧辩的信，令其放弃广陵城，所部全部撤回南方，与北齐划江而治。此信无疑是一个晴天霹雳，陈霸先正准备挟战胜辛术的余威一举拿下广陵城，并以此为基点，挥师北伐，创立不朽功勋。却不料高洋不和他打军事牌，而是动用了政治牌，利用外交途径直接跳过陈霸先，与王僧辩和萧绎议和，将陈霸先拼尽血汗夺来的战绩一下子抹得干干净净。

前线的将士浴血奋战，夺取的战果却只能当作后方肮脏政客的谈判筹码——陈霸先愤怒了。他知道，这议和书是萧绎首肯的，但王僧辩推波助澜的作用一览无余，且萧绎远在江陵，又岂会明白目前状况？他心知肚明王僧辩阻挠自己继续北伐的原因是什么，"休养生息"只不过是一句骗骗百姓的场面话罢了，真正原因是王僧辩怕自己夺了他"南梁军界第一人"的称号。

王僧辩的部队在建康城烧杀抢掠，陈霸先没有计较；但是如今他为了一己之私利，坐失北伐良机，是何等的无耻至极啊！但是，军人必须服从命令。王僧辩是自己名义上的上司,陈霸先未必会听他的话,可一国之君萧绎的话,他不得不听。

得知陈霸先要撤军,淮南之地的百姓纷纷围着部队,恳求其不要丢下他们。望着百姓们那一双双无辜和哀怨的眼睛,陈霸先泪如雨下。无奈之下,他只能让军队护着百姓一同撤回江南。

抓住了民心,就等于抓住了国运。王僧辩看不懂这个,认为自己控制了建康城,便控制了南梁,控制了天下。其实不然,在陈霸先眼中,谁解决了江南人民迫切需要解决的问题,谁就能得到江南同胞的支持,才可以说是控制了南梁,控制了天下。两种不同的思路最终塑造了两个不同的人生结局。

纵观此次出征,陈霸先有失有得:江北之地全部沦丧是"失";招揽了人心,同时让人们看清王僧辩的丑恶嘴脸是"得"。当然,还有个小彩头,就是前面提到的那位吴明彻,虽然此时还是个二线将领,但若干年后,他却成了三次引领南军北伐的"陈朝军界第一人"。更重要的是,这次也让陈霸先清楚地认识到梁朝不可复兴:在一个奸臣弄权的国家,无论你多么爱国,一腔热血都未必会洒在沙场上,很有可能是涂在地上……

这次的江北战役在北方的史料中被刻意抹去了,如同那次侯景七万大军南下被陈庆之击溃只字未提一般。这样的情形是《北史》抑或《北齐书》刻意回避了有关资料,还是其他什么原因,我们已经不得而知。不过,北方的史料却记载了这一滑稽的片段:

> 及王僧辩破侯景,术招携安抚,城镇相继款附,前后二十余州。于是移镇广陵。获传国玺送邺,文宣以玺告于太庙。此玺即秦所制,方四寸,上纽交盘龙,其文曰:受命于天,既寿永昌。

一言以蔽之,就是说辛术给高洋带回了和氏璧,合着这败军之将其实是去搜罗宝物的。无独有偶,《陈书》中却记载了陈霸先栖霞寺获得玉玺。两相比较,笔者觉得《陈书》的记载更可信。原因有二:一是,当时侯景败亡之际,连儿子都是急匆匆带走的,他一个代北的破落户,会明白传国玉玺的重要性?此外,侯景最后死在梁朝的国土上,他又是如何施展瞬间移魂大法,将玉玺传送至广陵的呢?同时,王僧辩进建康的时候也曾问到王克传国玉玺的下落,并被告知是赵平原拿去了。二是,当初前燕国慕容俊绞杀完毕冉闵,发觉冉闵的传国玉玺竟然被骗到了东晋,作为胜利者的慕容俊当然非常窝火。为了找存在感,慕容俊就让人上演了一出"进献玉玺"的好戏。鉴于北朝有做这种事情的前科,不排除高洋是否为了政治作秀又派人演了这么一出戏,鼓捣出一个假货用以炫耀。

言归正传。由于这次江北战役中王僧辩的处置态度,让陈霸先内心生鄙夷和不满,而如今的萧渊明事件更成了矛盾激化的导火索。在此之前,陈霸先派人苦劝王僧辩四次,奈何其硬是没听进去。

为国除奸

突然间,建康城内谣言四起,说北齐打过来了。王僧辩很诧异:孙子都当了,怎么还要打我啊?危急时刻,他想到了陈霸先。王僧辩微笑道:"法生老弟,关键时刻还得靠你啊,向伟大的祖国表忠贞的时候到了。去吧,防守京口,对来犯之敌予以全歼。"这一举措等于给了陈霸先一次翻盘的机会。萧渊明登基的时候,王僧辩阴了陈霸先一把,怂恿萧渊明任命陈霸先为侍中,入京辅弼,明升暗降,一下子就剥夺了陈霸先的兵权。可要扳倒王僧辩这个"曲线救国的忠臣",没有兵将是万万做不到的。所以,陈霸先需要再次掌握军队,而这次的"北齐入侵"为他提供了时机。

那么,"北齐入侵"是否空穴来风?如果是,是否是陈霸先的主意?要弄清这个问题,首先要假设一个环境。试想,北齐之前入侵过南梁几次,每次来都不干什么好事。当民众长期处在这么一个精神高度紧张的状态,一有点风吹草动,就有可能夸大其词。事实证明,这的确是一次误传。接着,我们是否又该质疑,这次误传是无意中造成的还是有意为之?绝大多数史书都指向是陈霸先策划了这场"误传"。显然,陈霸先的嫌疑最大,不过,笔者觉得二者兼而有之的可能性更大。多年后,同样的场景又上演了一次。后周柴宗训登基那年,传来北汉入侵的消息,都点检赵匡胤带兵出去,随即上演"陈桥兵变,黄袍加身"。而对北汉的这次入侵消息同样是空穴来风,所有矛头都指向了赵匡胤。不过即使嫌疑很大,却依旧没有定论。同理,分析这次的"北齐入侵",虽然事后获利者是陈霸先,而他也有做此事的动机。但倘若以嫌疑定罪,未免也太过武断。《陈书》中也未曾提到此谣言是陈霸先所散布,根据后人编前史的惯例,加之陈霸先最终的下场来看,《陈书》完全没必要在这事情上为陈武帝遮丑。

暂且抛开谣言事件。军队集结完毕,陈霸先招揽手下几位心腹议事。会上,陈霸先郑重道:"王僧辩勾结北齐欲杀我等,你们怎么想?"这话有两层意思:

一是，王僧辩勾结北齐是叛国贼；二是，王僧辩先和北齐勾手还想杀我们，我们起兵纯属自卫行为，有理有据。陈霸先本来就深得人心，此言一出，立即得到了众人支持。只是，在支持声中还有一些不和谐的音调。将军杜棱认为，王僧辩大权在握，又有重兵在握，若扳倒王僧辩，只怕是死路一条。像杜棱这种"前怕狼后怕虎"的人搁在现在最容易让原本慷慨激昂的话题讨论会顿时冷场，如果陈霸先是个暴脾气，估摸着当下就把他杀掉祭旗了。不过他毕竟不是个冷血无情之人，只是命人把他关押起来——既然你不支持，我也不能让你添乱。

随即，陈霸先和侯安都兵分两路，挺近石头城。到了城下，陈霸先犹豫了。从岭南起兵而来，他从没犹豫过，但这次是真的犹豫了。他深谙，以下犯上违背道德（虽然王僧辩只是自己名义上的长官），不宣而战亦是卑劣行为。一向光明磊落的陈霸先如今竟要小人一回，这让他举步维艰。

陈霸先的犹豫让侯安都不爽。侯安都是俚人，做事从来不受儒家思想的牵制，关键时刻却能够当机立断。侯安都大声骂道："今天做了贼，这是铁定的事实！既然做了贼，就不要畏首畏尾，犹豫不决只会害死人。老大，你缩在后面干什么？万一事情失败，你还指望王僧辩饶你性命么？"

一顿痛骂警醒了陈霸先。他恍然大悟：是啊，我是去做大事的，为的是江南百姓的整体大义，为了他们能够不再在傀儡政权下受到外族奴役，为了江南百姓能站起来做人！倘若我为了个人小义而抛却民族大义，那才是真正的可笑和不义啊！于是，陈霸先振臂一呼："上！"

高歌猛进中，陈霸先的部队很快攻向石头城。这时，王僧辩正在办公，见到外边火光冲天，立马就带着儿子和几十名亲兵准备开溜，逃到南门的时候发现陈霸先正堵在那里呢！于是，王僧辩只得带着儿子登上城头。一看王僧辩在城楼，陈霸先就命令士兵围着城楼放火，也算给其留个全尸吧。没想到这个节骨眼儿，王僧辩畏死，于城楼上不断求饶。陈霸先很不爽地说："你给我下来，我最讨厌抬着头跟人说话！"

为了活命，王僧辩下来了，但下来之后才发觉，自己根本活不了。陈霸先棒头就问："我有何罪，你竟然要联合北齐一起绞杀我？"有人认为这是陈霸先给王僧辩栽赃的罪名，但笔者认为，王僧辩联合北齐绞杀陈霸先和北齐南侵的消息一样，是外界的传闻。制造这一传闻的未必就是陈霸先，或许陈霸先也是在风闻这事情之后才更加要对王僧辩痛下杀手的。毕竟在当时那个环境下，王僧辩可以勾结北齐出卖祖国，也定然有勾结北齐出卖兄弟的可能性。

王僧辩决定拼死一搏，答道："法生老弟啊，你说的哪里话啊！江湖上都知道我王僧辩是仁义无双王都督，怎么可能做出卖祖国、出卖兄弟的事情？"

陈霸先只是微微一笑，接着问："为何不设防备？"由于这句话被后世给曲解了，以至于大家都认为陈霸先所说的意思是：王僧辩你为何不防备我？显然这么理解是错误的。当时外界都在风传"北齐南侵"，陈霸先那句话指代的自然是北齐，压根儿不是指代自己。从陈霸先在石头城下的犹豫也可见一斑，他根本不可能猖狂到问王僧辩为何不防备自己。

王僧辩的回答是："委公北门，何谓无备？"古人说话喜欢绕弯子，比如蔺相如曾说"必以颈血溅大王"，此话实际的的意思当然不是"我要死了，然后溅你一身血"，那是傻子的行为。蔺公言外之意是，你要是不听话，我就要给你放血了，属于伪装性地威胁别人。这里也一样，王僧辩的表面意思是"我让你去防守北边的，怎么叫没防备"，潜台词是"老子让你去防北齐的，怎么叫没防备"，到时候北齐南下，你陈霸先就是挡在我前面的炮灰，死的反正是你，与我仁义无双的王都督无关。

陈霸先当然是听出王僧辩言语中的不屑和无理。人可以无耻，但不能把无耻当作炫耀的本钱。你王僧辩可以卖主求荣，但你不可以将这一恶心行为标榜为高义之举。当初，陈霸先心中仁善，即使弃萧勃北上也没有想过要取而代之。如今，形势到了这样危急的关头，汉文明即将彻底湮没，他必须成为能够撑起一片天的巨人。他不想再看王僧辩的汉奸嘴脸，随即让人将王氏父子押下去绞死。

王僧辩死了，随即建康城内的皇帝又换了，萧渊明退位，十三岁的萧方智登基，改年号为"绍泰"，是为梁敬帝。经过几十年南征北战的血雨腥风，陈霸先成功实现了从一个庶族小地主到主宰朝局位极人臣的华丽转型。陈霸先也传檄天下：王僧辩阴谋叛国，我只诛杀他们父子二人，其余诸位概不追究。他想以此招降王僧辩的旧部，只怎奈，王僧辩苦心经营江南多年，早就将这个地方打造成了独立王国，萧绎都未免能号令其他手下，何况是区区陈霸先呢？

很快，王僧辩余党控制下的三吴之地扛起了反陈大旗。王僧辩的妻弟吴兴（今浙江湖州）太守杜龛、王僧辩之弟吴郡（今江苏苏州）太守王僧智，以及王僧辩的女婿——义兴（今江苏宜兴）太守韦载三人结成统一战线，纠集了其他一些小军阀公开讨陈。陈霸先此刻的孤立处境，让人想起了当初的侯景。

既然战争不可避免，与其等敌人找上门来，不如主动出击，获取战争的主动权。于是，陈霸先将首要打击目标指向杜龛。姓杜的臭名昭著，当初的建康城抢劫案中就数他和王琳抢得最凶。平时这厮也挺横的，不把陈霸先放在眼里。更为重要的是，杜龛占领的地盘是吴兴，这是陈霸先的老家。近年来，杜龛啥事都不干，就喜欢给陈霸先族人搜集作恶证据，穿小鞋。辖区内一有案件发生，他都从陈霸先的族人中查起，稍微有点嫌疑的人，审都不审，直接杀头，就差没把陈霸先的祖坟刨了。所以陈霸先对此人早就恨之入骨，当初是因为有王僧辩撑腰，才没有办了他。这时，外边有谣言，说姓杜的准备把陈霸先祖坟给刨了。祖坟一旦被掘，陈霸先死后哪还有面目见祖宗？这下，陈霸先哪里还坐得住，即刻命令自己的侄子陈蒨前去执行收复吴兴的任务。

出征之前，还有个小插曲。王僧辩的部将程灵洗在建康外围，得知王僧辩被陈霸先袭杀，出于对上司知遇之恩的报答，他带着人马找上陈霸先。当然，结果很快出来了，程灵洗成了阶下囚。按理说，等待程灵洗的只有"咔嚓"一刀。不过陈霸先却觉得他可爱，一个纯粹为了报恩的忠勇之人，其内心的想法应很单纯，如此杀掉甚为可惜。或许在程灵洗的身上陈霸先看到了当年杜僧明和周文育的影子，他们当初也是为了上司敢于对抗朝廷。如果当初杀掉他们，如今的陈霸先还会是陈霸先么？他亲自去了一趟关押程灵洗的地方，礼贤下士般地和程灵洗晓以大义，希望程灵洗也能以国事为重，帮助自己为国堪忧。程灵洗见陈霸先不惜放下身段来见自己，经过一系列思想斗争，终于决定以国事为重，诚心归顺了陈霸先。程灵洗的归顺给王僧辩的叛党树立了榜样，只要弃暗投明，性命便可无忧。不过，对于杜龛这等冥顽不灵之徒，彻底消灭才是上策。陈蒨出发之际所带的兵马不多，好在吴兴是陈霸先老家，这里有广泛的群众基础，只要打出陈霸先的大旗，招揽士兵不成问题。于是，陈蒨就地进行扩军。然而，杜龛手中有数万人马，即使扩军之后的陈蒨在兵力上与之相比还是有所差距。好在陈蒨发扬了游击战的精髓，敌进我退，敌退我追，敌驻我扰，敌疲我打，在吴兴的地界上，将杜龛弄得团团转，士兵疲劳至极，而陈蒨则充分运用运动战，集中兵力对敌军部分予以聚歼。

第一阶段战役结束时，陈蒨手中已有五千以上的人马，而杜龛却在游击战和运动战中损失了三成兵力。与此同时，陈蒨进驻长城（今浙江长兴），有了自己的根据地，开始和杜龛打起阵地战来。杜龛率军进攻长城，陈蒨却闭门不出，只令士兵在城头不断投掷砖瓦，对抗杜龛的攻势。久攻不下长城，杜龛心中很恼火，开始悲叹：我应该在城里，不应该在这里，吃了你一堆瓦石砾，这样一来我对攻城也已死心，带兄弟匆匆地离去……杜龛要走，陈蒨不让：窝在城里养精蓄锐够了，该你接招了。陈蒨率军趁势杀出，杜龛大败，不仗义地撂下兄弟自己跑了。陈蒨则顺势收编了其残余部队，随后进行清缴，不久就光复吴兴，班师回朝了。

就在陈蒨奉命攻打吴兴的时候，陈霸先又命周文育攻打义兴。不过，与攻打吴兴相比，义兴的战争进展得并不顺利。与杜龛不同，韦载是个会动脑子的人。此人在义兴任职期间口碑不错，有一定的群众基础。而陈霸先派去的是周文育，一来，周文育追随陈霸先征战少有败绩，说是其手下第一战将并不为过；二来，周文育本人也是义兴人，义兴周家的这块金字招牌有助于瓦解韦载的群众基础。虽然赢面很大，但战争仍陷入僵局。原来，硬碰硬扛不过周文育，韦载就来了一招阴的，派出一支特种兵。这支特种兵的创建者不是别人，正是陈霸先。

难道陈霸先自己人打自己人？事实确实如此。当初，陈霸先有一支非常牛的弓箭兵，平李南帝，杀侯狗贼，这支部队都发挥过大作用。侯景之乱结束后，王僧辩以长官名义将这支部队拆分，其中一部分就划到韦载麾下。陈霸先杀王僧辩后，这支部队本想投靠旧主，奈何韦载将他们全部控制住，用铁锁将其锁在一起，美其名曰"一荣俱荣，一损俱损"。韦载还定了一个非常严苛的命令：十射不两中者死，意思是，你们射箭，每十发必须要有两发爆头，不然就得死。这样的要求貌似苛刻，因为乱军对阵，箭都是瞎射的，真正像李广那样百发百中的又有几人？不过，此要求难不倒这支特种兵，这些人都是义兴出来的，想当初陈庆之七千白袍军就能横扫北方，义兴人的战斗力是如何爆表可想而知。如今，这支由几十个义兴人组成的特种小分队个个堪比神枪手，只是迫于韦载的威胁，才不得不将箭射向同乡兼长官周文育。而射来的箭不是十中二，而是箭箭爆头，区区几十人就把周文育的大军压制着不敢伸脑袋。回想当初，也正是这群义兴兵将侯景射得抱头鼠窜。周文育知道，这事自己搞不定，还得请陈霸先辛苦一趟。

收到周文育的告急文书，陈霸先知道要自己出马了。于是，他任命侯安都驻守建康城，自己率军东征韦载。没想到，陈霸先一走，立马就有人反水了。王僧辩妹夫哥哥的儿子徐嗣徽联合南豫州刺史四姓家奴任约趁陈霸先主力在外之际，一举突袭建康，占领了石头城。随后，徐嗣徽献出谯秦二州的土地，投靠北齐。高洋心中很得意：没想到"二虎竞食"之计来得这么轻松，趁陈霸先和王僧辩余党缠斗之机，我便可以夺下江南了！高洋命令柳达摩领兵一万五渡江与叛军会师，占据建康城。

陈霸先那头倒是比较顺利，毕竟早年在义兴待过一阵子，也算有点群众基础。陈霸先此战又是为江南千万百姓争取人格之战，自然笼络住了江南人民的心。

烈烈西风中，陈霸先策马义兴城下，对问韦载："将军为何反我？"

韦载轻摇脑袋答道："为王都督死节。"

陈霸先微微一叹："将军身为炎黄子孙，却为乌丸王死节，岂不谬哉？"

韦载没有说话。

陈霸先问道："将军家中上有老母，下有妻儿。王僧辩卖国求荣，离散天下骨肉，荼毒江南生灵，罪行罄竹难书。将军难道要抛却老母之恩、妻子之爱，而为这等人守节？"他又策马长驱至城下，对着城上的旧部弓箭手道："法生为国除奸，非为私人也。如今，北齐屯暴兵于江北，遣贞阳于建康，若法生犹悒悒视之，则江南数年之后几无可御敌之兵，亦无可死节之民。诸君若要为王僧辩复仇，可就此射杀吾；若意与法生共行义举，则乞请投诚于麾下，共御外虏于国门！"

时间在这一刻显得非常漫长，城头的士兵都不知道如何是好，手足无措的还有韦载。此刻，韦载心中百感交集，自己的弟弟进城带来了陈霸先亲笔书信，还有梁敬帝的诏书，他究竟该顽抗到底，还是投诚以报？韦载陷入两难。

经过长时间的静默，义兴城的大门终于缓缓打开。迎接陈霸先的不是韦载的部队，而是投诚的顺民——韦载终于投降了。那一刻，陈霸先热泪盈眶，心中慨然长叹："到底是韦睿老将军的孙子啊，你没有丢汉家儿郎的脸，更没有丢'韦老虎'的脸，在民族大义之间你终于做出了正确的抉择！"

义兴的和平解放，是陈霸先平定三吴的一个转折点。此后，王僧辩余党的势头被彻底压制，三吴战役的天平开始倒向陈霸先，而韦载的投诚更是极大壮大了陈霸先的力量，削弱了王僧辩余党的嚣张气焰。内患稍歇，外敌却已然打到建康城下，严峻的形势依旧威胁着陈霸先。

两却齐师

刚刚收降了韦载的陈霸先还没从兴奋中回过神来,侯安都就派人把北齐柳达摩入侵的消息送了过来。陈霸先深知,建康城一旦被攻下会产生多么恶劣的影响,便火速率军回防。此时,北齐方面军已经和徐、任的叛军完成会师,人数在两万以上,粮食三万石,战马千匹。而陈霸先这边,军队还未能全部集结,一部分兵力还在扫平王僧辩余党。主力在外,侯安都那一小部分士兵能否扛住徐、任叛军的攻势,这一点尚未可知。出乎陈霸先意料的是,侯安都不仅守住了台城,还抽空把徐嗣徽所率的伪军臭揍了一顿。

原来,徐嗣徽看侯安都人马少,就按捺不住心中的激动,领着部队就去台城耀武扬威。侯安都并不理会他,徐嗣徽不知趣,第二天又去得瑟,这次吃了个大苦头。按常理,侯安都兵力薄弱,昨天不敢出来,今天也应该是缩头乌龟。结果,侯安都居然出来了,手下就三百人。没错,只有三百人,关键这三百人还是从东西门分别杀出。徐嗣徽没算准侯安都敢出动,略有慌张,随后又镇定下来:不就是三百个兵痞么,小菜一碟!

徐嗣徽轻敌了,一仗打下来,那三百余勇反倒把徐嗣徽撵得到处跑。吃了败仗的徐嗣徽反成了缩头乌龟,躲在石头城里,忍不住嘀咕:陈霸先都不在了,侯安都手下怎么还有这么一支战斗力爆表的军队?事实上,许多人在失败后不从自身找原因,不是侯安都太强,而是徐嗣徽太渣,就这德行也想趁火打劫?

不过,侯安都毕竟兵力少,守城有余,掠地不足。获得胜利的侯安都没有冒进,而是选择等待陈霸先的援军。而吃了亏的徐嗣徽也指望北齐部队秀一下战斗力。于是双方再次进入相持阶段。援军不久就赶来了,不过此时北齐部队已经扎根江南,如何把他们驱逐出去,这不是光靠武力能解决的。于是,陈霸先向刚刚收降的韦载寻求计策。韦载才归于陈霸先帐下,自然急于表现,遂道:"北虏如果派军攻掠东南,占尽三吴之地,与王僧辩余党连成一片,同时切断我们与三吴的联系，断其藩篱，我们将必死无疑。我们现在则可利用当初侯景在秦淮河南岸修筑的工事加以整改，保障东路通往三吴的粮食补给线不被切断，同时派兵迂回到敌后，切断敌人的补给线。如能成功，不出十日，敌军必败！"

陈霸先对韦载的妙计心悦诚服，依计行事，先让韦载领兵在秦淮河南岸筑城，挡住敌人的东进；紧接着让周铁虎截断敌军粮道，获取粮食辎重无数；最后让侯安都率领水军一把火将北齐的千余艘战船全部烧毁。这么一来，北齐军傻眼了，必须出击，否则只能饿死。担任主帅的又是徐嗣徽这个衰鬼，结果以惨败告终，淹死在江中士兵不计其数。经此一战，徐嗣徽心惊胆寒，准备开溜。他让柳达摩留守石头城，自己准备经过采石逃亡江北。不过徐嗣徽的小算盘怎么瞒得过陈霸先？他显然不想让徐嗣徽活得好过，命侯安都发挥已夺取的长江控制权的优势，利用水军直接攻占了徐嗣徽的老家秦郡，并在那进行了"土地革命"，抄了徐嗣徽的家，俘获其家人，将田园分给穷人。徐嗣徽这个大土豪可真是实实在在地吃了一次鳖。

气急败坏的徐嗣徽准备再找陈霸先算账，只可惜这次他败得更惨，几乎全军覆没。仅他本人和任约几个水性好的得以逃过江去，投靠北齐。孤立无援的柳达摩就更惨了，石头城被重重围困，粮食眼看消耗殆尽，为之奈何？他想到了求和，但高洋那疯子要知道他服软肯定要杀他脑袋。反复斟酌后，柳达摩提出要陈霸先的家人做人质。有人一定会问，柳达摩疯了么？如今，他被重重包围，处于劣势，他的选择只能是无条件投降，居然还要对处于优势的陈霸先提出议和条件，实在匪夷所思。柳达摩当然没疯，他的背后有北齐撑腰！正所谓"弱国无外交"，北齐的强大才是柳达摩能够信口开河的资本。

陈霸先可不吃他这一套：你以为现在的梁朝还是萧绎、王僧辩时代奴颜婢膝的梁朝么？你以为现在的梁朝是和西梁一样傀儡性质的国家么？你们鲜卑人吆五喝六的时代就要过去了。自侯景乱梁以来，人见人欺的建康城从未如此强悍硬气过！陈霸先断然拒绝议和，可这么一来梁朝的遗老们不干了。他们整天围着陈霸先转悠，苦口婆心道："陈仔啊，和平才是首要问题啊！北齐现在能议和，我们干吗不从善如流？""陈将军啊，咱们再打下去，北齐没垮，我们就垮了，该送就送吧！""陈公，你是大英雄，大英雄就该大公无私，请献出你的亲人作为人质,否则你就不配做大英雄!"

陈霸先简直要被这群南梁遗老给气死:你们当真以为北齐会天真地议和?这只是缓兵之计,与其相信北齐鲜卑人能信守诺言,还不如相信徐昭佩是贞洁烈女呢!要是我陈霸先服了软,那岂不是和王僧辩同流合污了?

遗老们看出陈霸先的顾虑,又是给他加强思想工作:"关键时刻,势必要为集体利益而牺牲个人利益,我们相信陈将军会妥善行事。陈将军如此做绝对和王僧辩不同,王僧辩那是汉奸德行,陈将军则是为了集体利益委曲求全。只要你同意议和,我们百分百拥护你的领导。"

陈霸先骑虎难下:如果违逆了遗老们的心思,会导致统治阶级的分裂,对局势有害而无益;如果遵从他们的意见,送去的人质必死无疑。他清楚地知道,北齐下次卷土重来铁了心会杀自己的亲人,今日一送,等于亲手送自己的亲人上黄泉路啊!为了迎合大臣们的心思,而让自己的亲人白白枉死,究竟值还是不值?

简要介绍下陈霸先的家庭成员。陈父生了三个儿子,即陈道谭、陈霸先、陈休先。长兄陈道谭在台城保卫战中中箭身亡,留下两个儿子——陈蒨和陈顼。弟弟陈休先外出组建民兵团对抗侯景的时候,也被叛军杀害了,留下了唯一一个儿子——陈昙朗。陈霸先本人虽然生过六个儿子,但在战争岁月,真正长大成人的只有陈昌一个,可这唯一的儿子还连同陈顼在江陵陷落之后被西魏的宇文泰捉去。眼下,陈霸先身边只有两个侄子,陈蒨和陈昙朗,可陈蒨还在和杜龛的游击战中没回来,能送去的只有侄子陈昙朗。而他是陈霸先一母同胞的弟弟陈休先唯一的骨血,一旦他出点意外,陈霸先如何对得起弟弟的在天之灵?

看似高高在上的陈霸先,却连自己的侄子都保护不了,还要亲手送其入虎口。乱世之中,人无不被潮流推着走,陈霸先终于明白地位越高所要承担的责任也越重。如今,江南千疮百孔,再也经不起折腾了,自己必须撑起这片天!经过艰难抉择,陈霸先终于决定将自己的侄子陈昙朗送去北齐。不过,临行前,陈霸先悲壮地对朝臣道:"若孤拒绝众人之议,你等必定认为孤疼爱侄儿,不体恤家国之难。所以,孤决意将昙朗送至北齐。不过,齐人无信,认定我朝微弱,必然背盟!"随后,话锋一转,语气强硬地说道:"齐寇若来,诸君须为孤力斗也!"陈霸先的态度很明确:如果我不听你们的,你们肯定会觉得我只顾小家不顾大家,那么,我就依从你们，送侄子去北齐。只是，我可以拍着胸脯说，北齐贼子根本毫无信用，他日必然复来。到时，北齐狗来了，你们一定要支持我死战到底，我的侄子不能白死！

随后，陈霸先将陈昙朗连同永嘉王萧庄（萧绎的孙子）一同送去柳达摩那边，两方盟誓，双方就此退兵。

齐军的撤退使得陈霸先有精力顺利清剿王僧辩余党，不至于再陷入两线作战的不利局面。随后，陈蒨斩杀了杜龛，侯安都攻打姑苏的王僧辩弟弟王僧智。王僧智不敌，弃城逃亡北齐。随后，周文育进军会稽，消灭了王僧辩在三吴地区的最后一个死党——东扬州刺史张彪。至此，王僧辩的余党只剩一个江州刺史侯瑱。不过此人在豫章，可暂时放下；而大一些的军阀则要数长沙的王琳和岭南的萧勃。不过，目前陈霸先没工夫处理他们，因为——北齐又来了。

柳达摩的丧师失地让高洋很火大，一刀就让这家伙脑袋开了瓢。他委派萧轨为大都督，提兵十万南侵。而此时距离上次北齐撤军才短短三个月，陈霸先这边则是平定三吴后刚刚歇了一个月，在硝烟弥漫中过了一个惨淡的年。

此次，北齐的十万大军都有谁参与呢？首先，任约和徐嗣徽这两个伪军军长、参谋长是必不可少的；其次，北齐唯一一支汉军部队的首脑也全部参与了这场战役。高敖曹当年手下猛将有李希光、东方老，还有裴英起和王敬宝。细心的人一下就会发觉，高洋如此派遣有很大问题：萧轨都督各路梁军，同时熟悉江南情况，觉得自己应该是老大；李希光却不这么认为，他曾经参与过韩陵山大战，也算是个老资格了；徐嗣徽则仗着自己是王僧辩目前活着的关系最亲密的部下，牛气哄哄；任约则是担任过侯景政权的大司马。这一群人凑在一起，好比是皇协军、伪军、治安军、夜袭队的一锅乱炖，稍有风吹草动，必定砸锅。

高洋难道真会如此放心让这么一支存在着极大不安定因素的部队前来？事实上，这又是他的一招计策：前一招叫"二虎竞食"，一个萧渊明换来王僧辩和陈霸先的火拼；这后一招便是"驱虎吞狼"。众所周知，北齐是一个鲜卑化国家，汉人地位低下，可北齐军队中却有一支汉军，显得颇为另类，这便是高敖曹组建的部队。随着高乾、高敖曹惨死，高仲密的出逃，渤海高家的威望江河日下，这支汉军也备受排挤。作为一个鲜卑主义的强烈追随者，高洋早就想除掉这支部队。"一钱汉，死何惜"，这句话不只是刘贵说的，更被北齐列位皇帝当作座右铭。汉人死再多也与朕无关，谁让朕是鲜卑人呢？但是，高敖曹毕竟是开国元勋，随意搞死他的部队会让百姓对朝廷生出看法。所以，对于这支部队的处理，高洋决定采取阳谋——借刀杀人。

陈霸先是汉人，这支部队也是汉人军，何不让他们互相搏杀？高洋的算盘打得很精：打赢了，我能得到江南；打输了，这支汉人部队就此在我北齐国消失，什么损失都没有。有人说，高洋没有派嫡系部队参战是他最大的失误。不过，倘若大家能了解他这么做的目的，就不难理解其放着鲜卑部队不派，而要派这一支部队的深意了。平心而论，这支部队倘若和陈霸先交战，赢面也是非常大的，毕竟这边是十万大军，而且是生力军，陈霸先那边则是师老兵疲了。高洋内心势必觉得这十万人马取胜性大，当然是惨胜，而这惨胜恰恰是他最期待的结果。怎奈，他算准了自己，却没算准对手，因为陈霸先的战斗力超出了他的想象。

第一战，这十万北齐军就吃了瘪。侯安都一股脑端了北齐行台司马恭所部，齐军被俘近万人。不过，北齐部队毕竟有十万人，虽首战不利，但依靠庞大的部队还是稳住了局势。萧轨觉得上次柳达摩既然能让陈霸先乖乖地送侄子，自己也能让陈霸先点头哈腰，不然太亏了。于是，萧轨提出：交出萧渊明，双方讲和。

陈霸先笑了，他太清楚北齐人了，他们最擅长的是撒谎，最不要的就是脸。上次讲和北齐把自己侄子骗去，过个年立马杀回来。这次又讲和，还点名要萧渊明，当我南梁无人么？不过这次，陈霸先却出奇痛快，没多做思考就答应了。可别忘了，当初萧渊明一封信搞出个"侯景之乱"，如今萧渊明回归又搞出了"王陈火拼"，这要再送回去，日后指不定还要掀起什么大风大浪呢！然而，当北齐军营接到萧渊明的时候，集体傻眼了，原来陈霸先送来的是一具尸体。据陈霸先的官方发言所述：萧渊明出发前，背上毒疮发作，来不及救治就一命呜呼了。但念在齐梁的邦交关系，我们还是将他的尸体送了过来。陈霸先的潜台词很明显，萧渊明我可以给你，但死活就别计较了。

扬眉吐气

萧轨原本是想借萧渊明做文章,如果陈霸先不给,就是蓄意挑起战端;如果给了,自己可以当一回大爷。可没想到陈霸先给是给了,收到的却是一个死人,自己无端吃了一个哑巴亏。更重要的是,死的可是萧渊明,和酒疯子高洋有着千丝万缕的联系。萧轨知道,这次要不能宰了陈霸先,回去必死无疑。怒不可遏的萧轨随即下令全线进攻,占领建康城。由于之前吃了侯安都的亏,这次他弃水路,走陆路。

陈霸先急忙召回侯安都,随后,在大司马门外举行誓师大会。会上,陈霸先慷慨陈词:"早前,我为求和平,与北齐柳达摩议和,并送上亲侄子为质。可北齐贼子果然背信弃义,又率军前来侵略我们的国土,是可忍孰不可忍!这场战争要打多久,不是我们所能决定的,而是要看北齐方面,之前是柳达摩,现在是萧轨,以后或许是北齐的其他将领。换言之,他们要打多久就打多久,一直打到我们完全胜利!"陈霸先铿锵有力的动员让大家心潮澎湃,激动不已。梁军战士斗志昂扬,纷纷要与北齐决一死战。

此时,齐军先锋已经抵达建康城的东南方,驻守那里的是周文育所部。作为北齐先锋部队首领的徐嗣徽准备将周文育全歼,以雪上次惨败之耻。徐嗣徽本以为侯安都是陈霸先手下最厉害的,毕竟他手下三百勇士还是很可怕的,未承想周文育才是陈霸先手下的第一大将。当时,逆风作战的周文育奋勇杀敌,竟然把老天爷都感动了,立刻调整风向,让徐嗣徽这边处于逆风。徐嗣徽打不过周文育,只得坐船开溜。可总得有人殿后啊,于是,徐嗣徽安排自己的猛将鲍砰殿后。史书记载,此人是一员骁将,只可惜命不好。好比《三国演义》里面那个"王双",武力不亚于吕布,结果出场没多久就被魏延砍了。而这里砍鲍砰的人恰是周文育。

其实,也是鲍砰自己作死,殿后就殿后了,这厮还要摆POSE,一人一舟地在梁军面前晃悠。周文育是义兴人,义兴人最讨厌那种没什么能耐还要在大庭广众下装腔作势的货色。于是,周文育也乘了一艘小舟追了上去。两虎相遇怎样都要缠斗几百回合胜负难解吧,其实不然,两船相碰,周文育就纵身跳到对面船上。只见他手起刀落,秒杀了鲍砰。砍完后,周文育还将鲍砰的尸体连带小船在北齐军面前转悠一下。北齐方面都吓傻了,鲍砰好歹也算一代猛将了,居然在一个素来被他们轻视的江东人手里送了性命,而且是眨眼之间,太可怕了。

  侯安都可怕,周文育更可怕,打不过他们只能绕路了。这次,北齐部队取道丹阳,绕到玄武湖北面,准备从东北方进攻台城。不过他们到达的时候,等待他们的是陈霸先本尊。既然连周文育、侯安都都打不过,和陈霸先过招那就是愚蠢至极。于是,双方又开始对峙。陈霸先表面上按兵不动,却打起北齐方面粮道的主意。上次柳达摩失败也是因为粮道被截,这次陈霸先准备故伎重施。

  北齐军队远道而来,粮食全靠水路补给,而此时长江的制水权掌握在自己手中。要是夺下北齐部队的粮食,不消十天半个月,北齐部队全得饿瘫过去。法生一出手,便知有没有。很快,北齐军营内骚乱起来,今个丢了百艘战船,明个剩下的战船也毁了,万斛粮食就这么一次次减少,士兵开始陷入恐慌之中。粮食没得吃,只能杀马充饥。可马也有杀完的一天,总不能坐吃山空吧?走投无路的北齐军只希望能和陈霸先速战速决,可惜此时老天也不帮他们。此时正值农历六月,长于江南的人都知道,梅雨季节那是要连绵十天半个月雨水不断的。雨水多了,土地必定泥泞,走路都能陷在泥里,更别提打仗了。陈霸先知道,自己的机会来了,现在要做的只有一个字——耗!耗得他们最终无力再战。

  北齐军求战不得,在梅雨中备受煎熬。腿脚长期泡在泥水中,脚趾头都开始溃烂了。吃饭更是揪心,找不到干地,只能把锅子吊起来做饭。这么一来,吃进去的一半是米,另一半才是饭。至于睡觉,那就更头疼了,要不想睡在泥水里,就只能站着睡,真是让人苦不堪言。

  梁军在城内,地势较高,睡觉不成问题,可同样被粮食问题困扰。敌人封锁了建康城周边,粮食运不进来,大家也是又饿又累。陈霸先在建康城内到处找粮食,挖地三尺才找出点麦子,磨成麦粉分给手下吃了,也是杯水车薪。时不我待,眼看一天天放晴了,正是决战的大好机会,再不动手难保北齐军队全部撤回江北。可吃不饱打仗没力气啊!关键时刻,给陈霸先一解燃眉之急的恰好是他的侄子——时任会稽太守的陈蒨。陈蒨这次送来了三千斛大米和一千只鸭子。陈霸先立即下令烧饭杀鸭,却发现没有盛装食物的器皿。不过,这难不倒陈霸先,盛夏时节,那满池塘的荷叶不是天然的器皿么?如果荷叶只是做器皿之用,那还是小瞧了陈霸先。事实上,稍微懂一些食物药理的都知道,鸭肉性寒,长期饥饿的人一顿吃下太多鸭肉会闹肚子,而荷叶正是中和的天然良方!陈霸先此举真是别具匠心。士兵们用荷叶包着米饭,夹着鸭肉,个个吃得津津有味,根本停不下来!

关于这次鸭子和粮食的由来,史书并没有给予说明。但经过侯景掳掠和王僧辩余党的战乱,要从三吴之地搞出三千斛大米和一千只鸭子也并非是易事。尤其是那一千只野生鸭子,抓捕难度极高。或许,读者能猜到点什么了,王僧辩当年入建康的时候烧杀抢掠,唯独陈霸先所部不拿百姓一针一线,有因才有果。江南人民会记住谁对他们好,谁对他们不好,这一千只鸭子和三千斛大米就是见证。他们用实际行动向陈霸先传达一个无声的信息:陈将军,好好打,你为我们江南千千万同胞争取人格,我们送上口粮做回报,我们永远站在你一边!

这顿鸭肉饭的美味让士兵们难以忘怀,饱餐一顿后就是和北齐军决战的时刻了!

东方,一轮旭日喷薄而出,似乎也向人们宣誓,自从"侯景之乱"以来,江南的黑夜即将过去,黎明就在眼前。为了新王朝,前进!陈霸先发动了总攻,侯安都、周文育、吴明彻、萧摩诃、徐度都一涌而出,被鲜卑人铁蹄蹂躏多年的南朝,在这一刻,要彻底扬眉吐气!而北齐方面还在饥饿困乏中浑浑噩噩,不知所措。

侯安都对身边一名二十岁的小将说道:"卿骁勇有名,千闻不如一见(你是出了名的狠人,听多了就是没见过,啥时候让我瞅瞅)!"那名小将回复道:"今日令公见之(今天就给将军你开开眼)!"有了此人的承诺,侯安都胆气也壮了,带着手下疯狂冲击敌军侧翼,企图冲垮敌军阵型。电影《让子弹飞》里面有句台词很经典,叫"步子迈大了,容易扯着蛋"。以前柳仲礼吃过这亏,现在轮到侯安都了。混战中,侯安都不幸坠马,随后齐军看好机会,纷纷围拢过来,准备将这个敌军大将生擒活捉。目前,侯安都只有两条路可选,一是乖乖做俘虏,还有就是拔剑自刎。不过,电视剧中最喜欢设定这么一个情节:大将身陷重围,一名小将突然杀出,力挽狂澜。真实的历史也喜欢上演这类反转剧情。

只听一声断喝,一员小将单枪匹马杀入敌阵,如入无人之境。紧接着,包围侯安都的齐军纷纷倒下,鲜血四溅,其他活着的齐军都看呆了。此人奋不顾身地救下侯安都后,又迅速杀出敌人包围圈,所向披靡,锐不可当。

在这位小将的左冲右突之中,原本羸弱的北齐士兵立刻阵形混乱,溃不成军。北齐士兵纷纷往长江边逃去,梁军乘胜追击,被梁军斩杀以及混乱中被自己人践踏而死的北齐士兵不计其数。好不容易有人逃到江边,却因为不会游泳最终淹死在江里。当然,也有水性好一点的幸运儿能够逃脱,其中就有那位四姓家奴——任约。

战后,活下来的齐军士兵才得知,原来这员骁勇善战的小将名叫萧摩诃。他十三岁便上了战场,曾创下和陈霸先手下诸位名将单挑完胜的纪录。他原先是蔡路养的手下,后来被陈霸先收降。但齐军不知道,这次战争并不是萧摩诃最辉煌的一次战役,接下来,这只"江东虎"将会继续刺激着北人的神经。无论是北周还是北齐,日后一提起萧摩诃,都将是无比的恐惧和胆寒。

此战,北齐十万大军几乎全军覆没,伪军头目徐嗣徽这次运气没那么好了,连同弟弟徐嗣宗一起在阵前被斩,头颅还被挂起来示众,建康城的百姓得以一睹这位甘当北齐走狗的汉奸尊容。他和他的亲戚王僧辩一样,以反面人物的形象被写进了史书。至于其他以萧轨、东方老为首的北齐汉军将领,共计四十六名,全部被陈霸先擒获。萧轨本以为以陈霸先的仁义,落在他手里应该比落在自己那个疯子皇帝高洋手里要好些。只不过,此时的陈霸先对北齐的出尔反尔怒火中烧。陈霸先一直以来宽厚待人,却屡屡遭到敌人的挑衅。一个人的忍耐终究是有限的,在这一刻,他终于爆发埋藏已久的愤怒。他下令,将这四十六位将领统统斩杀。

遭遇两败的高洋无计可施,只能拿陈霸先留在北齐的人质——侄子陈昙朗出气,一刀送其去见了他的先父。消息传到建康,陈霸先漠然良久,这个结局他似乎早已预料到:谁让你是陈霸先的侄子?如果陈昙朗和他不是叔侄关系,未必会死得这么惨,可偏偏老天让他生在陈家,他亦只能成为兼顾全局利益的牺牲品。

这一战,高洋并吞江南的美梦彻底破灭,直到北齐灭亡,其军队都未能再次越过长江。这一战让多年饱受北方人欺凌的梁朝扬眉吐气,从此无须再担忧北齐的挑衅,更不需要向高洋俯首称臣了。这一战,北齐军队中唯一一支汉人部队被彻底消灭，北齐的汉人门阀失去了可以依靠的武装力量，随着后来杨愔集团被娄昭君彻底铲除。北齐完全沦为鲜卑化国家，在胡化的路上再难回头。这一战，陈霸先也达到了人生的巅峰，战后，他被加封为丞相、录尚书事、扬州牧、义兴公。他庄严地向三吴之地的人民宣告："从永嘉之乱起，北来侨民在江南的统治结束了，江南人民从此站起来了！"与陈霸先一样，这次战役后，江南本土人士推翻了北来侨民和鲜卑胡虏的双重压迫，正式登上了政治舞台，江南百姓自己当家做主的时代来临了。

当然，这场战争的深远影响是高洋永远无法体会到的。就是这么一场战争，最终改变了两个国家的命运。但他清楚，自己在一个错误的时间、一个错误的地点和一个错误的对手，进行了一场错误的战争，而他终将为这场战争的结果买单。

虽然陈霸先阻挡了北齐的入侵，可梁朝依旧是四分五裂的局面，许多历史遗留问题还有待解决。就目前来说，梁朝除去被西魏、北齐吞并的领土，剩下的基本由湘州的王琳、江州的侯瑱、广州的萧勃和陈霸先所割据。只有消灭掉前三者，陈霸先才算是严格意义上巩固了现有的南朝。

南陈建国

　　此时的陈霸先稳固了三吴，准备开始统一南方的进程。之前，由于被高洋拖着，陈霸先一直无暇南顾。现在当他得知自从上次南征失败，高洋的精神大受刺激，俨然变成了一个疯子，陈霸先心中别提多开心了。

　　陈霸先将出征目标首先放在王僧辩最后一个党羽——盘踞江州的侯瑱身上。侯瑱屯兵豫章，陈霸先派出周文育前去征讨。然而，周文育的征讨再一次成了僵持战，正面无法取胜，只能动动背后的心思。当时，侯瑱大军与周文育胶着在新吴城，家眷全留在大后方给从弟照顾。但侯瑱的弟弟和部下相处不愉快，结果闹得一个叫侯方儿的家伙反水，接受了陈霸先的橄榄枝。兵变中，侯瑱的家属全部被扣押，侯瑱的其他一些部下也随之投诚陈霸先。老巢失陷之后，侯瑱掌控不了局势，去了其部下焦僧度处暂避。这时，老焦给侯瑱出主意："老大，你现在是王僧辩大都督手下唯一的一支残部，在南方被王琳、陈霸先、萧勃集体不待见，待在南方不妙。我看你还是学学当初大都督王僧智，投奔北齐吧？"侯瑱却眼光独到，头脑异常清晰，力排众议道："不，我已经错了一次，不能一错再错。投降北齐的话，我这辈子汉奸的罪名是坐定了。陈霸先素来胸怀宽阔，依他的大度必然能赦免我的罪过，去建康才是我最该做的！"

　　于是，侯瑱率领残部北上投靠了陈霸先。果不其然，面对侯瑱的归降，陈霸先大喜过望，不仅赦免了他的一切罪责，还加封他为司空，赏赐甚厚。陈霸先又一次向他的敌人展现了其宽广的胸襟。而作为报答，陈霸先死后，侯瑱在西边死死抵挡住王琳的进攻，为陈文帝上台初期打造了一个稳固的军事环境。

　　侯瑱的败亡，标志着王僧辩在南方的最后一股势力就此覆灭。然而，局势依旧不容乐观，南方的战局有了新变化。

　　首先，当初陈霸先送去北齐的人质萧庄又被高洋当作礼物转送给了王琳。苦于没有招牌的王琳这下可是名正言顺了，立即就拥立萧庄为帝。这么一来，南方这块土地上原有的在江陵的萧詧、在建康的萧方智，加上王琳手里的萧庄，一下子有了三个皇帝。三个多么？有人认为不多，还想做第四个，这个人就是萧勃。

萧勃，我们之前提过，野心比本事大。陈霸先把他迎来做广州刺史，这厮不思报国，反倒一门心思想割据岭南。后来陈霸先北上讨伐侯景，他也是诸多阻挠。对于陈霸先北上，他非常不看好，甚至认为是愚蠢的找死行动。可当他目睹陈霸先因为北伐而名利双收的时候，这个陈霸先昔日名义上的上司眼红了。萧勃的想法类似如今一些既想不出力又想赚大钱的啃老族，不同的是，老萧家已经没有多少老本够他啃了。萧勃虽然有野心，但也知道自己斗不过陈霸先，如果能够割据岭南，学一学赵佗也还是不错的。可是赵佗能割据岭南，靠的是大秦军团，萧勃有什么？除了一个萧梁的皇室身份，其他一无所有。原本有侯瑱的江州在北边挡着，他的地盘暂且没和陈霸先接壤。可如今侯瑱没了，他的辖区一下子就暴露在陈霸先的视野内。安安稳稳割据岭南的日子眼看要到头了，萧勃准备先下手为强。

欧阳頠，这个人是萧勃最近收编的，也算得上一员干将，北伐陈霸先的任务光荣地落在了此人头上。其实，欧阳頠曾经和陈霸先并肩作战过，不过现在上头有命，自己也只能执行。不过，欧阳頠的运气挺好，一路北上并没有遭到顽强抵抗，很快打到豫章。到了豫章之后，欧阳頠却再也雄武不起来，因为他遇到了陈霸先手下的第一战将——周文育。几场仗下来，欧阳頠便被周文育打得乱了方寸，掉头回撤。周文育已然不给他机会，一战擒获了欧阳頠。

周文育准备乘胜追击，直捣岭南，可是陈霸先却命令他：驻军江州，原地待命。同时，他又派人将欧阳頠带回建康。周文育对陈霸先的指令表示不理解，但军人以服从命令为天职，也只得隐忍。到达建康的欧阳頠受到陈霸先的接见。陈霸先依旧对他推心置腹一番，谈人生，谈理想，谈革命。一番言语之后，欧阳頠心悦诚服，表示愿意为陈霸先效力。陈霸先之所以这么重视欧阳頠，一来是与他善于收降将士的习惯分不开；二来，陈霸先知道欧阳頠在岭南很有威望，平定萧勃之后，欧阳頠绝对能在岭南镇得住场子，把他安排在那儿最合适不过了。

陈霸先之所以让周文育不要急于进军岭南，也是经过深思熟虑的。如果强行进逼，萧勃手下可能会背水一战；而倘若以威势恐吓，驻军边境，萧勃内部人员极有可能各怀鬼胎，在此基础上火拼，无须动用武力，便能解决岭南问题。这一招也是偷师曹操，当初曹公不就引得二袁残部与辽东公孙家一番火拼吗？战争并不是目的，只是一种解决问题是手段，不战而屈人之兵，善之善者也。陈霸先深谙此理，也是这样做的。

事情的进展皆如陈霸先所料，萧勃在南康得知欧阳頠等兵败，军中惊慌。其部将陈法武、谭世远于始兴斩杀萧勃，持其首级降梁。两个月后，在欧阳頠、欧阳纥父子的扫尾行动中，岭南彻底被平定，萧勃的余部余孝顷投降。

此时，放眼南梁境内，唯一的山头就只有占据长江中上游的王琳了。高洋当初在建康城下碰了一鼻子灰，仍旧不甘心失败，于是扶植王琳政权意图分裂南朝。陈霸先深知南朝如果不统一，便无法在三国鼎立的格局中存活下来。他绝不允许王琳这种分裂国家的分子继续逍遥法外，更何况，王琳的北边还有一个北周扶持的傀儡国——西梁。当然，江南打了这么久，早已是民生凋敝，不堪再战。陈霸先决定以和平方式解决问题：王琳，你来建康，我封你做司空。

那么，已经另立中央的王琳会答应么？当然不！王琳看不起王僧辩，照样也看不起陈霸先！做京官哪有土皇帝来得爽？更何况，陈霸先和自己根本不是一路人。于是，王琳拒绝了陈霸先，还大修军舰，准备和陈霸先打一场大水战。王琳的战舰有个特别萌的名字——野猪战舰，据说是因为战舰开动的时候叫声和野猪很像。王琳的野猪战舰不是几十条，也不是几百条，而是整整数千条。纵观当时的北周、北齐、西梁、建康政府和武昌政府几大政权，王琳的水上力量当数最强的。陆上力量王琳也不弱，有十万雄兵。军队总数并不比陈霸先少多少，而且都对王琳忠心耿耿。

和平演变行不通，那就只能诉诸武力了。陈霸先命令大将侯安都、周文育以讨逆的名义督率大军西进，攻打王琳。不过，他没有协调好周文育和侯安都之间的关系，导致两人在战斗中争功，为此次出战的失败埋下了伏笔。有人会疑问，侯安都和周文育不是陈霸先手下最能打的两位么，他们会有什么嫌隙？事实上，侯安都和周文育关系并不是很好，周文育和杜僧明惺惺相惜，但对侯安都，只能用"同僚"概括。而且两个强手在一起，肯定谁也不服谁。这一点陈霸先之前一直小心应对，或是把他们分开安排行动，或是亲自坐镇，毕竟有他在场绝对压得住他俩。可这次不知怎么的,陈霸先竟然让此两人执行同一任务,实在不妥。侯安都职位是西道都督,周文育是南道都督,两人平级,谁也管不了谁。侯安都觉得周文育政治底细不清白,是降将;周文育则觉得侯安都民族成分是污点,是俚人。两人仗着都是老革命,互不相让;手下的士兵更是争得不可开交,隔三岔五就要生些小摩擦。

与周文育方面将帅不和的局面形成鲜明对比的是,王琳那边是众志成城,毕竟他们前有虎后有狼:在南方,萧詧和陈霸先都不能容忍他们,此次战争对王琳来说是一场生死之战。陈霸先这边,除将帅不和,还节外生枝,这也是陈霸先这辈子做的最错的一件事。因为此事,接二连三引发了征讨王琳失败、周铁虎被杀,随后周文育又被暗害,自己也为之搭上了性命,江南的战乱又持续了近五年,国家被破坏得更为严重了。究竟是什么事引发了这一连串的反应呢?答案很简单——陈霸先称帝了!

这是一个既可以称作不合情理,又能被认为是情理之中的事情。自从除掉王僧辩,陈霸先就成了建康朝廷实际的主宰者,取代南梁已是大家心照不宣的事情,称帝只是时间早晚的问题罢了。但说不合情理是因为这个时间找得不好,如今逆贼未平,自己反倒改朝换代,讨贼讨贼反倒把自己讨成了贼。公元557年10月6日,陈霸先正式接受梁敬帝的禅让,登基称帝,国号"陈",是为陈武帝。而在此之前,他从陈公、陈王到皇帝,仅仅一个月。

有人认为陈霸先这是轻敌,自以为胜券在握,所以着急称帝;有人则认为陈霸先身体状况太差,此时再不称帝只怕没机会了。只有陈霸先自己心里清楚为何急着称帝,但他不会说出来。因为凡人是永远无法理解其苦心孤诣所为何来,他也将这一谜团永远地带进了棺材。

恕笔者在此大胆推断一下。陈霸先之所以着急称帝的压力主要来自那群南梁遗老,当初正是这批人怂恿着他送出侄子,迎合北齐。萧方智在一天天长大,即将到了能亲政的年纪,他有朝臣基础,那群南梁遗老都是支持他的。一旦萧方智亲政,陈霸先还能带领南方抵抗住来自外部的压力,继续守护最后的汉文明么?一旦他亲政,南朝是否又将走上门阀当政的老路?这么多年来,陈霸先依靠自己的努力，已经成功取缔了世家大族垄断朝政的局面，江南从未有如此清明过，陈霸先给出身底层的百姓一个能够顺利向上攀登的机会。如果一切努力都付之东流，他实在不甘。陈霸先本是来自下若里的一个庶族大地主，偶然的机遇让他投身军旅。他南征北战这么多年，牺牲了哥哥、弟弟、侄子，才走到这一步，这一切都是为的自己么？非也，为的是江南千千万万受苦受难的百姓，为的是汉文明的延续！但这些陈霸先不会说出来，即使说出来也没人能懂，因为这个世界很少有人为了理想能够接受家破人亡。

为了巩固多年的奋斗成果，陈霸先只能称帝，改朝换代，用新的框架取替断壁残垣。至于时机选得对不对，已经不被他列入考虑范围了。陈朝——南四朝当中最小的一个王朝，在整个历史长河中不是那么引人夺目。但很少有人知道，其建立是多么艰难，陈霸先所承担的历史使命又是多么巨大。他让梁朝在江陵之难后又延续了两年，作为一个旧臣，该做的都做了，如今，他的内心却一派凄凉。

每个荣登九五的君王都要付出巨大的代价，陈霸先所付出的格外惨重——断子绝孙。他唯一在世的儿子在他称帝之时尚在北周，最终也是横死。开国皇帝落得绝户的下场，千百年来，也就他和郭威两人而已。

不过，日子还得过下去，苦痛只能咬碎了自己咽下去。称帝后的陈霸先封章要儿为皇后，这是这位几十年如一日与自己相濡以沫的老妻应得的荣耀。同时，他又冷冷清清地封了三个王，临川王陈蒨、始兴王陈顼、南康王陈昙朗。这三个王爷，除了陈蒨在建康城之外，陈顼被扣押在北周，陈昙朗早已死在高洋手中。陈霸先此时毫不知情，退位的萧方智被封为江阴王，这也是历史上第一次提到"江阴"。现今，江阴华西村的富庶却是全国闻名的。不过，萧方智也没能顺利活下来，一年后，陈霸先派去的人杀死了他。临死前，萧方智还绕着床帐躲避屠刀，并放声大喊："我不想做皇帝，当初你们非要逼我做，现在连命都保不住，坑死人啊！"

陈武之死

话说回侯安都、周文育和王琳的战争。早在出发前，人精侯安都就嗅出点异味儿，这次出征要遇大事。行军途中又遇上老天示警——侯安都一路上专门栽跟头，不是连人带马摔到河里，就是好好走着路被大石头绊倒。直到最后，陈霸先登基的消息传来，侯安都那颗忐忑不安的小心脏才正式跌落到冰窖：我晕，你老陈称帝都不找个好日子么？这么个紧要关头你给伙计们整这么一出儿，这不是坑死人么，师出无名啊！

这下子舆论方向瞬间变了。之前，王琳是梁朝的叛逆，陈霸先是讨逆；现在王琳成了梁朝的遗老，陈霸先是篡逆。陈霸先这边简直是自扇耳光。不过木已成舟，侯安都和周文育只能硬着头皮上，随即军中易帜——"梁"字旗缓缓降下，"陈"字旗升了起来。

此时，置身野猪舰队的王琳目睹了对面临阵易帜的滑稽一幕，简直不敢相信：秦朝以来，那么多的王朝，还是第一次见过有人把自己的姓氏当成国号的。陈霸先，你真是比侯景的"宇宙大将军"还要牛啊！不过，更牛的是你敢冒天下之大不韪，在这节骨眼儿上称帝，我王琳又岂能坐失良机呢？

随即，王琳下令发起总攻，相持许久的两军终于在沌口进行合战。结果，陈军大败，侯安都、周文育、周铁虎等陈军将领全部被擒，成了阶下囚。紧接着，王琳挥师东向，前军到达了溢城（今江西瑞昌），并致信北齐，希望双方夹击陈霸先。不过，此时的高洋已经在疯狂之中病入膏肓，没几年活头儿了。加之他在建康城下两次吃瘪，他再也没有当初饮马长江的气概了，遂未出兵。得不到北齐的火力支援，王琳进攻的步伐也减缓了。

对于侯安都等一批俘虏，王琳尽显小人得志的丑态。为了炫耀自己的武功，他将侯安都等人全用铁链锁住，系在自己船上，把他们泡在水里。不过，对于周铁虎，王琳将他斩杀，悬首示众。他给出的理由：此人嘴太臭，竟敢当众辱骂我英明神武的"王大帅"。

寄人篱下的周文育、侯安都等人时刻感觉有性命之忧，好在看管他们的只是一个太监。太监在古代和女人一样，头发长见识短，稍微给点蝇头小利立马就偷着乐。于是，侯安都和周文育摒弃前嫌，再也不斗狠了，凑了一份钱，贿赂该太监，趁机逃出生天。面对心腹爱将安全归来，陈霸先喜出望外，随即让他们驻防西线。在此期间，侯安都在江州取得了一系列小胜利，遏制住了王琳继续东向的势头。陈霸先也深知，一时半会消灭不了王琳，遂以防守为主。他屯兵西线雷池一带，与王琳开始了长达三年的拉锯战，直到他侄子即位。王琳和陈霸先展开拉锯战的同时，各自笼络地方小势力，整个江西一带成了两派支持者的角斗场。这是继"侯景之乱""三吴之乱"（王僧辩余党之乱）后破坏江南经济的新一轮动乱。陈朝初期的经济建设一直没有起色也与陈霸先和王琳的拉锯密不可分。

不久，突如其来的一场变故让陈霸先原本微恙的身体一下子垮了，并因此撒手西去——他最为倚重的将领、陪伴他多年的革命伙伴周文育被人暗杀了！

说起周文育的死，与熊昙朗和周迪两人脱不了干系。先来说熊昙朗。熊某人的一生彻彻底底诠释了"兵痞"一词之精髓。早年，他趁侯景之乱聚集乡里一些无业游民，组建了一支军队，并向梁元帝萧绎申请到番号和编制。可惜，此人不急着平叛，反倒干起匪军的勾当。史书记载："昙朗兵力稍强，劫掠邻县，缚卖居民，山谷之中，最为巨患。"后来，他投到侯瑱麾下，可干的第一票就是联合侯方儿抢夺侯瑱家属。侯瑱的私房钱和小妾就数熊昙朗抢得最多。要完侯瑱，他又得知萧勃派欧阳頠北伐，于是就找到欧阳頠准备讨伐的对象黄法抃，说道："老黄，我去耍欧阳一把，到时候赢了，你把他的马仗送给我吧！"黄法抃正不知道如何抵抗北伐军呢，听闻他有妙计，连忙应允。随后，他又到欧阳頠的军营，说道："欧阳啊，我来带你突袭黄法抃。你只要带少数人马跟我去就行了，人多反而碍事。"欧阳頠一听有人愿意当向导，心说："那敢情好啊！"随即就带了三百甲士随他去了。可是，当欧阳頠的部队开到黄法抃城下的时候，熊昙朗的部队开溜了，欧阳頠瞬间成了孤军。又眼见黄法抃开城门杀将出来，欧阳頠只能丢盔卸甲地跑了。而熊昙朗则大捞了一笔——根据前约，熊昙朗拿下了欧阳頠所有的马仗。

尝到点小甜头的熊昙朗自然不甘心就这么收手。他接着又去忽悠另一个小军阀陈定，诓骗道："小陈啊，我听说你最近要娶儿媳妇，还物色好了周迪和余孝顷的女儿。我告诉你，他俩那女儿要貌无貌、要德无德，还喜欢搞家庭暴力。要娶就娶我女儿，我闺女天生丽质难自弃。更重要的是，周迪和余孝顷愿意联姻是有目的的，想扣押你儿子做人质，哪像我啊，是敞开心扉和你做亲家。"陈定一听在理，立马派了三百壮丁和二十位土豪去迎亲。结果，这些人一去就成了肉包子打狗。熊昙朗把他们都扣压下来，收缴了马仗，还让人送信给陈定："想要人不？拿钱来赎，晚了就撕票。"

后来，这厮不知道怎么回事，觉得陈霸先能成事，便倒向了陈霸先。还在打击王琳支持者的战役中立了小功，受到陈朝的加官晋爵。

再来说周迪。周迪也算是个小军阀。早年间其同族人周续曾招募乡邻共抗侯景，周迪也带着几个哥们儿一起投效周续。不过，周续有个非常令人恶心的优点——大义灭亲。这样的品德在太平盛世会得到交口称赞，可在乱世，不懂变通就得出事。周续就在这事上栽了跟头。由于周续招募的很多都是同族人，说白了，大多是七大姑八大姨家的堂表兄弟，还有不少老乡，彼此知根知底，有些事情无伤大雅就该睁一只眼闭一只眼。可周续不同，他属于智商高情商低的那一款，凡事都要来个公事公办。这下好了，下边的意见越来越大，最后来了个兵变，周续人头落地，周迪被推到台前。

周迪能被大家拥戴的原因大概就在于其对亲戚都格外袒护，当然，这一点日后也同样为他招来杀身之祸。所以，从周续和周迪两人的结局看，人际关系确实是一门高深的学问。周迪掌权后干的第一件大事就是协助周文育扑灭了萧勃的叛乱。当时，周文育曾派人劝说周迪，要和他拜为兄弟，只求其帮助官军一同灭掉萧勃。周迪这人特重感情，一看堂堂义兴周家的掌门人、陈霸先手下第一战将周文育都来和自己称兄道弟，别提有多兴奋了，当下便同意了，派部队骚扰萧勃北伐军的粮道，同时资助周文育粮草，为周文育消灭萧勃的叛乱立下大功。

那么，熊昙朗和周迪又怎么和周文育的死扯上关系呢？这就要从周文育自王琳那边安全逃出后说起。

　　成功逃脱后的周文育和侯安都一样，负责西线的防御工作。侯安都负责正面战场，周文育的工作则更加辛苦——负责开辟敌后战场，对支持王琳或者摇摆不定的小军阀，能拉的尽量拉过来，团结多数人，打倒王琳。

　　这时，一向不靠谱的熊昙朗成了首要被审查的对象。当初，周文育和周迪一起平定了萧勃的余党余孝顷，但余孝顷之子余公飏、弟弟余孝劢仍在南方作乱。陈霸先为防止这股破坏分子倒向王琳，决定杀鸡儆猴，解决掉这对叔侄，给南方各路小军阀做做榜样。于是，周文育为主将，都督周迪、黄法抃、熊昙朗三人一同前去讨伐。周文育让吴明彻带着水军给周迪送粮草，自己则屯军金口。这时，余公飏做了一件非常滑稽的事，该件事后来还被罗贯中老先生"移植"到了七擒孟获一段中。原来，余公飏诈降，准备趁机刺杀周文育。但后者一眼就看出其中猫腻，让人直接把这个自作聪明的家伙绑了送去建康城。随即，周文育又进军三陂，而此时，王琳的援军在曹庆的率领下也赶来支援余孝劢。王琳和陈霸先的争斗已不只表现在正面战场上，还在敌后战场进行着暗斗，支持老余是制衡陈霸先的一步棋。曹庆让手下常众爱拖住周文育，自己则率主力袭击周迪和吴明彻。此战，周迪和吴明彻大败，军中都传言周迪死了。面对局势变动，周文育又回军金口以待援军。

　　转眼间，风向变了。熊昙朗这个南北朝时期的"石友三"又开始琢磨自己的出路了，心想：这陈霸先看来是靠不住了啊，先是打不过王琳，现在连小叛乱都打得束手束脚，我是不是要改投王琳呢？于是，他的内心升腾起一个邪恶的念头——抓住周文育，投降常众爱。不过，此事引起了周文育监军孙白象的警觉。他建议周文育要杀掉熊昙朗，周文育却说："我们自己的兵马少，来助战的军队多。如果杀了熊昙朗，会引起客军惊慌，这对我们很不利，不如推心置腹地安抚他们。"周文育的想法不错，如今处于下风，若再引起内讧，可就真要一败涂地了。

　　正巧此时，失踪多时的周迪有消息了，还特地送来一封书信，表示自己活得好好的。周文育这下更有底气了：熊昙朗之所以有异心，就是以为周迪死；现在周迪活得好好的，咱们也将取得最后的胜利，跟着陈皇帝亏待不了你的！

不过，最后的事实证明周文育确实自作多情了。当周文育喜滋滋地将信传给熊昙朗看时，熊昙朗对准老周的背后来了一刀。一代名将就这么死得悄无声息，时年五十一岁。其实，对于周文育的结局，陈霸先早就做过预估。当初，他和杜僧明、周文育、侯安都三员大将一起痛饮。三人喝高了，便聚在一起吹牛皮，均吹嘘自己劳苦功高。最后，陈霸先发话了："你们功劳是有的，但缺点也是比较明显的。杜公，你有大志向，但见识不够，虽然深受底下人爱戴，但经常目无尊长，夸耀功劳的同时却不反思自己的缺点。周侯，你交友不加选择，什么阿猫阿狗都能称兄道弟，但你的推心置腹未必换来别人的真诚，反倒会把自己置于险境，要有防人之心啊！侯郎呢，行事傲慢不知收敛，轻浮躁进，还贪得无厌，迟早要在傲慢和贪婪上面栽跟头。"

陈霸先对手下三员将领的性格优劣看得很透，而对周文育的告诫就是要他保持防人之心。而周文育恰恰对熊昙朗这样的小人缺乏警惕，最后被杀。另外，对于侯安都的下场，陈霸先的预言也应验了，只是他再也看不到了。

关于周文育的死，老天似乎也做了预警。当周文育驻军三陂的时候，有流星坠地，炸出一丈见方的大坑，声响如雷，坑内还有几斗木炭。不久，军中传来小孩哭声，仔细听像是地底下传来的。于是，周文育派人挖掘，这一挖就挖出来一个三尺长的棺材。此时的周文育刚刚受挫，可没心情将此事件调侃为"升官发财"，心里不由发麻得很。果不其然，没过多久，自己就一命呜呼了。

那颗陨落的流星不仅映照在周文育身上，更应在了陈霸先身上。听闻周文育的噩耗，陈霸先肝肠寸断，原本微恙的身体一下子恶化。陈霸先下令全国举哀，带着病体，亲自出席了周文育的葬礼。古往今来，能享受到君王如此殊礼的大臣并不多。陈霸先怀念周文育，也怀念周文育出生的地方——义兴城，那是决定了陈霸先一生命运的小城，风景秀丽，山色旖旎。年少轻狂的陈霸先不甘心当村长，而来到义兴城。在那里，他遇到了改变其一生的贵人——萧映。如果说，陈霸先遇到的不是萧映，而是缉拿他的其他官员，他的一生是否又将因此走上另一条路？我们不得而知，不过从陈霸先曾经受封的爵位"义兴公"看，其内心是非常感激那座给他人生带来转机的小城的。

公元 557 年 6 月，即周文育被暗害一个月后，五十七岁的陈霸先也走到了人生终点,病逝于建康城的皇宫中。

陈霸先庶族出身,简朴宽仁,明达果断,以人格魅力征服了南朝,并以简约风格统治着他的国家。他一改皇室的奢华,餐具都采用瓦盆和蚌盘一类的器皿,倡导俭以养德之风,反对奢靡浪费。陈霸先在南朝生死存亡之际,奋力一击,亲手将由汉文明主导的南朝从死榻上拉扯下来。是他,拯救了这个唯一的汉人政权,尽管尚风雨飘摇。他用一家子鲜活的生命,将异族统治中华的时间推迟了整整七百多年。明末清初的王夫之曾经如此评价他:"陈高非忠于萧氏,而保中国之遗民,延数十年以待隋之一统,则功亦伟矣哉!"他更是在极其注重门第的南朝,缔造了一个从底层草根一跃成为开国之君的不朽传奇!

更为重要的意义在于,陈霸先推翻了积压在江南百姓身上的"三座大山",真正实现了江南百姓当家做主。众所周知,自从衣冠南渡以来,四大家族和北来侨民一直欺压着江南的本土子民。尽管在此期间,四大家族由"王谢桓庾"变成"王谢袁萧",北来侨民又分化为"楚子集团"和"江淮集团"等军事力量,但对于江南地区的压迫和盘剥却未曾停止过,不少江南人士沦为世家大族的农户、兵户。大规模的叛乱时而爆发,小规模的动乱屡禁不止,从孙恩到唐寓之,他们的行动无不昭示着四大家族和北来侨民的腐朽和堕落。

自从侯景之乱以来,积压在江南人民头上的大山又从两座变成了三座,鲜卑势力开始侵入南朝。一时间,南朝出现了亲鲜卑化的潮流。侯景、王僧辩、萧詧、王琳,都是鲜卑主义对江南汉文化渗透的代理人,其最终目的就是要将南朝全盘鲜卑化。正是陈霸先的横空出世,消灭了侯景,翦除了王僧辩,将这股鲜卑化逆流彻底涤清。随后,他又将门阀政治的大门彻底关上,将江南本土的将领,如周文育等推上台前,开启了江南百姓自己当家做主的时代。

在陈霸先的不懈努力下,以四大家族为首的门阀主义、以"楚子集团"为首的北来侨民主义和以侯景、王僧辩为首的鲜卑主义的三座大山灰飞烟灭。尽管当时,人们都在贬斥陈霸先结束世家大族时代的行为,但数百年后的两宋,当庶族地主阶级正式取代士族地主阶级之后,没有人再会觉得这不可思议。真正的伟人不是沉迷于过去,也不是忙碌在当下,而是可以放眼未来,勾勒千年之后的画卷。

当然,金无足赤,人无完人。陈霸先并不是一个完美的人,亦有缺点。笔者姑且用四句话评价他的一生：

平定侯景他有份，两卫建康他有功。治国期间无建树，贸然称帝大错误。

陈霸先确实参与平定了侯景之乱，但这并非其一人之力所能及，王僧辩是大功，此外还有王琳，所以说"平定侯景他有份"；两卫建康是陈霸先对江南、对汉人的最大功绩，一切行动也都是在他的领导下完成的，所以他有功，且是大功；治国期间无建树，说的是他在位三年，虽然厉行节俭，但南陈的经济发展却毫无起色，不能和北齐、北周比肩，甚至连江陵西梁这样的弹丸小国的人均GDP也远高于陈。虽然战争的破坏是一部分原因，可战争的连绵不断又多半与他有关，所以不说他"无能"，只说"治国期间无建树"；"贸然称帝大错误"则是指他的武断导致了讨伐王琳失败后的一系列连锁反应，江南的安定也为之延迟了整整五年，而这一切的一切都该算在他称帝不考虑时机方面，给国家造成了如此重大的损失，确实是他犯的最大错误。但从其一生发展轨迹来看，陈霸先为江南人民带来的福祉远大于他的失误，可以毫不夸张地说，没有陈霸先，江南百姓至少还要在烽火狼烟的争抢中忍受更长的时间。

第四章

龙阳天子

陈文帝的『天嘉之治』

陈文帝在历史上名声不显，却也是个充满传奇的人物。龙阳癖、腹黑男、明君、英主，这一系列的标签让他也成为一个谜一样的帝王。在任期间，他击败了王琳，整死了陈昌，平定国内周迪、留异的叛乱；又击败了北周的入侵。他和北齐缓和关系，大力发展经济，让陈朝国力开始回升。可以说，陈文帝是一位颇有作为的君主。那么，他究竟是在怎样一个逆境中将陈朝发展壮大的？而在他死后，陈朝又将走向何方？

陈蒨登基

陈霸先虽然走了，可新兴的陈朝还得继续走下去。此时，陈朝面临着极大的内忧外患，外部压力是当时的南方还残存着两个梁朝遗留的政权：一个在江陵，一个在武昌；一个是北周的附庸，一个是北齐的附庸。这两个残梁政权的存在时时刻刻威胁着新朝的安危。不仅如此，陈朝内部形势也不容乐观。由于陈霸先唯一的儿子陈昌还被扣押在北周，先主临死前也没有留下遗诏，储君之位一直悬空，致使陈霸先死后国内处于无君状态。正可谓内忧外患，波诡云谲。

这一刻，建康城东南方向，一位中年男子策马而来。尽管此行风尘仆仆，但风沙依旧难掩他那张隽秀的面庞，他正是陈霸先唯一尚在国内的侄子——临川王陈蒨。此次，他收到叔父驾崩的消息，叔母章皇后密信邀他回建康主持大局。然而，刚到城下的陈蒨便被人拦住了，此人正是侯安都。

陈蒨在马上行了个礼，问道："侯将军所来莫非也是皇后诏示？"

侯安都微微一笑，说道："皇后让王爷回来主持大局，可知新君是谁？"

陈蒨摇了摇头。

侯安都继续道："皇后邀王爷回建康只是稳定大局，毕竟你是宗室重臣。可在嗣君问题上，皇后还是希望他的亲生儿子陈昌能够回来即位，这点王爷可知？"

陈蒨没有接话。

侯安都眼中流露出狡黠的目光，缓缓说道："如今，先帝唯一的儿子陈昌还在北周国内，但南下有王琳阻挡，要回来承继大业只怕难于上青天。当下，国无定主，王琳的大军即将东下，各地土著洞主也闻风而动，而宿将重臣皆在外征战。国家刚从风雨飘摇中挺过来，眼看又到了山穷水尽时了。"

陈蒨叹了口气道："为之奈何？请侯叔叔教我。"

侯安都策马至陈蒨跟前，贴耳传授道："方法其实很简单，你——做——

皇——帝。"

陈蒨惊讶得变了色。侯安都却拍了拍他的肩膀，自信道："王爷放心，一切事情末将都会打点好的。"

此时局势尚不明朗，朝中大臣都在观望，而手握传国玉玺的章皇后则铁了心地希望儿子陈昌即位。毕竟，陈昌做皇帝，她就是皇太后；若陈蒨做了皇帝，她算什么，皇叔母？但就目前形势看，陈蒨即位是当下唯一可行的一套方案。群臣不敢牵这个头，但侯安都敢，因为他是陈霸先手下硕果仅存的老将，手握重兵，更有一锤定音的能力和胆量！

陈蒨和侯安都一到建康城内，后者便提出要陈蒨继承大统。可章皇后不同意，一个劲地哭。女人的眼泪是最好的武器，尤其是寡妇的眼泪，群臣们被她这么一哭，都沉默不语。侯安都见大臣没主见，于是放开喉咙，在大殿上慷慨陈词："临川王有大功于天下，须共立之。今日之事，后应者斩！"然后手提宝剑，闯到后宫，逼迫章皇后交出传国玉玺。如此野蛮的行径也只有侯安都做得出来。有人会问，这算不算以下犯上的逆臣贼子？当然算，不过，若没有侯安都"乱臣贼子"的野蛮行为，陈蒨的登基说不定还要再耽搁一段时间，非常时期必采用非常手段。宣布陈蒨为新帝后，侯安都解开他的头发，让他跪在陈霸先的灵柩前放声大哭。于是，陈朝历史上的第二任皇帝——陈文帝就此诞生。

不过，陈蒨刚刚登基，王琳就送来了一份大礼——挥师东下。自古不伐丧，可古往今来偏偏就有好事之徒喜欢趁着人家新旧交替之际伐丧。陈蒨知道，该来的总会来：消灭不了王琳，陈朝的疆域将永远仅限于江东和岭南两块版图；只有消灭王琳，陈朝才能在三足鼎立的格局中生存下去。

正当王琳意气风发，率领他的野猪舰队准备直捣建康，建立盖世伟业的时候，遇到了他的老对手——侯瑱。侯瑱也算是资格仅次于侯安都的老将了，曾独据江州，作为最后一个余党为王僧辩守节。最终，他拜服于陈霸先的宽仁大度，并在周文育、侯安都西征王琳大败后，苦苦支撑陈朝的西边防线，居功至伟。每每王琳提兵东向之时，都是侯瑱在西边死死地扛住了他的狂攻滥打，倒真有点蜀汉时汉中太守魏延的风范。为鼓舞其士气，陈蒨让侯瑱成了这次西线战场的总指挥，连资格比他老的侯安都都要受令于他。

王琳之前胜了一场——在湓城（今江西瑞昌）击败前来阻击的陈军大将吴明彻。此时，军队已经逼近了濡须口，侯瑱正驻军于江南的芜湖（今安徽芜湖）。更重要的是，这次不知道王琳给高洋灌了什么迷魂汤，颓废数年后的他又雄起了一把，派大将慕容俨率军逼近长江，作为声援。

一场决定南方未来命运的战争即将打响，双方都是倾国之军奋力一搏。南方究竟是重走萧梁时代门阀当政的老路，同时接受鲜卑化，还是在陈朝的统治下开创新的政治模式，江南人民自己当家做主，都要在这次战争中一见分晓。由于这场战争的意义重大，侯、王双方都比较谨慎，不敢轻率行事，生怕露出个把破绽就被对方一击毙命。因此，在战争初期和官渡之战一样，是漫长的对峙阶段。从公元559年11月持续到公元560年2月，双方隔江对峙了百余天。

西线战场处于对峙的时候，陈蒨却在南线战场调兵遣将，一举摧毁了熊昙朗的叛军。陈蒨原本的意图是暂时放过熊昙朗这个小虾米，集中兵力消灭王琳。怎奈，熊昙朗铁了心要给王琳卖命。在陈蒨下诏征江州刺史周迪、高州刺史黄法抃北上合军的时候，他偏偏率领部队在两军必经之处修筑城池，大摆舰队进行阻拦。熊昙朗之前暗杀周文育的时候，收编了一部分周文育的部队，因而觉得自己牛气哄哄，可以与周迪、黄法抃一较高下。

作为周文育的把兄弟，周迪对熊昙朗一直恨得牙痒痒。这回熊昙朗主动找茬，岂能放过他？周迪、黄法抃把情况禀报给陈蒨，便驻扎下来，和熊昙朗打起僵持战。熊昙朗一看对方也筑城，思忖着不好办了，这是要变成持久战的节奏。随后，又传来周迪断了他和王琳信使来往要道的消息。这么一来，熊昙朗慌了手脚，也不知王琳那边什么情况。不久，军中传言王琳败了，熊昙朗尚无法确定，何去何从也拿不定主意了。部队内部不断有人叛逃，周迪便趁此机会一举攻进城内，俘虏万余人。

熊昙朗溜得快，带着几个亲信跑到乡下躲了起来。不过，这位熊将军平时怕是很不得民心，结果没死在战场，而是被村民给斩杀，首级后被送至京城的朱雀观示众。而他的家属，不论老小，统统遭斩首弃市。熊昙朗终于为他的行为付出了满门抄斩的代价。

公元559年，对陈朝来说确实可算作国殇之年。这一年，为陈朝开国做出最大贡献的两位伟人——周文育和陈霸先先后去世。人们还未从悲痛中缓过来，又传来王琳入侵的消息，国家走到生死存亡的边缘。好在，这多事之秋最终度过了。熊昙朗的败亡似乎也给刚刚接手陈朝的陈文帝打了一剂强心针：他陈蒨绝对可以让陈朝在困厄中顽强地生存下来，黎明就在眼前！

解决了南线的战事，和王琳的决战迫在眉睫。此时，北周已决定将陈昌送还陈朝。这个突如其来的皇子，又将给陈朝带来怎样的变数？陈霸先在梁末的乱世中顶住了外来侵略，为江南百姓探索出一条新的道路。而能否将这条路继续走下去，就要看陈蒨是否具有力挽狂澜的本事了。

王琳北遁

　　熊昙朗的覆灭顺利解除了陈文帝的后顾之忧，他可以着手与王琳决战了。对于梁朝，王琳确实可算是一位忠臣，可是他假借北齐的实力实现自己所谓的"复国"，却又走上了一条出卖民族利益的不归路，无论出发点有多高尚，都不值得褒奖。此时，面对阻挡自己的侯瑱，王琳有太多不解。侯瑱曾如此忠于王僧辩，而陈霸先恰恰是杀害王僧辩的魁首。为何他对陈忠心耿耿，甚至在陈霸先死后，仍为其卖命？

　　带着满腹狐疑，王琳的舰队逼近栅栏。驻足船头的王琳傲然喝道："伯玉（侯瑱的字）安在？昔日故友相邀答话。"

　　窸窸窣窣的人群簇拥着一人走出来。王琳见状，嘴角浮现出了微笑。

　　侯瑱整了整衣衫，数月的对峙已然让这位将军尽显疲态。随后，他回敬道："王公，今日你我沙场相逢，只怕不是为了叙旧吧？"

　　王琳微微笑道："你我本非敌人，何故势成水火？陈霸先窃据帝位，实乃大盗窃国，还望伯玉能悬崖勒马，回头是岸。"

　　侯瑱正色道："武皇帝海纳百川，投诚将士皆有厚待，承梁称帝更是天命所归，何来大盗窃国一说？"

　　王琳又笑道："你投陈霸先前，官居何职？"

　　侯瑱答道："江州刺史。"

　　王琳追问："投降之后又任何职？"

　　侯瑱回答："司空。"

　　王琳朗声大笑："在朝廷当个挂名的司空，可有在江州当土皇帝实在！陈霸先坑了你，你居然毫不察觉。伯玉，尔大愚矣！"

　　侯瑱凝气了一会儿，声音洪亮道："我等随王都督时，大碗喝酒，大块吃肉，荣华富贵享用不尽。可我等追随陈霸先，连米糠都吃不饱，但兄弟们依旧无怨无悔地效忠于他，为了什么？只因自侯景之乱以来，人见人欺的江南从来没有像今天这么硬气过！而让我们吴人能挺起胸膛做人的恰恰是陈霸先，是他让北虏知道汉家不可欺！就冲这一点，我们就心甘情愿为他卖命！如今武皇帝虽死，但其遗志尚存，我等誓将先帝未竟的事业继续下去！"

王琳一声长叹："夏虫不可语冰。既然伯玉注定要为陈霸先殉葬，我也只能痛下杀手了。"随即，他手一挥，野猪舰队载着他消失于茫茫迷雾中。

侯瑱知道，真正的决战即将来临。

王琳的进攻异常猛烈，但侯瑱依靠高大的栅栏，稳稳地扛住对方的攻势。此时，东北风刮起，野猪舰队的一批豆腐渣工程原形毕露，多被风浪吹得搁浅在沙滩中。面对此窘境，王琳只得收兵，回去修理船只。晚间，让王琳更为惊恐的事情发生了。他的营帐附近有流星坠落，把他的小心脏吓得不轻：当年五丈原落下流星，结果不久，诸葛先生就死了；周文育当时也遇到流星坠落，隔几天也死了。这次，轮到我……莫不是在暗示我气数将尽？

整夜的失眠把王琳熬成了熊猫眼。第二天，消息传来，自己的老巢郢州被北周将领史宁的四万大军围住，随时可能陷落。合该王琳倒霉，这几年，他没少欺负北周的干儿子——西梁，现在让他尝到现世报了。这次，自己把主力全带过来了，北周刚好趁火打劫，时机拿捏得刚刚好。

进退两难之际的王琳经过一番思想挣扎，做出不顾一切、火速拿下建康的决定——他打他的，我打我的，开弓没有回头箭，既然走到这一步，干脆不再回头！

王琳也是要天时有天时，要人和有人和。北齐部队刘伯球的万余水军已经开赴过来，岸上还有数千铁骑给他摇旗呐喊。更重要的是，这天凌晨刮起了西南风，整个部队处于顺风地势。一时间，王琳大有"长风破浪会有时，直挂云帆济沧海"的豪迈气势。

面对王琳的耀武扬威，侯瑱却出奇冷静，没有做出任何行动。王琳误以为侯瑱脑子开窍了，顺应天意，不再阻拦自己。然而，没等王琳发表太多感慨，侯瑱的部队现身了，不是在前方，而是自己的大后方——居然被侯瑱关门打狗了！原来，侯瑱故意放行，就是为了让王琳进入他的口袋阵。侯瑱所部开始朝王琳这边扔来火炬，野猪舰队纷纷着火。王琳一看恼了：你扔，我也扔！他命令手下也用火攻回击侯瑱部队。他显然忘了自己的位置，之前自己在侯瑱部队西南方，的确是顺风。可如今侯瑱部队和自己已然调换了位置，顺风的反倒是人家了。王琳扔出去的火炬如同回旋镖般，在空中飞舞一圈后又飞了回来，纷纷落在自家船上。

天时固然可以被利用，可真正的战术大师能够在天时不利于自己的情况下，通过一系列变通手段争取到绝对优势。以空间转换换取风向的优势，侯瑱的这一招恰恰契合了兵法的要领。他不是陆法和，不清楚风向何时会发生转变，但多年的战争经验却让他成功利用了风向。王琳败给他并不冤，这不是运气使然，而是真正的实力PK。

侯瑱决心扩大战果，用湿漉漉的牛皮包裹着小船，每条船上都配备了拍竿（相当于后来船只配备的火炮）。能动性强的小船很快穿插进王琳的野猪舰队中，湿漉漉的牛皮有效阻止船只被烧，拍竿则猛烈地攻击了野猪舰队。而后者却无法打击到这些小船，只能被动挨打。王琳早就懵了，完全拿不出应对举措，直到过了许久才想起来逃命。

而这时，赶来参战的北齐水军搞不清楚状况，也挤进来送人头了。北齐水军首脑刘伯球在华丽丽地打完酱油后，便成了陈军的俘虏。岸上，慕容子会的数千骑兵也瞬间成了阶下囚。王琳的军队最惨，溺水而死、被火烧死、被石头砸死、相互踩踏致死者不计其数，最后仅余十分之二三得以逃脱。就是这十分之二三，也遭到陈军的围追堵截，几乎全军覆没。陈军光俘虏就达万余人。王琳趁乱找了条小船，带着妻妾心腹十来人逃往北齐。好在他运气比侯景好，没死在半道上。到了北齐，他还是受到了尊重和礼遇。

王琳的故事暂且告一段落。到了北齐的王琳并没有消停，还会频频登场。只是对于陈朝而言，这个人物已经彻底退出了江南舞台。此时，还有很多事情需要陈文帝去处理。正是由于他的苦心经营，才让陈朝——这个在梁末战火中诞生的婴儿茁壮成长，于三足鼎立的局面中站稳了脚跟。

取得大胜的侯瑱没有就此收兵，而是马不停蹄带着大军西进。他知道，北周现在正在围攻王琳的老巢，如果不争分夺秒，很可能白白便宜了北周。而当侯瑱军队到达时，北周军队还在郢州外围盘旋。周军见陈军来了，攻城战极有可能变成遭遇战。作为周军统帅的史宁当然清楚自己的斤两，既比不得于谨那样的"八柱国"，也无法和杨忠那样的"十二大将军"相媲美，遂只得灰溜溜撤军了。城内的王琳余部得知主公已经战败，又扛了周军那么久，已然无心恋战，纷纷打开城门投降。

至此，从在湘州另立中央到被灭，盘踞两湖多年的王琳集团就此宣告覆没，以王僧辩和王琳为首意图鲜卑化南朝的"两王之乱"也宣告结束。这场动乱前后持续了八年之久，其危害不亚于"侯景之乱"。期间，江南的经济大幅度倒退，成为三足鼎立中最弱的一极，直到灭亡。倘若，陈霸先能迟些称帝，或许这场动乱可以结束得更早一些。

史宁的撤军让北周实权人物宇文护大为恼火：我们周军趁火打劫哪次是空手而回的？不过，事已至此只能想办法弥补了。好在，他手里还有牌——陈霸先唯一在世的儿子陈昌。陈蒨即位的时候，他就想把这个陈昌送回去给陈蒨添乱。奈何王琳的势力挡在长江中游，陈昌回国成了一个问题。现在，烦人的王琳总算走了，自己可以名正言顺地送陈昌回国了。

很快，陈文帝就收到自己堂弟的一封信，内容大概就一个意思：这天下是我爹打下来的，我是我爹唯一的儿子，所以我应该做皇帝，你这个堂兄给我回会稽养老吧！

字里行间言辞傲慢，不知死活，乍一看还真以为陈昌在作死。不过细想，这封信真的可信吗？见过这封信的只有陈蒨。陈蒨是谁——当朝皇帝，他说有这信，便有；说没有，就没有；说这是一封恐吓信，就算全是闲话家常也变成威胁辞令。皇帝金口玉言，谁会去质疑？翻阅《陈书》，笔者并未发觉陈昌的传记中提到他曾炮制恐吓信，倒是有一句对其个人品格很中肯的评价——明于义理。一个明于义理的人若能做出这么下作的事，确实让人匪夷所思。

不过，既然陈蒨说有恐吓信，就姑且认定陈昌确实恐吓了他这个大堂兄吧。恐吓皇帝，是杀头的大罪，不管此人来头有多大。这封信一下子给了陈蒨充分的理由，让他原本内疚的心绪瞬间变得理直气壮——小弟是作茧自缚。为了陈朝的千秋万代，留他不得！接着，他找来侯安都。自古以来，做见不得人的事皇帝是不能亲自出面的,必须有臣子代劳。而这件事,一般的臣子还真做不来,只有侯安都有胆子干。毕竟,当初正是这位长辈提剑胁迫章皇后交出了传国玉玺。

陈蒨对侯安都泪流满面地道:"想当初,我的鸭肉盖浇饭让将士们打赢了建康保卫战,少说也算有点苦劳。随后,我又灭掉了王琳,多少也有点功劳。可是,我那个太子弟弟要回来了,他是正儿八经的先帝亲子,继位也是理所应当。我看我还是回我的会稽养老吧!"

侯安都一听,这算什么话啊,皇帝还有当了又主动请辞的吗?侯安都读的书虽不多,可为人处世上可是不折不扣的人精。他立刻过滤出陈蒨的真实想法,遂道:"不敢奉诏!"言外之意,你这个皇帝也算是我扶起来的,岂有自己砸掉招牌的道理?你就放心吧,谁要是跟你抢皇位,我老侯是神挡杀神,佛挡杀佛!

随后,侯安都奉命前去迎接陈昌。望着侯安都离去的背影,陈蒨会心一笑。

几日后,张灯结彩的建康城突然传来一个不幸的消息——在外流落多年的先帝嫡子陈昌,于归国途中不幸溺水,惨死江中。但凡有些脑子的人都知道,这不是真相。陈蒨对这位堂弟的离世表示万分悲痛,亲自主持葬礼,并追谥其为"衡阳献王",而侯安都再一次得到加官晋爵。

克复荆湘

陈昌溺水而亡的消息传到北周，宇文护的肺差点给气炸了，心里寻思：陈蒨这个小子，实在狡猾，和他叔叔陈霸先一个德行。陈霸先稀里糊涂弄死了萧渊明，他也有样学样，让陈昌死得不明不白！这陈昌可是他叔叔在世唯一的儿子啊，还真下得去手！

既然无法和平解决，也只能诉诸武力了。北周南下还从来未打过败仗，宇文护决心调集大军与陈朝争夺湘州等地的控制权。早在王琳出兵东向的时候，西梁就派出了大将军王操南下，渗透到长沙等地。如今，北周再次派兵，誓与西梁占领区连成一线，将两湖之地一下子收入囊中。但问题来了——派谁去呢？此时的开国"八柱国"已成过去时了，而"十二大将军"也换了一茬儿。当初突袭江陵的杨忠垂垂老矣，只能从新一批的将领里择优选拔。

筛选一番下来，独孤盛和贺若敦担任了这次军事行动的指挥。这边，侯瑱接受陈文帝的指令，成了湘州军事方面的一把手。他火速出击，利用水军优势断绝了周军的漕运。可此时，贺若敦的陆军已经抵达，陈军与之交战无法取胜。虽然周军在账面上小有业绩，终究无法撕破陈军的防线，打开粮道，与友军汇合。一个月后，独孤盛率水军而来，周军再也不担心水战不利了。相反，陈军的处境却急转直下，好在此时陈文帝也派徐度前来支援侯瑱，两军会师巴陵。

北周这边没粮食，就四处抢粮。史载"湘、罗之间，遂废农业"。得不到民心和粮食的北周部队开始出现骚动。贺若敦深知侯瑱经验老到，越是在这个时候越不能被他看出破绽，于是，他动起了歪脑子。他命人在土堆上盖了一层米，打造出修建粮仓、庐舍的样子，并故意抓了一批百姓参与"北周军营一日游"，后放还。跑出来的百姓立刻到陈军军营提供情报：周军兵精粮足，估摸着要打持久战！

侯瑱唯有一声叹息，看来周军抢夺来的粮食足够他们吃喝了。侯瑱和周军不同，后者是侵略者，没粮食可以抢老百姓的。侯瑱的部队是保家卫国的子弟兵，没粮食可不能四处抢粮，只能耗下去，耗到周军粮尽为止。

陈军"不拿百姓一针一线"的善举感动了战区父老，他们时常用船载着鸡鸭鱼肉前来犒军，把贺若敦看得着实眼红。于是，他又想出一招毒计，让手下化装成送粮食的老百姓，只不过船上装的不是鸡鸭鱼肉，而是荷枪实弹的北周士兵。当陈军兴高采烈来拿粮食时，他们便一下子涌出船舱，毫无防备的陈军大多做了刀下冤魂。

面对周军内部乘马投降到陈军那边的士兵，贺若敦又生一计。他命人将一马牵到江边，又派人从船内出而鞭打，"如是者再三，马便畏船不上"。尔后，贺孝敦伏兵于江岸，派人乘该马伪降陈军。侯瑱一看又有逃兵来了，派人去接应。可船一靠岸，马儿便因恐惧而驻足不前。就在陈军不知所以之时，周军伏兵尽出，一时间，陈军又被杀了个措手不及。如此往返多次，侯瑱再也不敢冒险，对于百姓送粮和军士投奔，亦只能避而远之。

全赖这一系列阴损招数，贺若敦硬是在粮草不济、军心动摇、民心尽失的情况下，在湘江地带与侯瑱对峙了半年之久。不过，与他同来的独孤盛可就没这么好的运气了。与陈军的水军相比，周军的水军那基本就是凑数用的。独孤盛在打水战方面连王琳都比不上，更不要说和侯瑱一较高下了。

天嘉元年十一月，侯瑱部队在湘江口的杨叶洲袭破独孤盛水军，"虏其人马器械，不可胜数"。独孤盛弃舟登岸，筑城自保。陈文帝再次增派援军，老牌战将侯安都率兵前来助战。十二月，周巴陵城主尉迟宪投降，独孤盛率余部逃遁。天嘉二年一月，北周湘州城主殷亮出城投降，陈军入据长沙，湘州平定。这时候，龟缩在长沙以北一带的贺若敦便成了一支孤军。不过，贺若敦一副"死猪不怕开水烫"的架势。而侯瑱通过这半年的较量也深知，贺若敦是个有能耐的将才。如果强行消灭他，势必耗费过多精力。同时，也可能因为此事最终激怒宇文护，颜面尽失的宇文护极有可能为了扳回面子而和陈朝开展无休无止的战争。北周财大气粗耗得起，可陈朝却刚刚从废墟上站起，百姓苦于战争久矣，真是再也耗不起了，何况东边还有北齐虎视眈眈呢！

和平与发展才是陈朝目前的首要任务，也是百姓迫切需要的。基于这个大方针,侯瑱提出了贺若敦可以"体面地撤军",而非无条件投降。侯瑱像贺若敦保证,可以借船送他回去。可贺若敦得了便宜还卖乖,给侯瑱回了一封信,信中写道:"湘州我地,为尔侵逼,必须我归,可去我百里之外。"可见,贺若敦的脸皮还真不是一般的厚。千百年来,湘州之地就是汉人固有之领土,即便往近了说,也是宋、齐、梁、陈四朝一脉传承下来的,是南朝神圣不可分割的一部分。周军只是外来侵略侥幸占领了一段时间,就把这当成自家的寸土寸金了。

强盗眼中,抢来的东西便是自己的。不过,贺若敦的傲慢无礼并没有让侯瑱恼羞成怒,他只是付之一笑,占了口头的便宜有什么意思?明眼人都看得出这场战争究竟谁胜谁负。侯瑱将船只留在江边,自己则带着部队离去。随后,贺若敦的部队缓缓乘坐小船渡江而去,湘州全境遂归陈有。失去北周部队的撑腰,西梁的伪军也纷纷投降,武陵、天门、南平、义阳、河东、宜都各郡一一被纳入陈朝版图。贺若敦虽然带着部队安全撤回国内,但由于他这半年的消耗,部队严重减员,只有当初的一半多,北周以"失地无功"的罪名将他革职查办了。值得一提的是,贺若敦养了个好儿子,便是大名鼎鼎的隋朝重臣贺若弼。后来,贺若弼侍奉隋朝南下平陈,也算是给他爹出了这口气了吧!

北周那边由于武力征服失败,无可奈何下,提出交还尚在北周的陈顼,即陈文帝的胞弟,以此换取边境的几个县,好歹也算是面子上能够过得去。陈文帝也急需一个稳定的外部环境,以便发展经济,既然能和平解决就和平解决吧。双方谈拢,陈顼放还。

这一次的失利,让宇文护感受到陈朝顽强的生命力。北齐无法做成的事,他也一样。但总结经验教训后,北周还是会再来的。只是日后那次较量让他们败得更惨,还差点让西梁灭国。而陈朝此时也终于全盘接管了王琳的地盘,拥有了长江中下游以南的全部土地,虽然与梁朝极盛时期相比只有其当初的一半。

战后,侯瑱因功被授予使持节,都督湘、桂、郢、巴、武、沅六州诸军事,以及湘州刺史。陈文帝等同于将原本属于王琳的地盘全部封赏给了这位老将。要知道,整个陈朝的边境线都压在长江上。而西边的川蜀已然是北周的领地,所以作为西大门的湘州军事地位尤为重要。陈文帝即位初期就确定"湘中地维形胜，控带川阜，扦城之寄，匪亲勿居"的基调，湘州刺史非重臣不可担任。而作为平灭王琳的第一干将侯瑱，当仁不让地成为首要人选。

侯瑱的人生与同时代很多人一样，出身寒门，但在侯景之乱中依靠自身实力崛起，又在关键时刻弃暗投明，于人生暮年做到威震一方的封疆大吏。这在门阀森严的东晋是绝做不到的，在世家大族横行的齐梁时代亦无法想象，却在陈朝真真实实地存在着，而且成为一个榜样，后来者层出不穷。然而，老天似乎觉得侯瑱的历史使命已经完成，天嘉二年三月，刚刚击败北周没多久的侯瑱病重，不久就死在任上，享年五十二岁。陈文帝让老将徐度接替了他的职务。

天嘉三年，在北周漂泊多年的陈顼终于回到国内。喜出望外的陈蒨将自己这位亲弟弟改封为"安成王"。可令他想不到的是，这一看似顾及手足之情的举措，最后竟然会演变成引狼入室的戏码。陈蒨的儿子在后来继承大统后没多久，就被陈顼所废。不过，话说回来，他对陈昌又可曾仁慈过？作为皇帝，他大可以冠冕堂皇地以陈霸先整死萧渊明为先例，佐证自己排斥北周送来的"皇帝"——陈昌的正义性，但对于自己的亲弟弟，他却无法做到一视同仁。

陈蒨固然不是善良之人，诡谲风云中，良善之辈又岂能做到一国之君？乱世当道，人都是被潮流推着走的，身不由己的情况层出不穷。平心而论，陈蒨确确实实是一位够格的好皇帝，在位期间注重农桑，兴修水利，轻徭薄赋，励精图治，江南的经济逐步恢复。十几年的战乱之后，江南的百姓终于过上了久违的太平日子。

汉家悲歌

在陈蒨扫平王琳的同时，北齐的宫廷正酝酿着一场政变。这场政变将北齐政坛所有的汉家势力一下子清洗完毕，令北齐王朝完完全全沦为全盘胡化的"恐怖王朝"。

天嘉三年正是北齐孝昭帝高演在位时期。就在一年前，北齐刚刚经历一场政变，高洋的儿子高殷被人从皇位上攉下来，高洋六弟高演做了北齐的新皇帝。有人会说，政变嘛，这对南北朝来说再正常不过，隔几年总要来这么一次，见怪不怪。不过，这次政变还真不一样，它决定了一个王朝的走向，北齐的政体也为之改变。

要厘清整个事件的来龙去脉，还得回到高洋去世前。

高洋是典型的鲜卑人，因此极度厌恶汉人。他曾决心像尔朱荣"河阴之难"一样，用大屠杀的方式彻底消灭汉化贵族。当时，他将官员全部集中到大道边，并让骑兵团团围住，以举鞭为号进行行动，结果他自己反倒喝醉了。最后，夕阳西下，连子畅找到高洋，问他还杀不杀，并且说大臣们都表示挺害怕的。高洋醉眼惺忪地看了看连子畅，道："怕什么啊，老子今天不杀了！"这群大臣应该庆幸他们与死神又一次擦肩而过。

不过，此事却让高洋重新思考。他发觉，可以利用汉人的力量保全自己太子的性命。他一直担心自己百年之后，儿子会被人夺了皇位。他对皇后李祖娥这么说，对给儿子取名的邢绍也说："太子高殷字正道，殷商王朝兄终弟及，'正'字折开来是'一止'。日后，我朝可能也会是兄终弟及，而我那儿子侥幸称帝可能也就一年命数。"

高洋之所以这么不放心自己这个儿子，是有原因的。高殷是典型的汉人儒士的做派，为人温和，盛有美名。这样的君主显然无法在乱世中存活下来，所以高洋曾经想训练儿子杀人，比如去杀一个死囚。可高殷哪里有这胆量啊，瑟瑟缩缩闭着眼睛去杀，结果折腾半天都没得手。看到儿子不成器，高洋一顿马鞭招呼下去，随后骂骂咧咧道："太子无用，像个汉人！"在他眼中，懦弱、无能、废柴，是汉人的代名词。高殷反倒因为这顿打而惊恐过度，竟然落下口吃的毛病。雄主多败儿！高洋虽算不上什么雄主，但他这个太子算是实实在在的败儿。可毕竟也是自己的亲生骨肉，弥留之际的高洋总想着要再帮儿子一把，于是，他想到了杨愔。

　　杨愔，出身弘农杨氏。与杨忠那个冒认的弘农杨氏相比，他这个可是货真价实的。年幼时，杨愔就闻名乡里，还得到其舅的高度评价。他长大后更是了不得，当初六镇起义之中崛起的大佬葛荣还一度想把女儿嫁给他。结果杨愔知道贼女婿是不能做的，于是装病推辞。后来，尔朱家族大肆屠杀弘农杨氏，而杨愔恰恰就成了大劫难中的幸存者。不久后，他做了高欢的女婿。后来，他丧妻，高洋又把自己的姐姐、已亡故的孝静帝元善见的皇后，嫁给杨愔续弦。

　　杨愔也是个人精。当初高澄遇刺的时候，他就在场。一看六个人操着菜刀要来砍高澄，他第一反应不是喊人，而是撒丫子逃跑，借此躲过一劫。而他对于高洋，也是百依百顺：高洋上厕所，他就递搅屎棍；高洋酗酒，他就一旁默默侍奉；高洋要杀人，他就提供活人靶子。不过，杨愔处理政务的能力是超一流的，对于官员能做到过目不忘，处理事情也是井井有条。他俨然把自己打造成了高洋的大管家。正是杨愔在外张罗，苦苦支撑着北齐王朝，才能出现"主昏于上，政清于下"的局面。高洋的骄奢淫逸之所以没让国家灭亡，其中，杨愔居功至伟，他是一个合格的"糊裱匠"。

　　所以，危急时刻，病入膏肓的高洋想到这个苦苦支撑北齐王朝多年的"糊裱匠"杨愔。他以杨愔为首，组建了一套顾命大臣班底：尚书令开封王杨愔、领军大将军平秦王高归彦、侍中燕子献、黄门侍郎郑颐，清一色的汉人。高洋深知，只有引入汉人力量，才能牵制其六弟背后的鲜卑势力。尽管此前，他万般鄙视汉人，可为了宝贝儿子只能放下偏见了。做完这些，他还不放心，又喊来六弟进行临终告诫："你要夺位就夺，好歹留下我儿的一条命。"高演则惊恐叩头，拍胸脯保证：绝对不会有此事发生。

　　天保十年十月十日，酒疯子高洋驾崩，享年三十一岁。对于这一天，他早有预感，其年号"天保"拆分开来正好是"一大人只十"。说白了，他就只有十年的皇帝命。对此，他满不在乎。后来，他登泰山求签，道士给他的皇运卜算，结果是"三十"。高洋便向李祖娥解释道："三十是指十年十月十日。"果然，高洋就是在这一天驾崩了。

天保十年是公元559年。陈朝的主要缔造者——周文育和陈霸先也于这一年先后辞世。此年在陈朝算是国殇之年，在北齐或许是官员们期待已久的日子，因为酒疯子高洋的恐怖统治终于结束了。发丧那天，官员们都在假哭，声音震天，就是不见眼泪。他们受够了高洋的非人折磨，要不是碍着是国丧，估摸着早就去买鞭炮庆祝了。不过，人群中还有一位显得很特别，他是真落泪了，此人便是杨愔。若说他不恨高洋，那是假的。可是高洋临终托孤，却让杨愔倍感"压力山大"。他哭的不是高洋，而是自己。他能否在鲜卑势力的重压下生存下来，这本身就是个未知之数。

高演，高洋的六弟，是最有希望夺位的亲王。历史又将他推上风口浪尖。他深深明白自己的处境，所以特来一招"以退为进"。他上表交出权力，让杨愔放松警惕。既然失去了先机，高演就要制造先机。杨愔觉得自己实力不足，必须抓住每一次可以扩充实力的机会。他先是让高演留在国都邺城，随后又派高演的亲信王晞留守霸府晋阳。然后，他开始带头搞起廉政建设。高洋晚期的冗官现象导致财政赤字，杨愔便开始裁撤一些官员。作为表率，他将自己"开封王"和"开府仪同三司"两项官职撤去。对自己狠得下心，那其他人更是不在话下。因此，在廉政建设中被裁撤的官员对杨愔心里憋了一肚子火。

反腐倡廉确实是好事，但做什么事情都得看时机。为了攫取实力，杨愔不惜牺牲人心，这一举动确实不高明。顾命大臣内部开始分裂，燕子献提议武力解决问题，杀掉高演、高湛，软禁娄昭君。燕子献和杨愔都是高家的女婿，这么做确实是不厚道，但为大事计，也只能如此。政治斗争历来是你死我活，西魏的傀儡皇帝尚且还有心联合女婿党整死宇文泰，而实权在握的杨愔做起事来却瞻前顾后。杨愔私自调动禁军，却不知会一下高归彦，导致后者也觉得他不靠谱，转而倒向高演一边。

失去枪杆子的杨愔，意识到事情的紧迫性，决定先发制人。杨愔将长广王高湛和常山王高演分开，上书皇帝，请求批准。但皇帝不管事，诏书随即交到李太后手里。李太后一个妇道人家，什么也不懂，就去找人商量，这一商量就闹出了大事。原来，她找的是自己的同郡闺蜜李昌仪。此人本就不是什么善男信女，这次害得杨愔集团一败涂地。

李昌仪将诏书内容偷偷跑去告诉娄昭君。高演和高湛两兄弟心里一寻思，准备了一出鸿门宴，专等杨愔前来，因为根据惯例，藩王离京是要设宴的。杨愔的手下怕出事，劝他别去，哪知道杨愔梗着脖子道："我等精忠体国，常山王拜职岂有不到之理！"可见，杨愔有点读书读傻了。诚然，处理政务做北齐的"糊裱匠"，杨愔无疑是最优秀的，但是要论玩弄权术，他确实还要回炉再炼炼。

杨愔带着宋钦道、燕子献等人赴宴，高湛给他们一一敬酒。到了杨愔面前，高湛一声大喊："拿酒来！"侍从拿来酒，高湛又喊："拿酒来！"这下大家犯起了迷糊。高湛随即又喊："怎么还不拿酒？"在座的都以为高湛和他二哥一样，喝多了发酒疯。没想到，突然冲进来一群鲜卑武士。杨愔一下子懂了：合着高老九喊了半天，是说暗号。他刚想站起来，却被摁倒在地。

杨愔破口大骂："步落稽，你想造反么？我等是国家重臣，忠心为国，你……"高湛压根儿就不跟他啰唆，直接开打。鲜卑武士摁着杨愔等人一顿施暴，盘子、棍子、凳子，挨个往杨愔身上招呼。燕子献是个练家子，这时竟然挣脱开来，往殿外跑去。斛律光大喝一声："小儿，往哪里跑！"随即就追了上去。燕子献哪里跑得过斛律光啊，没过多久就累倒在地，恨恨说道："大丈夫用计迟，落到今天此般地步！"

随后，高演等人押着杨愔走进皇宫。由于高归彦的帮忙，禁军基本没有阻拦他们。到了昭阳殿，高演一人进去。为了壮胆，他拿了一块板砖，可两千甲士的阵仗还是把他吓得不轻。这两千人全是娥永乐统领，为的就是保护高洋的宝贝儿子。高演见状，拍了自己一板砖。作为政治家，时刻不能忘记演戏，戏做足了才有人信。自残后，高演说道："臣与陛下是骨肉至亲，可杨愔等人把持朝政，实乃朝廷的祸害！臣与高湛已将杨愔一党拿下，交给陛下处置。臣情急之下，擅自决断，实乃罪该万死啊！"演戏最忌讳冷场。高演说完这些表忠心的话，小皇帝竟然一言不发，而殿内的娄昭君和李太后也同样一言不发。此时，甲士统领娥永乐已经刀剑出鞘，就等皇帝一声令下，便可砍了高演的脑袋，可高殷却懦弱得哑口无言。

半晌，娄昭君让这些甲士退下，可无用，他们只听皇帝的命令。娥永乐希望尽最后的努力。娄昭君继续喊道："奴才们想死么？再不退下定斩你们狗头。"皇帝依旧静默，甲士只得退下。娥永乐收起宝刀，失声痛哭，摊上这么个"活死人"皇帝也只能认命。

娄昭君询问杨愔情况，贺拔仁回答她说，杨愔被打瞎了一只眼。娄昭君又转而问高殷："杨愔等人心怀叛逆，要害你叔父和我，你为何还要纵容他们？"高殷还是不说话。娄昭君暴怒了，大声喊道："岂可使我母子受汉老妪斟酌！"这话里有话，分明是在指责李祖娥教子不严。李祖娥也只能叩头认错。

娄昭君又对高殷说："为何还不去安慰你叔父？"这时，高殷才如梦初醒般说出一句话："天子之位亦不敢为叔父惜，何况汉辈！只要饶了侄儿的命，侄儿自下殿去，这些人任由叔父处置。"连天子之位都不珍惜，高殷又岂敢为杨愔等人说话呢？当皇帝当到这份儿上，也真是可笑可悲。或许他压根儿就不该当这个皇帝，如此，即使他保全不了自己，也不至于让那么多忠于他的人因此陪葬。而陪葬的代价相当高昂，是北齐王朝内所有的汉化贵族。

高演赢了，面对这么个废物对手，他没有理由不赢。八月，高演顺理成章登基为帝，而杨愔等人则被全部斩首。对于杨愔这个女婿，娄昭君给予他的仅仅是一颗用金子打造的眼珠和一句"忠而获罪"的评价。在一个鲜卑人主宰的王朝，身为一个汉人，就是原罪。不管你曾经为这个王朝立下何等汗马功劳，都只能作为寂寞的墓志铭。高乾、高敖曹如此，杨愔依旧如此。

然而，高演在位仅一年便撒手西去，时年二十七岁。接着，高演的九弟高湛即位。高演病死后的第二年，太后娄昭君也死了。面对母亲的离世，高湛将"禽兽"这个词很好地诠释了一番：他依旧身着盛装作乐，该喝酒喝酒，该奏乐奏乐，一点悲戚之情也无。当宫女将丧服送到他手上时，却被他一下子扔到台下。对于父母离世都能做到置若罔闻，国家离败亡的时刻也就不远了。

王者无情

解决了王琳，击败了北周，陈朝开始了和平发展时期。对于陈文帝来说，国内还有几个人让他很不放心：这些人出身各地土豪，在梁末天下大乱时崛起。在陈霸先时代，为了团结大多数，对这些土豪采取的是招抚政策。这些人名义上是陈朝的臣子，实际上，他们在自己的辖区内拥有很强的自治权。

继位初期，为了能消灭王琳，陈文帝默许了这些土豪的自治权。但随着王琳的被灭，他渴望集权中央的态度越来越明显，坐镇一方的土豪成为其中央集权的最大障碍。周迪、留异、陈宝应，这三人成了此时陈文帝的眼中钉、肉中刺。周迪，想必已经不陌生了，当初周文育正是得到他的帮助，才得以消灭萧勃的叛乱。尔后，在周文育讨伐萧勃残部的时候，周迪也出力不少。在周文育被刺身亡的紧要关头，周迪稳住了南疆局势，没让熊昙朗趁机带兵北上，与王琳汇合。在侯瑱与王琳决战的关键时刻，周迪更是协同黄法抃一同消灭了熊昙朗这个贼子。对陈王朝来说，周迪的功劳不可谓不大。

但是，一朝天子一朝臣。新上任的陈文帝显然和周迪不对胃口。尤其是这几年，周迪在其辖区内声望很高，和土皇帝没什么两样。更要命的是，他还逢人便吹："我结拜大哥是周文育，就是当今皇上当年看了他都得喊一声'周叔叔'。"陈蒨心生厌恶：你算个什么东西，难道也敢自认皇叔？

陈文帝决心召周迪入朝，只要周迪到了自己眼皮子底下，也就没什么好怕的了。不过，周迪比较恋家，一听到要去建康城，死活不肯。陈文帝一想：既然你不来，让你儿子来总可以吧！我手里有个人质，心里也能安稳许多。于是，陈蒨调他出镇湓城，并要其子入朝待命。周迪俨然不知大祸将至，还在那磨蹭，拖延时间。陈文帝决心敲山震虎，给周迪周围两支部队的长官周敷和黄法抃加官晋爵，意图孤立周迪。周迪一看，心里非常不爽：周敷一定意义上可算是自己的下属，而黄法抃才智一般，当初被熊昙朗当猴耍，现在这两人官位都在自己之上，实在是不服气。于是，心中愤懑的周迪开始与缙州（今浙江金华）刺史留异、闽州（今福建福州）刺史陈宝应联络。留异和陈宝应是什么人？绝非善类。

先说留异。此人是东阳长山人，家族也算郡里的大姓。他喜欢独处，说出来的话也是蕴含极大哲理，在乡里属于不稳定因素。何故？此人犹喜带着一群地痞欺负老弱，官爷见了他都头大。可就这么一个人，在梁朝末年还混了个小官。侯景之乱爆发后，他回乡招募士兵完毕，先把当初惹过他的东阳郡丞给"做"了，还灭其满门。当时，太守沈巡凤鸣援助台城，就把这个郡交给了留异。后来，台城陷落，留异就成了当时浙江地区最高长官萧大连的副手。不过，留异这人不思报国，反倒鱼肉乡里。萧大连倒台后，他直接投靠了侯景手下宋子仙，还依靠出卖刘神茂获得了侯景的赏识。侯景被灭后，他又投靠王僧辩，后者依旧让他坐镇东阳。王僧辩余党和陈霸先角逐的时候，留异认清时势，资助粮草给当时尚不是皇帝的陈蒨，陈蒨得以消灭杜龛。陈蒨对他非常感激，并将自己的长女嫁给其三子留贞臣，两人做了儿女亲家。

按理说，做了皇帝的亲家应该是莫大的福分，可留异却一点都不知惜福。陈蒨刚继位的时候，局势很不好，王琳的大军正东来决战。留异考虑究竟是站在亲家一边，还是站在王琳一边。他多次派自己的长史王澌去朝廷打探情况，结果给他带回来的消息总是说朝廷羸弱，不堪一击。惯于见风使舵的留异决定背弃亲家，站在王琳一边。他开始与王琳互通来使，发展外交关系。未承想，最后的形势出人意料，王琳灰头土脸地逃到北齐去了，陈蒨赢得了最终胜利。结果，留异和王琳勾结的事情被人捅出来。陈蒨看在毕竟是儿女亲家的份儿上，决定低调处理，便派沈恪去接替留异的职务。出于两手准备，沈恪此次前去是带了兵的。留异一看，不得了啊，带兵来杀我了，于是也开始修筑工事，防备官军。随后，在与沈恪的战斗中，留异取胜了，沈恪只能垂头丧气地回到建康城。此时，留异居然异想天开想和陈蒨议和，解释道："亲家啊，我对你的感激之情恰如滔滔江水一发而不可收。真不是我勾搭王琳在先，是他意诱惑我。我一时抵挡不住诱惑，才上了他的贼船。我保证从今以后，洗心革面，重新做人，求亲家你给我个机会啊！"

都已经交上火了，再解释还有用么？可陈蒨居然接受了，也不让他回京城了。倒不是陈蒨大发慈悲，而是此时他的部队正在侯瑱的带领下和北周军队在湘州一带争夺领土呢，实在不希望后院起火，遂对留异暂且安抚吧。

留异当然知道陈蒨的心思，所以表面臣服，暗里还是在部署工事。等到湘州战役结束，陈蒨有空腾出手来了，便下诏给留异。诏书里将留异比作尧舜时期的四凶、少昊时期的九黎，指责他战乱时期大发国难财，身为皇帝的亲家却不能为万民做表率，是国家的罪人、民族的渣滓，必须予以消灭。随后，陈蒨派出老将侯安都前去消灭留异。惊恐之余的留异只得找援手，除了之前提到的周迪，还有一个便是陈宝应。

陈宝应，按今天的地理区划，他算是福建人，而且家族也是闽中的四大姓之一，本人亦是啸聚一方的土豪。所以，从他和留异、周迪的出身不难看出，他们联合是有一定内在联系的。史书记载陈宝应"性反覆，多变诈"。其父更是唯恐天下不乱，先是煽动该地的不良青年造反，后又作为官军的向导剿灭了反贼，最后自己成了当地军队的长官。

侯景之乱后，晋安郡的太守主动让出了位置，由陈老爹担任。不过陈父年事已高，陈宝应成了名副其实的管理者。这厮说白了也是靠发国难财起家的。当时侯景劫掠三吴，导致三吴之地满目疮痍。会稽城当时闹饥荒，居民饿死的十之七八，平常老百姓只能卖儿卖女。而与会稽相隔不远的晋安，却一派富足的景象。于是，陈宝应打造了一支船队，从海上抵达临安、永嘉和会稽等地，用满船的大米换取会稽城内的绫罗绸缎、金银珠宝，甚至大量的人口。会稽之前毕竟是大城市，饥荒虽然厉害，可瘦死的骆驼比马大，金银还是有的，只因当时交通不便利，即使有钱也兑换不了粮食。陈宝应凭此举措赚了个钵满盆满，顺带带走了大批劳动力。如果要评选侯景之乱中大发国难财的标兵，陈宝应绝对能名列前十。

梁元帝和梁敬帝时期，陈宝应一直是晋安郡的土皇帝。虽然当时土匪横行，但依靠海运搜罗财富的陈宝应丝毫不受影响。陈霸先登基称帝后，加封陈宝应持节、散骑常侍、信武将军、闽州刺史，领会稽太守。到陈蒨登基时，对他更是好得不得了，甚至提出要把陈宝应编入宗室，和陈蒨一脉也算是同祖同宗了。可就在陈宝应前途一片光明之际，他收到了岳父留异的求援书信。在岳父和皇帝之间，陈宝应毅然决然地选择了岳父。他一面派兵帮助留异，一面又送粮资助周迪出兵临川。

至此，留异、陈宝应、周迪三人的"邪恶轴心"彻底形成。他们所代表的是侯景之乱以来，不断崛起的地方势力。而朝廷击败他们，政治上的意义远远大于军事上的意义。陈蒨可以借此扩大中央集权，消灭"山头主义"，取缔一些地方的过度自治，让陈朝成为名副其实的王朝，而不是一个松散的联邦。陈霸先推翻了"三座大山"，剩下的这几座小山，就要看陈蒨的本事了。败了，陈朝将继续默认地方势力的高度自治，局势可能更糟；胜了，陈朝便可以化解内部矛盾，厉兵秣马，大举北伐。

大权在握

陈蒨率先将重拳砸在留异头上。原本，留异以为官军会在钱塘江登陆，便在钱塘江附近修筑工事。奈何侯安都虚晃一枪，不走水路改走陆路，从会稽进攻。这么一来，等同于绕过了留异屯兵之处。留异吓得丢了大本营，就往桃支岭奔去，在山上打起了游击。随后，双方就开始了一段对峙时期。

周迪这边进展得颇不顺利。陈文帝让吴明彻联合周敷和黄法抃的两支部队共同征讨周迪，不过吴明彻一贯是败多胜少，这次也不例外。三人合力攻打周迪都败下阵来。无奈，陈文帝只能让亲弟弟——安成王陈顼为总督，调集周围华皎、鲁悉达、鲁广达、韩子高、欧阳頠等一众将领，合围周迪。猛虎架不住一群饿狼。周迪再怎么能打也扛不住这样的车轮大战，很快被击溃，狼狈而逃。跑的时候，妻子儿女都没能顾上，悉数被陈顼捉住。失去落脚之处的周迪投奔陈宝应，在那见到老友留异。原来，留异打一阵子游击之后再也扛不住了，带着二子留忠臣前来投靠女婿陈宝应，自己的余党数千人全部投降了侯安都。

转眼间，两个盟友先后溃败，陈宝应心里也开始犯起了嘀咕：好端端的，老子造什么反？现在好了，眼看就要死了。这时，周迪比较乐观，安慰陈宝应道："兄弟，造反这事，要么不干，要么一条道走到黑，哪还有后悔的理？我在老家呼声挺高的，陈蒨的部队不会永远屯驻这里，等他们主力一撤，我再出去招兵买马，还是可以一战的。"

正如周迪所料，陈蒨错误估计了战局。他以为三个家伙解决掉两个，剩下一个也就是时间问题了，说不定还能通过威胁手段解决，便开始撤军了。陈蒨那边一动，周迪也开始操作了。陈宝应给予兵马粮草的资助，留异也派次子留忠臣跟随周迪。天嘉四年九月，南城、东兴、永城三县民众重新响应周迪。十一月，陈蒨再次命章昭达为都督，领兵征讨周迪。这次，周迪学乖了，不再和对方正面较量，而是钻山沟，打起了游击战。由于整个临川郡的百姓都感念周迪在侯景之乱中保境安民的重大功劳，所以，即使官军逼迫他们说出周迪的去向，他们也是宁死不说。游击战，只要抓住老百姓的心，便能长期坚持下去！陈蒨面对困局，只能先放着周迪不管，转而攻打陈宝应和留异。

陈文帝命章昭达都督众军，由建安南道渡岭；又命益州刺史领信义太守余孝顷都督会稽、东阳、临海、永嘉诸军自东道会之，以征讨陈宝应。出兵之前，陈蒨还痛斥陈宝应的行为，并直接开除了陈宝应的宗籍。

此时，陈宝应也看开了："是福不是祸，是祸躲不过。"他将部队聚拢，在建安湖漈结水栅山寨以阻陈军前进。章昭达也不主动进攻，而是让士兵们到处砍伐树木，做成筏子。等到水流涨起时，他便让士兵坐着木筏，进攻陈宝应的栅栏，再配合余孝顷的海军。水陆合攻下，陈宝应大败，只得带着儿子南逃，在田地被追兵俘获。随后，陈宝应全家二十余口，全被送到建康城斩首，与之一同被斩首的还有其岳父留异一家。留异全家老小除了三子因娶了公主得以活命，其他全被杀得精光，片甲不留。

最后，再说说周迪的结局。天嘉五年，周迪带领部队杀出山林，随后攻打东兴，收降镇守东兴的宣城太守钱肃，打败吴州刺史陈洋，杀虔化（今宁都）侯陈沙、陈留（今安徽广德）太守张遂，兵威大振。陈文帝见状，派出程灵洗都督大军镇压周迪。一场大战后，周迪被迫与十几人重新回到山上打游击。天嘉六年（公元566年）七月，长期的游击战让周迪等人的日子过得越发艰苦。他派人下山置办一些物品，结果此人因突发脚病只得在老乡家中歇息，随后遭人告发。当时的临川太守骆牙擒获了他，并押着他为官军带路，入山搜捕周迪。官军诱使周迪出来打猎，并在路上埋伏着大队人马。趁着周迪不注意，官军将其斩杀，传首京都朱雀观示众三天。

悬首朱雀观的要么是徐嗣徽那样的汉奸，要么是杜龛那样的败类，周迪也落此相同下场，不免让人唏嘘。如果说，在登基初期那种恶劣的环境下，侯瑱在西边为陈文帝挡住了王琳的进攻，那么在南面扛着熊昙朗的便是周迪！若没有周迪，在与王琳的决战中，情况或许会很糟。可惜就是这么一个对陈朝建国有功的人，最后竟然在《陈书》中与熊昙朗、留异、陈宝应三人被划归到一起。周迪泉下有知，是该哭，还是该笑呢？

朝廷也许会忘记这个人,但老百姓却不会忘记。百姓心中有一杆秤,谁对他们好、谁对他们不好,他们都会记得。老百姓记住了陈霸先、周文育,同样也记住了周迪。周迪死后,南城百姓为了纪念这位将军,在当地建起"周王庙"进行祭祀,"临川人皆德之,后至建庙"。

消灭了周迪等人,各地的山头势力也随之消逝,各地长官再也不敢蔑视中央权威。陈文帝感觉自己的威望正在不断攀升,国家也在自己兢兢业业的治理下恢复了元气,一切都是那么美好。当然,总还是会有一两个不和谐的音符。

鸟尽弓藏

侯安都，陈朝开国元勋外加两朝元老。如果没有他当初利剑胁迫章皇后，陈蒨很难登基；如果没有他长江溺死先太子，陈蒨的皇位怕也坐不稳；如果没有他南下强灭留异等辈，陈蒨的江山势必消停不下来。

不过，自古美人如名将，不许人间见白头。功高震主就是原罪，迟早要引起皇帝的忌恨。侯安都的存在每每都让陈蒨感到芒刺在背。倘若，侯安都是个低调之人，或许这样压迫感不会来得这么强烈，可偏偏他还是个牛气哄哄的主儿。平心而论，对于封赏，陈蒨从来没有吝啬过，可侯安都实在到了封无可封的地步。凡是能给予的荣誉他都有了，陈蒨不得不开始将封赏转嫁到侯安都的家人身上。可侯安都不知存恤，摆出来的则是一副贪得无厌的姿态。他崇尚奢华，排场很大，每次聚餐、游猎、诗会，所到宾客就有数千人。知道的是侯安都排场大，不知道的还以为是在密谋作乱呢！而侯安都手下的兵痞更是仗势欺人，作恶多端，可仰仗着家主的威势，地方官员奈何不得，也只能敢怒不敢言。

这些事陈蒨都知道，但侯安都毕竟是前朝重臣，对自己又有大恩，不到万不得已他还真心不想杀他。可接下来的一件事，让侯安都受尽晦气。

天嘉某年的某个深夜，侯大将军和陈文帝正端坐桌边。侯安都兴致不错，一下子喝高了，拍陈蒨肩头道："皇上啊，你比起当初做临川王的时候，如何？"陈蒨觉得这家伙真是扫兴，傻子都知道当皇帝爽啊，就没搭话。侯安都不知趣，又问了一遍。陈蒨心里郁闷了：你老小子故意的吧，都不想说了，还逼我说？侯安都见陈蒨无言，又喋喋不休地连声道："说说呗！说说呗！不碍的。"陈蒨烦闷至极点，万般无奈下，勉强道："此虽天命，也赖明公之力！"侯安都听完哈哈大笑：看来这个皇帝还没忘了自己的功劳啊，很好，很好。

侯安都自我感觉良好，陈蒨心里却怒火中烧。作为皇帝，自己的皇位居然要靠一个臣子出力，这是相当丢脸的事。而如今，还要在这位臣子的胁迫下说一些违心的话，这实在是欺人太甚。不过，侯安都身处险境却还浑然不知，每每上表给陈蒨的奏章都写得非常儿戏，不是字迹潦草，也非文不对题，而是一段话后面经常拖个大尾巴，很明显是想到什么又补上去的，而信封也因多次开启而显得褶皱不堪。作为一个老师，若看到学生递交上来的作业本如此杂乱无章，那是什么心情？更何况，这是臣子给皇帝上的奏章啊！他写得随心所欲，可见毫无诚意和敬重。当然，侯安都的意思不过是，咱们是过命的交情，就别计较这么多了。可陈蒨未必这么想。

不久，侯安都主动作死，竟然提出要借用陈蒨的御座、御堂来宴请宾客。陈蒨没有驳回，应承下来。那日，侯安都在皇帝的御座上大大咧咧地坐下，推杯换盏，左拥右抱，堂下则是一群恭维的大臣。见状，侯安都倍感心旷神怡。不过，凡事都是有代价的，他这次的代价尤为高昂。

面对侯安都的嚣张跋扈，陈蒨心中的积怨一触即发。侯安都却继续装傻：皇帝是我推举的，没我就没他陈蒨的今天！拥有至高无上的特权，原是我当之无愧的。决心已定的陈蒨准备"磨刀霍霍向侯郎"了。公元563年5月，陈文帝下旨调任侯安都为江州刺史。当侯安都入宫谢恩之际，陈蒨派人在宴席上将毫无准备的他抓获，第二天便以"谋反"的罪名将其赐死。此前，陈文帝已派人瓦解了侯安都的势力，所以侯氏虽死，余党却没有能力反扑了。不过，对于侯安都的家人，陈蒨还是网开一面，宽大处理。

侯安都和周迪一样，下场惨淡也是性格使然。话又说回来，如果在陈武朝，他们两人会落得如此下场么？陈蒨诚然是个好皇帝，但他也绝非道德高尚之完人，亦有人性缺憾，容人之量比起他叔父来差了不止几个段位。

如果把陈蒨放置梁末面对危局，显然无法打出陈霸先那样的业绩。但如果把陈霸先放到陈蒨的时代，也搞不出陈蒨那样的经济效益。所以，国家的强盛不在于代代有雄主，而在于每个时期的君主是否能做出一些贴合本时期的义举。在一个财政枯竭的时代，若不巧赶上一位穷兵黩武的君主，国家是难以支撑下去的。

侯安都一死，当初追随陈霸先北上的那批老臣也所剩无几了。萧摩诃应该算那颗仅存的硕果。怎奈，萧摩诃只能作为一名猛将，登不上政治舞台，所以陈蒨也没在意他。与此同时的北周，也发生了一场命案。至此，西魏"开国八柱国"彻底归于历史。

此时，北周的在位君主是宇文邕，时年十八岁。对此，权臣宇文护很惊恐，因为这娃从小就被人夸。宇文泰赞其为："成吾志者，此儿也。"宇文毓亦云："夫人不言，言必有中。"意思是，我弟要么不说话，要说就是心灵鸡汤。所以，宇文护对此深表忧虑，但之后的事情则让他大跌眼镜。

宇文邕登基之后，便迷上了下象棋，成天和柱国常山公家奴王褒和喜欢嚼甘蔗的庾信混在一起。漫长的对弈岁月里，三人著成一本专门讲解棋术的书——《象经》。军国大事自然而然还是由宇文护打理，十二支府兵调动全要有宇文护的手令，就是见太后，宇文邕都主动让座给宇文护。时间久了，宇文护不由琢磨：难道这小子真和孔文举一般：小时了了，大未必佳？

不过，"开国八柱国"中唯一剩下的那位侯莫陈崇则对宇文护越发不满。一次，他陪宇文邕视察原州，后者却匆匆返回长安。侯莫陈崇便笃定"晋国公（宇文护）死了"。消息一经传出，便引起轩然大波，传到宇文护耳朵里那真是了不得了：老子活得好好的，谁说我死了！而宇文邕更是第一时间当众责骂了侯莫陈崇一番。此事当然不会得过且过，得罪了宇文护，还想活吗？当天夜里，宇文护借皇帝之名抓捕了侯莫陈崇，逼令其自尽。"开国八柱国"里唯一的一位死得如此悄无声息，宇文邕竟毫不怜惜地放弃了他。至此，大家终于相信，这个宇文邕和那个"张常侍是我爸，赵常侍是我妈"的汉灵帝毫无差别了。当然，宇文护也相信了。

而东边的北齐也在高湛的统治下日益腐朽。高湛刚刚继位，便以李祖娥亲子的性命相挟逼奸了寡嫂，还让李祖娥怀了孕。此外，高湛还宠幸一个会弹琵琶的和士开。和士开来自西域，是胡商的后代，除了善琵琶，还充当了高湛的棋友兼赌友。当时，北齐国内流行一股学说鲜卑话、学弹琵琶的潮流，借此优势，和士开走上了台前。

单有一技之长最多只能混上个部长，比如伶官一类。可马屁要是拍得好，就两说了。讨得皇帝开心，便可以"扶摇直上九万里，睥睨人间三百年"。和士开是拍马屁的专业人士,曾对尚是长广王的高湛说:"殿下非天人也,是天帝也。"高湛也回了他一句:"卿非世人也,是世神也。"一句看似玩笑的话让当时还没当上皇帝的高湛乐开了花。和士开还特喜欢收养义子义女。所幸,干儿子们都挺有孝心。一次和士开生病,一干儿子特地尝了尝他的粪清。而和士开母亲死的时候,孝子贤孙哭丧得更是一塌糊涂,那真是别开生面。可和士开的高调行径却引起了皇帝高洋的厌恶:一个腌臜下人,居然还认领了这么多干儿子,留着迟早带坏老九。于是,高洋立刻做出决定,将和士开逐出京城,送去外地劳改。

没多久,酒疯子高洋死了,随后北齐的皇帝走马灯似的从高殷变成高演,又变成高湛。于是乎,和士开的春天又来了。

对于高湛来说,群臣不重要,皇后不重要,嫔妃也不重要,唯有和士开是块宝。彼此之间甚至到了寸步不离的地步。更令人诧异的是,娄昭君死的时候高湛一滴眼泪都没掉,可和士开之母死后,高湛却悲痛不已,还特地派人去看和士开,生怕其悲痛过度伤了身体,并拉着他的手安慰道:"你妈就是我妈,不要伤心啦,你伤心我也不开心啊!"要是娄昭君泉下有知,听了这话还不气得活过来!

独乐乐不如众乐乐。有时,高湛和和士开娱乐,还会喊上老婆胡皇后。结果一来二去,和士开和胡皇后也玩熟,勾搭成奸,也就有了之前提到的"高孝瑜之死"。不过,和士开也还是比较关心高湛的。高湛有哮喘,不能过度饮酒,但又不听劝。结果,和士开泪眼迷离地出现在高湛的饮酒现场。高湛动容了,居然还戒了一段时间的酒。和士开劝导高湛最出名的一句便是:"自古帝王,尽为灰土,尧舜、桀纣,有何不同!陛下宜及少壮,极意为乐,纵横行之,一日取快,可敌千年。"翻译成现代汉语就是,"今宵有酒今宵醉,明日愁来明日忧。"何等至情至性的一枚妙人啊!

华皎反陈

现在，再次把目光转回到本书主场——陈朝。

都说高湛是双性恋，同样，作为南朝有为的君主陈文帝，也有一段众说纷纭的绯闻，而桃色事件的主角便是跻身中国古代十大美男子之列的韩子高。

韩子高，原名韩蛮子，会稽山阴（今浙江绍兴）人，家本微贱。侯景之乱中，身处京都的他顽强地活了下来。史载他"容貌美丽，状似妇人"。十六岁那年，韩子高遇到了他生命中的贵人——陈蒨。

乱军之中的陈蒨一眼就相中了这位美少年。从此，韩蛮子改名韩子高，随陈蒨鞍前马后。每当陈蒨有需要，韩子高总能尽快帮他解决。韩子高聪颖灵巧，学起骑射来也进步神速。到陈蒨打完杜龛时，他已能独立领导一支部队了。一次，陈蒨梦见自己身处险境，幸得韩子高相助才脱离险情。正可谓，日有所思夜有所梦，足见陈蒨对韩子高的依赖已不是一星半点。

后来，在与张彪激战的过程中，陈蒨与周文育分别驻军两地。结果，张彪夜袭州城，陈蒨突围了，但人心纷扰，周文育也杳无消息。陈蒨看到一旁的韩子高，便令其去寻访周文育的下落。韩子高果然不辱使命，探得周军驻扎之处归来。陈蒨便收拾残军，一同去了周文育营帐休整。讨平了张彪，陈蒨将张彪的余部均划归给韩子高统领。

陈蒨登基后，王琳东来，韩子高奉命守备京师。等到平定王琳后，韩子高又因功得到提升。等到随侯安都奉命征讨留异的时候，韩子高已可以和吴明彻、程灵洗这样的老资格并驾齐驱了。史载："时子高兵甲精锐，别御一营。"章昭达征讨晋安之时，韩子高更是"诸将中人马最为强盛"。韩氏崛起速度之快，让一些陈武时代的老臣也望其项背。随着侯安都败亡，韩子高在陈文帝执政晚期，成了陈朝军界第一人。

当然，人固有一死，陈蒨也不例外。公元566年，陈蒨改元"天康"，意图期盼自己的病体能有所好转。可是人算不如天算，病体并未因年号的更改而有变。当年4月，陈蒨行将不治。弥留之际，陈文帝也开始考虑继任人选。他有十三个儿子，沈皇后所出嫡子只有陈伯宗和陈伯茂。即使是老大陈伯宗，尚只有十三岁，和北齐的高殷、北周的宇文觉年龄相仿。幼主登基，若有人野心勃勃，皇位极有可能被篡夺。那么，当时是否有亲王对陈伯宗的帝位有所威胁呢？子侄辈貌似没有，但陈蒨还有个亲弟弟陈顼。此时，陈顼在荡平留异、周迪、陈宝应的叛乱中也积累了不俗的声望，辅政几年间也把国家治理得井井有条。所以，陈蒨对这个弟弟，决心做最后的试探。

病榻前，陈蒨对弟弟说道："今三方鼎峙，四海事重，宜须长君。我要把帝位传给你。"这话颇值得玩味。陈顼想不想当皇帝？肯定想。但与当皇帝相比，活下来才是头等要务。老道的陈顼一听便知个中端倪，连忙跪下叩头："不不不，太子好，太子好！我誓死效忠太子。"

见陈顼如此，陈蒨亦放心不少。但为安全起见，他又喊来尚书仆射到仲举、五兵尚书孔奂、中书舍人刘师知等亲信重臣，佯告其要传位于陈顼。三人连忙哭道："安成王若有篡逆之心，老臣们绝不答应！"有臣子愿意保驾护航，陈蒨悬着的心总算尘埃落定。不久，陈蒨便撒手西归，享年四十五岁，死后被追谥为文帝，庙号"世祖"。

陈蒨即位的初期，整个国际形势相当复杂。鲜卑主义为首的北齐和北周纷纷扶持西梁政权和王琳的伪政权。对于南陈，他们采取政治上不承认、经济上封锁、外交上孤立、军事上威胁的举措，企图将新兴的陈王朝扼杀在摇篮中。反观南陈国内，经过三年多的侯景之乱，又经历了三年多的江陵政权，以及六年多的两王之乱，经济基础被破坏殆尽，甚至有老百姓过得比侯景之乱前更加困苦。彼时，虽然有极大的贫富差距，但至少吃得上一口饭，陈霸先虽然推翻了三座大山，却在建国初期让百姓一直饿着肚子。人们经常困惑：为什么现在自己不再逃避战火了，反倒吃不上饭？陈蒨的横空出世为江南百姓解决了这个难题。

陈文帝在位八年，是江南经济复兴的伟大八年。他采取了一系列举措，使得南朝彻底医治好了战争创伤，国力迅速回升。后来陈宣帝时期的三次太建北伐，与陈文帝时期打下的坚实经济基础是分不开的。陈文帝完全对得起《陈书》中对他的评价——南朝少有的有为之君。

陈蒨在位期间，北齐扶持的王琳被打垮，北周的军事入侵被击退，两个鲜卑帝国不得不承认陈朝，纷纷派遣了使臣。而北齐的君主一代不如一代，国力正在消退，北周的宇文护第一次溃败后也暂时放弃了南侵。在与豺狼的周旋中，陈蒨稳住了局面。胡马窥江的时代一去不返，陈朝顽强地挺住了。

陈伯宗登基了，史称"陈废帝"，在位也只有一年多，姑且算个过渡期吧。不过，在这个过渡期，南陈可没消停，朝堂内外都经历了一番腥风血雨。先说朝内，基本分为两派势力：以尚书仆射到仲举、五兵尚书孔奂、中书舍人刘师知，以及美男子韩子高为首的"四人党"，和以安成王陈顼为首的亲王团。两派斗争从暗处升至明面，"四人党"那边率先使出杀手锏——刘师知假传诏书，派人劝说陈顼："现在四方太平，大王可以回到东府，治理州中事务。"陈顼一听，觉得这建议不错，正准备启程，却被手下给拦住了。手下毛喜道："大王，这可能不是太后的意思。此时，你一旦去了外边可要出事。"陈顼不解："能有什么事？"毛喜解释道："这就好比高平陵的曹爽，一出去京城立马变天了。曹爽出去至少还有个皇帝，王爷要是一走，还能落下什么啊？"陈顼听完立马吸了一口凉气，统领禁军的吴明彻也阐述了相同的意见。对于吴明彻这次选择站在陈顼这边，并不难理解，作为一个资历比韩子高老多了的将领，看着小辈顺风顺水，自然不爽，倒向陈顼可能是嫉妒占了一部分原因吧。

随即，陈顼派人去考证。先是去了沈太后那边，结果得到的消息是：此为刘师知的意思，哀家并不知情。再去问陈伯宗，也是同样的说法。这下，陈顼心里可火大了：假传圣旨，刘师知你有几颗脑袋？他令人囚禁了刘师知，后进宫面见皇帝、太后，极力列举刘师知的诸多罪状，并要求处死他。迫于压力，陈伯宗只得下诏。当夜，刘师知就被赐自尽。

说到这儿，笔者也不禁佩服刘师知的智商维度。他不先和太后、皇帝通好气，就擅自做主。若非读书读傻了，就是压根儿没把太后、皇帝放在眼里，说不定搞定了陈顼，他还想做权臣呢！所以，刘师知的落败属于咎由自取。即使这次蒙混过关，以他这种水平，在险恶的政治斗争中必定还要栽跟头。

解决了刘师知，陈顼对剩下的三人分别进行了安抚，给他们制造一个错觉：

我只搞刘师知,他那是找死,和你们没半点关系。之所以这么做,是因为陈顼考虑到韩子高手握重兵,做事必须谨慎。果然,韩子高还是太过单纯,真以为陈顼会放过他们,索性放松了警惕。不久,陈顼以开会为名,将韩子高和到仲举两人召到尚书省,当场抓捕,并立即下狱赐死。死时,韩子高年仅三十岁。至此,京城内的"四人党"集团彻底被扫平。韩子高虽然死了,但关于他的传奇却没有结束。陈文帝和韩子高到底有没有断袖之恋呢?窃以为,莫须有。历史的魅力就在于能够给后世极大的想象空间。而这并不是我们今天讨论的重点。

正可谓"兔死狐悲,物伤其类"。韩子高的死让一个人惊恐不已,此人叫华皎。他在历史上名气不大,在陈朝的名气亦不大,可他却引发了一场涉及南陈、北周、西梁三国的战争,西梁差点为此亡国!因此,此人的传奇又一点都不容忽视。

华皎,晋陵人,世代都是小吏。侯景之乱时,投靠了狗头军师王伟。当时,陈蒨被侯景捉住了。阅人无数的华皎一看此君,知其日后必成大器,遂在狱中待他格外的好。陈蒨得势后,自然没忘记华皎,先是让他管理后勤,之后官位节节攀升。最后,陈文帝还派他去做了湘州刺史。湘州刺史的重要性此前强调过,坐上那个位置等同坐拥陈朝的半壁江山。所以,对于此官职的人事任免,那可是慎之又慎。"所守或匪亲,化为狼与豺",最早是侯瑱,随后是徐度。两人无论是资历还是战功皆非华皎所能及,可陈文帝仍毅然决然让华皎担任,足见其对华皎的感情之深重。

而此时的华皎算是到了生死存亡的当口。京城里,陈文帝时期的心腹大臣被陈顼杀了个干干净净,自己指不定哪天就又被他以"开会"之名诓骗进京挨宰了。思量再三,他决心造反。他之所以敢造反,也是考虑了自身的实力。当时,驻防湘州的部队是侯瑱留下来的精锐部队,在讨伐留异、周迪、陈宝应的叛乱中,其他各个将领的部队或多或少都参与其中,唯独湘州部队没有参与行动。而陈文帝离世的前几年,北周屯兵的四川等地也时常暴动,所以文帝加强了湘州部队的实力,以此确保能伺机收复蜀地。

确定方针后,华皎开始全面备战,派人去联合北周、西梁。为了麻痹陈顼,他也写了一封奏折,表示自己愿意去广州这个偏远的地方任职。不过,陈顼可不是好忽悠的主儿,华皎手下的任忠早就被其收买,华皎的一举一动陈顼皆了若指掌。他先是同意了华皎的请求，却迟迟不下发诏书，尽力拖延。随即，他秘密调兵遣将，组建了西征大军。公元567年6月，陈顼先发制人，命大将吴明彻为新任湘州刺史，率水军三万，溯江西进；大将淳于量率水军五万紧随其后；又派司空徐度率军从陆路攻打湘州。

这下子，华皎慌了，求援文书雪花般地送往北周和西梁。北周群臣都表示此时不宜出兵：一来，自从上次贺若敦撤军后，双方就签订了互不侵犯条约，北周也承认陈朝是一个主权国家，武装干涉他国内政名声不好；二来，北周在和北齐之前的两次大战中损失不小，士气低迷，此时出兵实乃下策。

可是，作为北周说一不二的权臣宇文护却急于扳回在与北齐的交战中接连失掉的面子，遂对这次华皎的求援一口应承下来。他令宇文邕胞弟宇文泰第六子卫国公宇文直为主帅大将军，权景宣、元定等人协同率军火速南下，支援华皎。西梁方面，大汉奸萧詧已经作古，其子萧岿继位，派出王操带兵两万支援华皎。加上华皎自身拥有的湘州七郡的所有兵马，此次大战，交战双方的兵力再次达到二十万以上。

宇文直兵分两路，先是命元定率领步兵包围郢州，他自己则先汇合了王操的西梁军，并协同王操、权景宣等人走水路，从巴陵顺流而下，赶赴湘州。终于，北周、西梁、华皎的三家联军在沌口与吴明彻统帅的陈军遭遇，一场大战一触即发。

当年10月，吴明彻与联军在白螺湾进行了水战，双方相持不下。随后，吴明彻期盼解决僵局，命令徐度等人从山路西进突袭湘州。结果徐度一战攻下了长沙，并将华皎的一家老小全部活捉。消息传到军中，华皎相当火大。人一火大，做事就易冲动。华皎登时就下令所有部队在沌口与吴明彻的陈军进行决战。吴明彻并不能算是一位良将，早在此役前，其作战纪录就令人相当不满意。平定王僧辩余党的战斗中，他就以败绩被列入史册；周文育平定萧勃和消灭萧勃余党的战役中又能看到他失败的影子；侯安都、周文育讨伐王琳，他只身一人逃回；王琳与侯瑱大决战，他又输掉了一个前哨战。总而言之，吴明彻实在不是一个能够稳操胜券的将领。不过，话说回来，此时陈军中能拿得出手的人的确不多，而吴明彻又是陈顼的铁杆支持者，不用他，又用谁呢？

这场战役的胜败关系到陈朝的国运，一旦失败，陈朝丢掉的可是半壁江山。

而吴明彻这次真可以说是超常发挥，一改往日的衰气。他先派大批小舰船去骚扰敌军，其作用相当于"神风敢死队"和"自杀式潜水艇"，以娇小的身姿承受着无情的炮火。联军的拍竿大发神威，弹弹中靶，陈军的小舰船纷纷被击沉。看着跳船逃命，在水中漫无目的挣扎的陈军士兵，宇文直很是得意，站在船头纵情高歌。不过，他的高兴并没有持续多久，很快他就发觉自己的弹药（石头）已经消耗殆尽。而这时候，陈军的主力大舰已经纷纷逼近，也用拍竿对联军舰队发起大规模攻击。由于联军这边已经没有弹药了，船上的拍竿俨然成了摆设，只能默默忍受陈军的反击。很快，一艘艘联军舰船被击出了一个个口子，或沉没，或搁浅。

宇文直再次自作聪明地用起火攻。他不知道，之前王琳就是玩火自焚的，而自己也将重蹈王琳的覆辙。他将小船绑满干柴，点燃后使之顺风飘向陈军。可到了半道儿，风向大变，火船倒回来烧着了自己的舰队。于是，联军大乱，吴明彻则趁势掩杀。

这一战，联军几乎全军覆没。除了华皎与宇文直单舸逃出，过巴陵也不敢登岸，最后逃入江陵。参与起事的湘巴两州各郡县长官曹庆等四十余人被俘，除事先密告有功的任忠等四人外，全部被杀。陈军俘虏万余人、马四千余匹，大获全胜。剩下还在围攻郢州的元定所部，吴明彻也丝毫不客气，急忙派兵前去捉拿。元定走投无路，只能束手就擒。吴明彻搂草打兔子，派郢州刺史程灵洗率军攻克北周的沔州（今湖北汉川），自己则率军夺取了西梁的河东郡。然而，吴明彻并未因此满足，对于西梁这个傀儡王国胆敢武装干涉他国内政，吴明彻表示出极大的不满。光大二年（公元568年）三月，吴明彻以西梁政权接纳陈朝叛乱分子华皎为由头，乘胜进攻西梁江陵，掘堤引水灌城，意图彻底扫除这个傀儡政权。萧岿吓得逃出国都，暂时驻军纪南（今湖北江陵北）。好在此时，北周又派遣田弘率领北周军日夜苦战，萧岿的马军主马武、吉彻等人也是奋力拼杀，才最终击退了陈军。吴明彻退守公安，萧岿得以回江陵。西梁这个傀儡政权侥幸得以苟延残喘下去。

值得一提的是，这位萧岿的年号也是"天保"，同北齐高洋的年号一样。可能是北周无法击败高洋，只得让自己的"干儿子"西梁国君也用了这个年号，权当一种自欺欺人的心理安慰。不过，华皎对于萧岿肯收留自己，心中十分感激。

事后,还为萧岿从北周手中要了些土地。那是天保十年(公元572年),华皎前往朝见北周。到襄阳时,他向宇文直请求道:"梁主已失江南诸郡,民少国贫。复兴衰亡败灭的朝廷,理应给予财物援助,难道使齐桓公、楚庄王独占救助卫国、复兴陈国的美名吗?希望借给数州,用来帮助梁国。"宇文直认为此言有理,就派使者把情况上报武帝宇文邕。宇文邕允准,诏令把基、平、都三州划归萧岿。

陈朝这边大败华皎,平定湘州。陈顼在夺位的道路上已经不存在什么重大威胁了,一切都将按照计划进行。而这次的湘州大战更增强了湘州在陈顼眼中的地位,他清醒地意识到加强对湘州控制力的重要性。陈顼称帝后,首先即以其子陈叔坚改封"长沙王";公元572年(太建四年),又以其子陈叔陵为湘州刺史。从此,湘州刺史一职"匪亲勿居",一直由陈氏子弟担任,直至陈朝灭亡。

陈顼准备做皇帝了。放眼朝廷内外,已没有能够威胁他的人了,唯一惹其生气的陈伯茂也被他羁押起来。陈伯茂,与废帝陈伯宗一母同胞。由于陈蒨当初登基是以陈霸先继子的身份执行的,所以陈蒨奉陈霸先为父。而他亲爹陈道谭那一支还得有人继承,陈蒨索性就安排自己的二儿子陈伯茂继承了陈道谭的爵位。

史书记载,"伯茂性聪敏,好学,谦恭下士",是严格意义上的三好学生。当时,一些军痞私自挖掘了晋朝郗昙的墓,且获得了王右军、王羲之的一些书法真迹。事发后,赃物都被上缴到官府。陈文帝知道自己这个二儿子非常喜欢这些东西,于是将大部分赏赐给了陈伯茂。此后,陈伯茂用心临摹王羲之的草书、隶书,长进很快,甚至能够达到以假乱真的地步。

天康元年(公元556年)4月,陈伯茂的兄长废帝陈伯宗登基。陈伯茂被加封为镇东将军、开府仪同三司,留在京都。当时,刘师知想用矫诏诓陈顼离京,此事陈伯茂也是知道的,并且表示支持。后来,刘师知密谋失败被诛杀,陈顼怕陈伯茂煽动朝廷,便将其囚禁起来,只准他与陈伯宗接触。陈伯茂看到陈顼操纵朝堂,大权独揽,心中不爽,常私底下咒骂陈顼。陈顼倒也不慌,心里寻思:臭小子,你也就只能卖弄卖弄嘴皮子了。尔后,陈顼在清除韩子高等人时,发觉陈伯茂这小子又掺和进去,心里很是厌恶。

光大二年（公元568年）11月，陈顼终于按捺不住心中早已躁动的情绪，以皇太后沈妙容的名义废黜陈伯宗，改为"临海王"，而陈伯茂也顺带被贬为"温麻侯"。随后，陈顼在安排陈伯茂去会馆居住的路上埋伏杀手，趁机伏杀了陈伯茂。陈伯茂死时年仅十八岁。

太建元年（公元569年）正月，陈顼自立为帝，是为陈宣帝。同年四月，陈伯宗不明不白地死去，年仅十九岁，史称"陈废帝"。关于陈废帝究竟是如何死的，史书中没有提到。有人认为是陈顼杀了他，因为陈顼已然杀了陈伯茂，很有可能斩草除根。不过，也有人认为他是因病去世的。真相究竟如何，对于历史来说业已不重要了，没有人会再去关心一个已经退出历史舞台的废帝的死活。

可陈顼不会料到，仇恨是会延续到下一代的。陈顼死后，陈叔宝继位之前，陈朝的宫殿再次上演了凶险一幕，参与其中的便有陈蒨的儿子——陈伯固。

就在陈顼坐稳江南龙庭之后，北方政局又经历了一次大动荡。在位多年的北齐皇帝高湛告别了人世，十四岁的高纬成为名正言顺的新皇帝；北周那边，号称"屠龙之刃"的宇文护也被宇文邕用玉珽击杀。宇文邕掌权了，他庄严地向北周臣民宣告：一个伟大的时代即将到来！这个时代将一扫五胡乱华以来动荡和黑暗的分裂局面，将开创一个延绵数百年的盛世之象。而他，宇文邕，则是打开通往盛世大门的第一人！

历史发展到此时，已经进入最后的角逐阶段。面对北方政坛的重新洗牌，刚刚登上陈朝国君位置的陈顼能够实现自己的宏图伟业吗？他心中那个富国强兵，带领陈朝走向强国之路的伟大梦想，又将在他执政时期得到怎样的规划和实施？太建年间的三次北伐究竟在历史上留下多大的反响？带着这些疑惑，让我们走入陈后主时代来临前的最后辉煌。

第五章

太建北伐 虎头蛇尾的『中原梦』

陈顼登基了，改元"太建"。因为谐音，这个年号总给人一种想笑出声来的感觉。但陈朝最为辉煌的时刻，既不是两却齐师的陈霸先时代，也不是经济迅速恢复的陈蒨时代，正是这个太建年间。陈宣帝在位期间，三次北伐彻底改变了江南积极防御的态势，让强邻北齐大伤脑筋，并一度夺回了江北淮南的故土。

如果说偌大一个北齐王朝，还能在杨愔死后看到一丁点汉人的力量，那必然是祖珽带来的。不会有人想到，一个黑暗的王朝却需要依靠一个盲人拨开迷雾。可悲的是，个人的力量却不足以撼动整个王朝。北齐由此失去了最后一次翻盘的机会，大局已定，东西合璧已然呼之欲出。

北伐前夕

陈顼登基的第一年，北周方面就送来了一份大礼。

太建元年（公元569年），北周派遣使臣杜杲出使陈国，请求恢复邦交关系。陈蒨时代，北周先后两次出兵干预陈朝内政，以致两国关系搞得很僵。相反，陈蒨却力促陈、齐两国关系正常化，让意图一统北方的北周惴惴不安。

陈顼登基后，北周方面考虑到他曾在北周做过质子，彼此有一定的了解，便希望陈朝在陈顼领导下，能坚持联周抗齐。陈顼刚上台，也不想继续和北周为敌，也就答应下来。至此，周、陈两国正式建交。

不过，此时的北齐压根儿就没把周、陈结盟当回事。胡汉之间的争斗在王朝末期又进行了一次大爆发。

斛律光，此人可以说见证了北齐王朝由盛转衰的每一步。十七岁那年，他曾经在东西魏大战中生擒了宇文泰的长史莫者晖，自此名扬天下。如果说独孤家族是北周最为显赫的外戚家族，那斛律家族必然是北齐最为显赫的外戚家族。纵观斛律家族，一门竟有一皇后、两太子妃、三公主，尊宠之盛，当时莫比。作为过来人的斛律金曾忧心忡忡地说过："老夫书读得不多，却也知道外戚如梁冀等人的下场，能骄横到几时？女人受宠，便会引得妒忌；女人不受宠，便会引得嫌弃。我家之所以显贵是依靠功勋换来的，怎么可以依靠女人的力量呢？"

斛律光显然从来不以外戚的身份为炫耀资本，他炫耀的完全是他的军功。但话说回来，同样是炫耀，换个物件又有什么不同？斛律光曾经一次次让高纬觉得不爽。宜阳之战后，他率领军队回师，朝廷一纸诏书，要求军队就地解散。斛律光觉得不妥，将士们还没领赏呢，怎么能就地解散？于是，他一边写信给高纬要求发奖金，一边带着农民工将士去京城领薪水。高纬一看慌了：这莫不是要武力讨薪？急忙让人拿着财物去犒赏三军。可这使者特喜欢磨蹭，直到斛律光的部队到达城外五里，才出城。

经过这次事件，高纬觉得斛律光那高大的形象简直可以用"恐怖"形容。如果刘病已在和霍光拜谒祖庙时，可形容为"芒刺在背"，那高纬对于斛律光的感觉，就是"心如刀绞"。他无法忘记斛律光平定高俨叛乱之时的冲天豪气。他甚至在斛律皇后生下一女之际，谎称诞下的是龙子来取悦自己的老丈人。一个人对于另一个人有多少怕，就有多少恨，皇帝也不例外。

皇帝对斛律光有杀心，但真正将这股杀心付诸实际行动，还与两人有关——祖珽和韦孝宽。祖珽和斛律光代表了水火不容的两股势力，这两股势力从北齐建国初期就存在。斛律光代表的是塞上鲜卑，祖珽象征的则是汉人豪强，所以他们之间的一战不可避免。由于斛律光的大嘴巴，却把这一天提前了。

一次午休时间，斛律光端坐办公室休息。当时，祖珽眼睛已瞎，外加办公室都有帘子阻隔，根本没注意到斛律光竟然端坐于内，就骑着高头大马大摇大摆路过了。祖珽虽瞎，斛律光却火眼金睛，自然看到了祖珽，于是火大了：我可是堂堂国丈，官拜左丞相的咸阳王，你是个什么东西？一个死瞎子居然不尊重我！

这事儿斛律光还真有些无理取闹的成分：人家眼睛都瞎了，怎么知道你在旁边，就这么芝麻绿豆的也算个事？此后，但凡祖珽高谈阔论的时候，斛律光总要说些扫兴的话："多事乞索之人又在搞什么阴谋诡计。"不仅如此，他还特别看不起祖珽任用汉人。他曾私下对手下的人说："想当初还是赵彦深当政的时候，军国大事还征求我们军方的意见。祖珽这瞎子当宫相以来，从来不看我们塞上人的眼色，这种人迟早会误国误君！"

在这方面，斛律光明显是屁股决定大脑。作为鲜卑利益的体现者，他自然对汉人豪强的代表人物一万个不满意，可是汉人当政就一定误国？孝文帝汉化改革后，北魏的国力可是呈现几何倍数增长。说句毫不客气的话，北齐极盛时期的国力都达不到孝文帝时期一半的水准。而其死敌北周的强势崛起也是依靠了汉化，没有汉化，北周的前途只能是枯死一条路。斛律光总不愿意正视汉化的进步，一味掩耳盗铃，自欺欺人。

"盲人用权，国必破矣。"这是斛律光经常诅咒祖珽的话。祖珽眼虽盲，可心不瞎，斛律光的一举一动他都洞若观火：我忍了一次两次，难道还要忍你千次百次？但斛律家族盘根错节，一个盲人真能扳倒偌大一个家族？当然能！因为他不是别人，他是祖珽！他一辈子都是和别人斗过来的，那个能让他胆寒的人怕还没出生呢！

前阵子，笔者在网上看过这么一则笑话，是关于司马光和王安石的。王安石被罢免后，司马光笑道："介甫，和我斗，你还是嫩了点啊！"王安石却不屑一顾："不就是砸了一个水缸么？有什么拽的？换我也会，我唯独缺少那么一个机会。"这时，司马光却两眼放光，狡黠地说道："老弟，机会是要靠自己创造的！你只知道是我砸的水缸，可你知道那个孩子是怎么掉进去的么？"同理，斛律家族虽然势大，可针对他们的人也不少，关键在于你能否利用好这个机会。祖珽用自己的实际行动证明，他确实是一个善于造势的人。

"百升飞上天，明月照长安。高山不推自崩，槲木不扶自举。"邺城不久开始流传起这则童谣。谁干的？除了当事人，只有祖珽知道：百升即一斛，高山即高氏；明月自然就是指代斛律光啊！童谣字里行间都透露着这么一个信息：斛律光将要一飞冲天，取代高家，君临长安，一统北方。

说斛律光造反简直可笑，能想出这个点子的，也只能是西边那个一直吃斛律光亏的韦孝宽了。这个反间计实在拙劣，都是他祖珽玩剩下的。祖珽也知道，斛律光不会反；但他更知道，此时，斛律光"必须反"！他必须要让高纬知道这首童谣，而且明白童谣的意思。当然，此童谣呈报给高纬的时候，他在后面又添了两句："高山崩，才解树举。盲老翁背上下大斧，多事老母不得语。""盲老翁"是祖珽，"多事老母"是陆令萱；"下大斧"，"不得语"，一看就是要把人往死里整啊！陆令萱此时岂能坐得住？斛律光和陆令萱的矛盾由来已久，后者之子穆提婆想当斛律光女婿，被斛律光一口回绝；而高纬赐给穆提婆的晋阳田产也因斛律光的阻挠不了了之，所以陆令萱一直暗恨斛律光。如今，这则童谣一出来，陆令萱更是找到了由头，可以出出心中恶气了。

高纬生性懦弱，处理斛律光这等重大事情自己当然不能做主，遂召集左右商讨。有人说该杀，有人说不该杀。这么一来，原本没主见的高纬更加犹豫了。此时，高纬的心腹何洪珍提醒道："用人不疑疑人不用，你反复怀疑相王会出事的。"

最后给予斛律光奋力一击的人叫封士让。斛律光爱兵如子，很是得人心。但封士让却选择站在斛律光的对立面，原因只有一个——他是汉人。自古道："汉贼不两立,王业不偏安。"

作为一个汉人,永远无法忘记五胡乱华,同样无法忘记国史之狱、河阴之难、高昂之殁、杨愔之死。从北魏到东魏,从东魏到北齐,鲜卑人永远作为统治者奴役着汉人。是做一分钟的巨人,还是做一辈子的懦夫?祖珽提醒封士让:"非我族类其心必异。"试想,斛律光又可曾给予过汉人尊重?

封士让出身河北大族,封隆之的境遇让他明白,在这样一个王朝,汉人生存是何等之艰难!他必须为自己、为家族、为民族,奋力一击!他找到高纬,直言:"皇上,斛律光上次军队开赴邺城的时候,就想造反,只是计划泄露才不得不终止。他府内更是暗藏军械奴仆,必要之时可以随即组建一支部队!而他与弟弟幽州刺史斛律羡、儿子兖州刺史斛律武都来往密切,随时准备造反呢!"

听人这么一挑拨,高纬随即大喊:"难怪啊,我心里果然预感得没错,上次他带着农民兵士讨薪我就觉得这事情没那么简单。现在想来,果然是想造反啊!"随即转向祖珽,问道:"斛律光要造反,朕该怎么办啊?"祖珽轻蔑一笑:"陛下,这里不是幽州,不是兖州,也不是霸府,斛律光手下的兵马离他远着呢!这里是邺城,您才是老大!您只要下旨把他找来,直接捉了,他又能如何?"高纬觉得祖珽的计策不错,便下旨招斛律光入宫。

结果,斛律光被人带到凉风亭,还没等他喘气,后脑便挨了一击。刘桃枝连同几位大力士一起动手,用弓弦绞死了斛律光。随着斛律光的死,整个斛律家族也遭受了灭顶之灾:除了斛律光的幼子斛律钟逃过一劫外,斛律家族的男子悉数被诛杀。

有人认为斛律光的死是祖珽刻意为之,可事实远不是这么简单。乱世之中,人都是被潮流推着走,很多事情都是身不由己。如果祖珽真是个十恶不赦的人,又何必费心提醒邢祖信,直接将不听话的人弄死不是很方便?事实上,斛律光、杨愔、高敖曹等人的死都和胡汉之争有关,他们的死都是两大利益集团相互倾轧的产物,每个人都代表着自己的民族利益。所以,他们之间的矛盾绝非仅仅是个人矛盾。祖珽虽不是君子,但他也不屑整天干些蝇营狗苟的勾当。他所做的一切都是为了自己的民族,为了他心中理想国的蓝图。尽管直到生命的终点,他都未能实现这个梦想。

大梦成空

每个人心中都有梦想，无论顺风还是逆境，无论康庄大道还是坎坷曲折，能不忘初心，坚定不移地走下去的人并不多。但北齐国的盲人宫相祖珽却是这样一个人。

祖珽，出身于河北士族，幼时的他可以用"神童"来形容。文学、诗赋、音乐、绘画、易经、医学、美食，凡是能上得了台面的技艺，没有他不会的。这水平可以直逼梁武帝萧衍了。更重要的是，他还精通多国语言，汉语、鲜卑语、柔然语、突厥语，凡是当时流行的语言，他都能运用自如，是个天生的外交家。

年纪稍长，大家便觉得看走眼了。何故？祖珽一次次做出令人哭笑不得的事情。只有祖珽知道为何要这么做，因为他必须将自己打造成一个斯文败类，如此方能实现心中的抱负：在胡化倾向十足的北齐王朝，进行一次彻彻底底的汉化改革。这事杨愔尝试做过，但他的高风亮节最终害了自己，也害了那些追随他的人。所以，祖珽心下明白，想和恶人斗，首先就要把自己打造成一个恶人，只有这样才能在险恶的环境中生存下来。

祖珽时常把"丈夫一生不负身"这句话挂在嘴边。他本人也身体力行实践着这句话。当时的祖珽家堪比现如今的私家会所，是北齐上流社会寻欢作乐的沙龙据点。当时高欢引以为重的陈元康就是他府上的常客，而祖珽则要求前来的官员必须带着自己的女友，因为饮酒狂欢、聚众赌博后，还有一幕群欢大戏要靠她们呢！参与群欢的女人中甚至不乏公主，可见当时北齐王朝的风气如何污秽不堪。

这些花销大多要靠祖珽自掏腰包。一个官员的薪水能有几何？入不敷出的祖珽想到了贪污。当时，他掌管粮食。要知道，战乱时期粮食可以算作军需品，他却干起倒卖粮食的勾当，结果被人抓了送去高欢那儿。可是，祖珽一会赖，二会诬，三言两语责任全推到同伙头上了。高欢真以为抓错人了，于是把他放走了。出狱后的祖珽更得意了，对朋友说："丞相是大好人啊，就是笨了点，这事还真是我做的。"

既然不能贪污了,那只能偷了。一次,祖珽参加司马世云的宴会,快结束前,发现两个铜盘没了。司马世云是何等人啊,如假包换的北齐版"葛朗台"!少了两个铜盘等于要他老命——"查,给我往死里查!"一场宴会搞得气氛格外尴尬,宾客被当成小偷当众搜身。搜到最后,祖珽认栽了,是他偷的。换做一般人,这时铁定要羞愧地找地洞钻进去了,可祖珽却满不在乎地在众人的目光中大摇大摆走了出去。

没过多久,高欢的宴会上又传出祖珽偷东西的丑闻。原来高欢宴请群臣,酒足饭饱之际就准备喝点茶消消食,就在这当口丢了一个金杯。金比铜值钱啊!不过高欢不比司马世云,堂堂东魏王朝的一把手,能做出当众搜身的事情来么?窦泰却不答应,堂堂丞相府也是梁上君子能来的地方?想必窦泰也是动了点脑子的。司马世云府内的事情他也知道,贼多半就是祖珽无疑了。可上次他已经搜身被抓了,还会傻兮兮地藏在身上?看着祖珽那高高的帽子,窦泰似乎明白了些什么。于是,他像楚庄王大喊"不绝缨者不欢"一般,也下达了摘帽的命令,居然就在祖珽的发髻上发现了金杯。

众人再次哗然,纷纷嘀咕:这祖珽疯了么?偷东西偷到欢爷头上了?不过,祖珽依旧面不改色,在众人的目光中拍拍屁股走人了。当然,高欢身份摆在那儿,肯定不会事后追究他的,也是祖珽吃准了这一点才敢如此做。但是,没有人是永远走运的,很快,祖珽就吃到了人生第一次苦头。

当时,祖珽被调去管理药品,他就开始倒卖起胡桃油来。胡桃油不比粮食,被抓住了后果可是相当严重的——立即罢官。所幸,高澄觉得他是个人才,又把他招了回来。可祖珽很快又坑了高澄。当时,有人向高澄出售《华林遍略》,这是一本在南梁很受欢迎的新书。在印刷术还没被推广之前,书基本都是靠手抄的,所以一本书的含金量很高。但是高澄不想买,只想抄。于是他借口先看一晚,把这本书骗到了手。随后,高澄喊了一堆御用文人,分工操作,开始抄写这本书,祖珽也在其中。一夜工夫,一本书就抄完了。第二天,高澄很拽地对卖书人说:"什么破书,拿去,爷不要了。"

可刚一接过书,卖书人便感觉分量不对,随后翻了翻,发觉里面少了好几页,便对高澄说:"殿下,你做事不上路子啊,怎么还撕我书呢?这样,我还怎么卖?"被这么一说,高澄觉得有人捣鬼,便派人立即去查,结果在赌桌上发现了被撕掉的几页纸。原来,祖珽偷偷藏了几页当赌资了。偷书事小,裁面儿事大,更何况丢的是高澄的脸。高澄二话不说,就让人赏了祖珽四十棍。当然,高澄不会想到,日后自己的手抄本《华林遍略》还是让祖珽偷掉卖钱了。

挨打的祖珽并不消停,他又伪造高欢的命令,调拨三千石粮食出府库。结果动静闹大了,这件事被人查起来。祖珽也知道躲不过,就主动认罪,希望减轻罪责。高欢能容忍他耍滑、偷盗,却无法容忍他矫旨。这一次,高欢真正处罚了他,狠狠赏了两百鞭子,将其下放到工厂接受劳动改造。到这时,祖珽当初宴请的狐朋狗友发挥出了作用。

陈元康出面向高欢请求让祖珽辅佐自己主持文化工作,结果高欢卖了个面子给陈元康,祖珽得以将功赎罪。虽然祖珽工作干得有声有色,但考虑到他的前科,高欢有意不给祖珽再安排官职。至此,在高欢时代,祖珽彻底与公务员一职绝缘了。

不久,高欢死了,高澄成了东魏国的老大。陈元康作为高澄最器重的大臣自然飞黄腾达,祖珽沾了这位老朋友的光,得以重新步入仕途。好景不长,高澄不久也让人给刺杀了,陈元康一道赴难。临死前,他把自己放贷的清单全告诉给祖珽,希望他能帮自己把钱要回来。

人生最痛苦的事莫过于人死了,钱没花了。陈元康就是个典型的例子。但是他明显是找错人了,告诉祖珽欠债人等同于米缸里丢进一只老鼠,自家什么利益都拿不到,单单肥了那只老鼠。讨要来的钱全部进了祖珽的腰包,陈家人还蒙在鼓里。直到有个叫祖喜的人后来找到陈元康的弟弟,对他说:"我欠了你哥二十五根金条,结果祖珽来讨债,说只要还他二十三根,那张欠单就一笔勾销。话说,你们知不知道这件事啊?"这不是废话么!陈元康的弟弟铁定不知道啊!他那叫一个气,找到高洋时代最有影响力的大臣杨愔,希望他出面主持公道。

杨愔皱了皱眉,说道:"你不知道咱们老大(高洋)最恨贪污么?前阵子视察崔修,发现了大批财物,就把他活活给剁了。这事要是搞大了,让他得知你亡兄生前如此聚敛钱财,咱老大还不得挖坟掘尸,祸延子孙啊!听我一句劝,暗吃哑巴亏吧,捅出来有损你亡兄生前的名声啊!"听杨愔这么说,陈家人也只能息事宁人。

祖珽虽然大发了一笔死人财，但他很快就因为卖官鬻爵，被高洋抓了。高洋准备将祖珽吊死，作为典型来震慑贪污犯。可不知怎么回事，酒疯子最终饶了祖珽一命，仅仅以撤职了结。侥幸活下来的祖珽还是抱着"找刺激"的心态，上书朝廷多生产胡桃油，实则自己将剩余产品带出宫外倒卖。不过，经过这么多的事情，他早被人盯上了，不久再次丢官。

祖珽顽强的生命力让他平安度过了酒疯子高洋统治下的"恐怖十年"。而高洋在世时，每当宴请宾客，看到祖珽便会大喊："都把自己的钱包看好，'三只手'重出江湖了啊！"高洋死后，杨愔暂时掌权，开始团结各方面力量，而出身河北大族的祖珽自然而然成了杨愔首要考虑的人选。由此，祖珽再度复出。

可惜，杨愔掌权的时间太过短暂，祖珽还没开展各项工作，就传来杨愔集团覆灭的消息。此事亦成为祖珽人生的转折点：杨愔死了，可坚持汉化的努力却不能就此停歇。祖珽身上澎湃的华夏血液提醒着他自己的历史使命，尽管北齐已然全盘胡化，但我祖珽一定要在这片群魔乱舞的黑暗中开辟属于我们汉家儿郎的道路。

或许很少有人会把祖珽这么一个放浪形骸的小人，与扛起民族复兴伟大旗帜的勇士形象联系在一起。可正因为祖珽是小人，做事可以不用像杨愔那么死板，也不会因顾虑重重而丢掉性命。乱世中，高风亮节的君子又有几人存活？也许现在得不到理解，一旦王朝汉化成功后，世人终将明白我所做的一切！

理想终究是要靠实际行动来实现。作为杨愔手下的一分子，祖珽看准了高湛。他坚信，高湛日后能龙登九五。于是，他找到了高湛，对他说："殿下天生神武，我曾梦见殿下乘着巨龙翱翔九天。"高湛听了很受用，当即许诺日后如果应验，一定让祖珽大富大贵。

果然，高演的皇帝没做太久，高湛登基了。随即，祖珽也被高湛封为中书侍郎。尔后，他又给高湛献计，令其退居太上皇，以保证自己儿子能顺利坐稳江山。此计不可谓不妙，既讨好了老皇帝，又巴结了小皇帝。

不过，没过多久，祖珽却将他内心真实想干的事做了出来——弹劾高湛的宠臣和士开！当祖珽将此想法告诉汉人豪强朋友时，这些人都选择了沉默。他们清楚地知道，杨愔惨案后，汉人已经掀不起什么大浪了，得过且过吧。可祖珽不这么想：你们不敢干，我自己来！

大殿之上，高湛看着祖珽的奏折勃然大怒，问道："何故公开诽谤和士开？"祖珽坦言："和士开助我重新返回京城，我岂会诋毁？陛下问我，我自然当如实以对。和士开弄权取巧，祸乱朝廷，通过吏部卖官鬻爵，通过刑部乱判案件，致使民怨四起。可陛下却丝毫不在意，臣恐怕齐国的基业要危险了！"

高湛听出祖珽话里有话，冷笑道："祖珽啊，你这哪里是在诽谤和士开，分明是拐弯抹角诽谤朕啊！"祖珽倒也不慌不忙道："不是诽谤，陛下确实是强抢民女入宫啊！"高湛不爽了，辩解道："那女子没饭吃，朕看着可怜，才收留她的。"祖珽继续问道："那陛下为何不早点开仓放粮，而是等她饿得不行的时候收她入宫？"

好一个伶牙俐齿！高湛也不和他练嘴皮子了，直接拿刀环来招呼，还喊手下暴揍祖珽。祖珽一看这架势，这是要把自己往死里打啊，高孝琬就是这么被他整死的。于是，祖珽抱住头大呼："别打我！留下我，陛下能得不杀忠良的名声，打死我反倒证明我是忠良了。陛下你自己看着办吧。更何况，你不打死我，我还能给你炼金丹呢！"

高湛一想，在理，于是让侍卫住了手。可逃过一劫的祖珽又嘴欠了，说了句："节下有一范增而不能用，可惜，可惜啊！"高湛又火大了："你自比范增，难道把朕当成项羽吗？"祖珽梗着脖子道："项羽有什么不好的，楚霸王多威风啊！八千江东子弟，五年之内就席卷天下了，只是后来运气不好。而陛下做皇帝只不过是借助父兄的资本罢了，又怎能轻视项羽？别说范增了，就是张良都不如臣啊！张良尚且需要依靠'商山四皓'之力才能保证惠帝的太子之位，可臣连宰相都不是，只用区区小计就让陛下的儿子成了皇帝，尊陛下为太上皇，父子同富贵，那张良能和臣比吗？"

听完，高湛就气不打一处来，让人给祖珽吃泥巴。可祖珽一边吐出嘴里的土，一边还在滔滔不绝。高湛只得让人抽他两百鞭子，发配光州。祖珽已经记不得这是自己第几次被贬谪了，他倒也乐得自在。唯一惋惜的是这次一击不中，事后和士开铁定会报复自己的，可这些对他来说都不重要了。既然敢做就要敢担当，无论结果如何祖珽都能承受，算是为自己的轻狂买单好了。

在光州，祖珽受到时任光州刺史的李祖勋热情款待。李祖勋是李祖娥的弟弟，自己家姐遭受高湛的非人虐待，这个刺史心中憋了一肚子火。可好日子没过几天，和士开便唆使党羽给太上皇提意见，要将祖珽打入大牢。这大牢不是一般的牢，为了刻意虐待祖珽，来使特地在地上挖坑。和士开命人将戴上脚镣枷锁的祖珽投入坑中，并派人全天监视，禁止外人探望。深坑之内暗无天日，祖珽却时刻保持着读书习惯。可看书必须照明，和士开有意不提供蜡烛，祖珽只得点燃芫菁子照明，眼睛因此被熏瞎了。

如果有人觉得一个瞎子日后肯定没用了，那就大错特错了。双耳失聪的贝多芬尚能够继续谱写不朽的乐章，困坐轮椅的罗斯福依旧能指点江山。祖珽，他将用后续的行动向世人证明：即使我再也无法重见光明，也要拼却一生，照亮北齐王朝的夜空！

这次困厄，没能压垮祖珽，反倒让他更为成熟、稳重。他深知，在这场胡汉战争中，自己势单力薄，绝不可以走错一步！如果再有差池，失去的将不仅仅是一双眼睛，而是自己的性命。

祖珽能够再次进入宫廷，得益于高湛的死亡。高纬对祖珽的保举之功从未忘记。这一次，归来的祖珽已经褪去当年的锐气，转而展现一种老成的处事风格，变得更加令人恐怖。

不久，当初暗害过祖珽的和士开就稀里糊涂地被人给干掉了。随着和士开的死，宰相之位也落到祖珽的头上。祖珽成为中国历史上唯一一位盲人宰相。他知道，自己短时间内无法完全接收和士开的所有政治财产，遂选择和陆令萱集团搞好关系。

借着胡太后被高纬打入冷宫的机会，祖珽立刻提议高纬立陆令萱为皇太后，并赞陆令萱为女娲娘娘转世。而陆令萱也投桃报李，声称祖珽是大国师、大国宝，地位尊贵。当然，一切都是假象，一切都是暂时的。随着斛律光的死，祖珽和陆令萱翻脸只是时间的问题。

斛律光倒台，权力的重新洗牌再次摆到祖珽和陆令萱面前。两人纷纷拉拢朝廷大员。这时，高澄在世的三个儿子接连得以加官晋爵，高长恭官拜大司马，高孝珩官拜大将军，高延宗官拜大司徒。斛律光死了，北齐唯一能依靠的也就是高长恭了，不拉拢他们哥仨又该如何？而祖珽挂了一个领军将军的头衔，可北齐自开国以来，汉人不能掌兵是铁一般的纪律。所以他空有领军将军的名头，却无法真正掌控军队。

思索再三，祖珽决心拉拢高长恭三兄弟，借助他们的军事威望实现全面汉化的远大目标。当然，文官方面，祖珽先是提拔了一批人，封孝琰、崔季舒、李德林、颜之推等汉家士族都被授予官职。这些举措，却让陆令萱为首的鲜卑势力极为不满。韩长鸾当众放言："狗汉大不可耐，唯须杀却。"

引发祖珽与陆令萱正面交火的事件是立后问题。自从斛律光倒台后，斛律皇后也出家做了尼姑。这么一来，后位无端端空了出来。关于谁做皇后的问题成了朝廷各派势力争相关注的焦点。按照高纬的性子，穆黄花是首要人选，毕竟自己非常宠爱她。可穆黄花是陆令萱的干女儿，一旦她做皇后，陆令萱的权力更大了，这一点是祖珽无法忍受的。但立穆黄花为后确有充分理由，除了高纬的宠爱，她还为其生下了皇子高恒，正所谓"母以子贵"。但祖珽有办法，他提议立胡昭仪为皇后。胡昭仪何许人？其姑妈系高纬的母亲胡太后，不难理解，此胡昭仪来头也不简单。亲妈和奶妈，哪个面子大？

为能确保胡昭仪顺利成为皇后，胡太后甚至亲自出面求陆令萱。陆令萱还有些自知之明，便稍作妥协，同意将胡昭仪列为皇后的替补人选。这个替补就和影后提名一样，能不能真正成事两说了。

事后，陆令萱开始琢磨，究竟是谁摆了自己一道，想来想去只能是祖珽了。不过，她亦深知，真正做决定的人是高纬，拿下高纬，才能一锤定音。最终，结果揭晓，穆黄花当了右皇后，胡氏为左皇后。皇后也能有两个？自从刘聪开了"多后"的先河，胡人王朝同时出现个把皇后的情况屡见不鲜。这样的结果还是无法令陆令萱满意，于是，这位多事老妇跑去胡太后面前离间她和胡皇后的姑侄关系。陆令萱声称胡皇后逢人便说胡太后的丑事，结果胡太后一气之下剃光了胡皇后的头发，逼令她出家去了。

胡皇后的倒台一下子使得祖珽处于极为不利的境地。他按捺不住，索性提前动手了。哪知，正如之前他对高湛和和士开关系的预判失误一样，这次他对陆令萱和高纬的关系，再次预判失误。祖珽让人弹劾陆令萱的手下，而陆令萱这边也纷纷死咬祖珽弄权。

这一系列风波让高纬泛起迷糊：不是我不明白，是这世界变化快啊！以前，祖珽和陆令萱关系多好啊，一个女娲娘娘在世，一个国宝大熊猫附体，现在为何突然互相撕开了？陆令萱连忙解释："是老奴的失误啊！以前，我听和士开说祖珽博学多才又有大能耐，所以就把他推荐给了陛下。谁知道时间久了才发现，这祖珽是个彻头彻尾的大奸臣、大贼子，他就是咱们齐国的公孙无知、庆父啊！"

这话说出来很严重，需要证据。不久，韩长鸾提供了证据。据韩长鸾反映，祖珽曾经伪造圣旨，这可是杀头的重罪。祖珽或许早就预感到会有这么一天，提前给自己留了一条后路。他与高纬达成默契，只要自己不谋反，以后无论犯了多大的罪，高纬都要饶他一命。处置祖珽的诏书下来了，发配至北徐州。对于这道诏书，祖珽心里有一万个不满意，遂提出要见皇帝。韩长鸾可不敢让他见皇帝，心说，这瞎子实在太能说了，黑的都能说成白的，让他见皇帝铁定又能翻身。见不到皇帝，祖珽开始要无赖，坐在大殿上不走了。韩长鸾见状，大喝："好你个老小子，竟然跟我扯皮！来人，铲出去！"

带着满腹的无奈与哀怨，祖珽重新走上了流放之路。他心里清楚，这一走再也回不来了。他多想回头看一眼这凤阁龙楼的皇城啊，但是两只眼睛已经再也看不到了。上次被逐出京城，他还能清晰地回望宫殿的一墙一瓦，如今的自己却再也看不到了。北齐王朝最后一次汉化的努力也随着祖珽的离去而烟消云散。

如果有人问起祖珽，你做了这么多，付出了这么多，却最终失败，后悔么？他一定会微微一笑："人生在世，但求问心无愧。虽然我在世人眼中不算什么好人，但我做的一切对得起'汉人'这个称呼。我用尽一生去实践这个梦想，为此搭上一双眼睛、一生的仕途。尽管最终失败了，但我绝不后悔！唯一留存我心中的，也只能是那无尽的遗憾了……"

空贵千古恨，不中祖龙胸！

祖珽一走，北齐王朝再无翻盘的可能；而南方的陈朝，已按捺不住激动的心情，开始了轰轰烈烈的三次太建北伐。被窃据多年的淮南旧土，是时候该物归原主了！

夺回淮南

公元573年，陈宣帝已经在皇位上稳坐了五个年头。在位初期，陈宣帝延续文帝的政策，发展经济，恢复国力。除了和周围国家确定外交政策外，他把精力投入到闺房之乐中。

陈宣帝的儿子数量多得惊人，足足四十二个！他也因此纪录成为中国历史上儿子最多的皇帝。陈霸先时代人丁稀少，到了他这里一下子扭转过来。虽然儿子颇多，他却在立储之时没能立贤，导致陈朝最终坠入无可挽救的局面之中。

经过陈蒨八年、陈伯宗两年、陈宣帝五年的休整，此时的陈朝已足够具备来场大仗的资本。陈顼心中亦是心潮澎湃。当初，陈庆之让江南子民醒过来，陈霸先让江南子民站起来，陈蒨又让他们富裕起来，是时候该有人带领他们走向强大了！陈顼感受到历史赋予自己的伟大使命，但究竟该如何恢复故土，这件事一直困扰着他。

原本，陈顼准备先消灭西梁，然后向荆州扩展。可是华皎的叛乱让西部的军事体系受到重创，吴明彻攻打西梁的失利更证明此路不通。陈顼只能将目光投向淮南了，毕竟此时江北的北齐已经腐败得不成样子，而北周也向自己投来了橄榄枝——宇文邕派大臣杜杲出使陈国，要求联合伐齐。面对北周的示好，陈顼提出归还樊（今湖北襄阳）、邓（今河南邓州）二州，以示诚意。一毛不拔的北周自然不可能接受这个要求，于是联合伐齐的提议告吹。陈顼心中浅笑：有你帮忙，老子会北伐；没你帮忙，我照样北伐。

公元573年3月，陈顼任命大将吴明彻为主帅，统兵十万，渡江北上，大举伐齐。吴明彻不陌生吧！此人严格意义上来说并不是什么名将，还有不少败绩。可放眼如今陈朝国内，陈顼也只能用他了。和煦的春风中，吴明彻昂首阔立于阅武堂的点将台上。昔日的阅武堂总让人联想至东昏侯那则"阅武堂，种杨柳。至尊屠肉，潘妃酤酒"的童谣，而如今的阅武堂成了吴明彻誓师北伐的舞台。

吴明彻面向北方，深情地说道："弟兄们，淮南沦陷敌手已有整整十八个春秋。这十八年，我们来自淮南的将士食不甘味，夜不能寐，没有一天能够安稳地度过。不是我们不想睡，是北齐不让我们睡！是索虏不让我们睡！是贼寇不让我们睡！家国沦陷的情景一幕幕地浮现在我的脑海。我，吴明彻，是秦郡人。在我的家乡，良田无数，沃土千里。每到丰收之际，金灿灿的稻谷像黄金一样耀眼，红彤彤的果实能压弯枝头！可如今，这些土地全被北齐抢占了去。试问诸位，我们在淮南劳作，在那繁衍生息，在那茁壮成长，那个我们出生长大，魂牵梦绕的地方，怎能容贼寇信马由缰！弟兄们，向着家乡，出发！向着淮南，出发！"

将士们的热情如烈火般燃烧，纷纷响应："北伐！""北伐！"

北齐统治期间，江淮地区的赋税被提得很高。在这两代人出生的时间内，淮南百姓并没有被奴化。面对王师北伐，他们热情高涨。很快，吴明彻就打下了大半个淮南。

一向被自己压着打的陈朝居然也来砸场子了！高纬觉得这世界真是太疯狂了，可感慨过后总得找人商量对策。于是，高纬展开廷议，商议出兵人选。少了祖珽的北齐庙堂自然是一片杂乱，有人认为该派王琳，理由是他在南方的时候名气很大，气场十足，加之他对陈朝有着切肤之痛，打起仗来铁定卖力。反对者的理由则是，王琳是汉人，还是敌国的叛逃者。经过激烈的争论，高纬最终敲定：大将尉破胡、长孙洪略为主帅，王琳为参谋长，率军奔赴淮南。

话说王琳被侯瑱击败后，窜逃北齐。刚到北齐的王琳并不消停，在寿阳招兵买马，做出要杀回江南的架势。此举虽引起陈朝当局的不满，可陈文帝和北齐孝昭帝高演在位期间正值两国关系正常化时期，高演并不想因为一个王琳，影响得来不易的和谐的外交环境，遂将王琳调离寿阳，遣回邺城赋闲了。结果，王琳一闲就是近十年。如今，陈朝北伐，王琳终于再度出山。一路上，前线的败表不断传来，王琳建议尉破胡暂时避开锋芒，用堡垒战拖住陈军。尉破胡轻蔑地一笑："岛夷的虾兵蟹将也能阻挡得了我？你且看看！"随即，指向自己的大军。

尉破胡的军中，有一支特殊的部队，成员都有代号——"苍头""犀角""大力"……各个人高马大，虎背熊腰。更牛气的是，他们的队长是一名西域胡人，还是个非常厉害的神射手，可谓北齐版的顺溜。

果然，这笔让尉破胡引以为傲的资本在开战前表现得非常不错。神射手在军中放冷箭，个个爆头。这时的陈军宛如置身于多年前去征讨义兴的韦载那光景，不同的是，当初是一群义兴兵，而这边则是一个———一个尚且如此了得，那齐军中会不会隐藏多个神射手？陈军将士对此情景甚是忧虑。作为主帅的吴明彻急得在军营里转圈圈，突然脑海中灵光一现：有了，不是有他么？只要他出马，一定可以力挽狂澜！

随即，一名将领龙行虎步地走进吴明彻的大帐。吴明彻直截了当道："北齐的部队全靠那个神射手在撑场面，只要办了他，齐军就士气大衰了。将军素有'关张'的美誉，可否为我匹马斩颜良？"吴明彻分析得非常在理。可陈军将士都知道这位"西域爆头哥"的厉害，谁会拿性命开玩笑？

对面小将说道："愿得此胡模样！"吴明彻一听，翘起大拇指叫好，随即喊来一名俘虏，让他将"西域爆头哥"的长相描述出来。随后，吴明彻又亲自给这位将军斟了一杯酒，亦当作是饯行。这位将军"杯酒斩西胡"的壮举注定将名垂青史，后来亦被罗贯中先生当作关羽"温酒斩华雄"的原型。

此将领饮完这杯酒，便走出营帐，翻身上马，向敌军冲去。另一边，齐军阵内，"西域爆头哥"正擦拭着他的长弓。听闻有人单骑杀往这边，他轻蔑地笑了：又一个送死的来了。他快步走出阵前十步，张弓搭箭，就等瞄准发射了。

结果似乎毫无悬念，无非多增一具尸体。不过，死的不是来将，而是齐军引以为傲的"西域爆头哥"。电光火石间，陈军的将领先出手，一支铁制的标枪瞬间贯穿了神射手的额头——"爆头哥"今番被人家给爆头了。

"你不需要知道我是怎么来的，只需要知道你是怎么没的。"陈军将领睥睨着齐军的阵营，一副舍我其谁的霸气。神射手虽死，可还有那一排大力士呢！这群人很快就围了上来，也不管什么一对一单挑了，弄死眼前这个南蛮子就是胜利。可不管是车轮战还是一起上，这帮大力士的下场都一样——先后找阎王报到。陈军的将领斩杀他们基本不费吹灰之力，三个字便可概括——一招秒。齐军简直不敢相信自己的眼睛，陈朝竟然有如此剽悍的将领，斩杀大力士基本就是一刀切。

众人按捺不住心中好奇，便问："来将可否报上姓名？"

那名将领一声断喝："南陈萧摩诃！"

萧摩诃，这个恐怖的名字已经多年不在北齐军中被提起。人们依稀记得南征时存活下来的士兵提到过这个恐怖之人，没想到，他居然就活生生地站在他们面前。十万齐军当下选择逃跑，没人会拿自己的性命开玩笑。

如果说在高敖曹之后，后三国的舞台上还要再找出一个"万人敌"，必然是萧摩诃无疑。仅仅凭借着威名，便可吓退十万齐军，如此豪气，千古少有！

此战，陈军大获全胜，击毙了齐军主将长孙洪略，唯有王琳和尉破胡侥幸逃出。陈军趁机进取江淮大片领土，除了王琳据守的寿阳外，淮南之地多数已归于陈朝的版图。陈军并不满足，继续北进，准备消灭王琳，夺取寿阳。

面对前方触目惊心的败绩，窝在大后方的高纬害怕得要命，竟然动起逃跑的念头。他准备去晋阳避避风头，如果时局持续不好的话，就算迁都晋阳也未尝不可。这一举动立刻引起汉族文官的反对。崔季舒与张雕等汉官联名上书，声称："寿阳激战正酣，如果此时陛下北狩，将会示敌以弱，反倒有损我军士气。"

只可惜，他们看错了形势。祖珽之后，汉人再无掌权的可能，如今最好夹着尾巴做人，能活一天是一天。可他们居然在这节骨眼上搞起联名上书，无异于自掘坟墓。作为"仇汉急先锋"的韩长鸾自然不会放过这个机会。他指出，这帮汉官公然搞起朋党，结党营私，舞弊圣上，八成是想造反，得赶紧杀掉。高纬想都没想就照做了，凡是签字画押的官员全部予以死刑。自此，北齐政坛再无汉官的身影。

尉破胡兵败后便独自逃命，留下王琳坐镇寿阳。可小小的寿阳城明显扛不住吴明彻的十万大军，很快，外城被攻破。王琳困守内城，期盼着北齐的援军。援军来了么？来了。皮景受高纬的指派，带来了数十万援军。只不过这个皮景是个怂包，大军驻扎在淮河以北居然不动了。

王琳死扛了三个月，愣是不见皮景的影子。弹尽粮绝的他绝望了，加之吴明彻此时又引淝水灌入城内，王琳终于支撑不住，兵败被擒。皮景一看这结果，还援助个啥，立刻撒丫子撤军。如果说皮景的进军速度像开老爷车，那他退兵的速度可堪比兰博基尼，只不过辎重等东西带着麻烦，便全扔了。

对于王琳这个老资格的反逆分子，吴明彻原本不想立即杀掉，毕竟时过境迁，和王琳相斗的陈高祖、陈世祖都已经作古。如今，是讲究宽容的时代了，他觉得应该让王琳感受到天朝上国的气度，死人当然无法感受到，前提是让王琳活着。

但接下来的事情让吴明彻很头疼，因为军中有不少士兵是王琳的旧部。老兵们念旧情，一看老大又回来了，纷纷送茶送水送安慰，甚至还有人跑到吴明彻面前求情。吴明彻一看这架势，觉着不对劲，当初王琳的旧部可以为了他违抗梁元帝萧绎的圣旨造反，今天他们会不会再来这么一出？想到这，吴明彻不禁胆寒。

随后，吴明彻将王琳押赴到寿阳城外二十里，就地斩首。王琳死了，听闻噩耗，他的旧部纷纷泪如雨下，痛哭流涕。有人亲自拿着酒肉去祭奠王琳，结果只收回一摊血，而江淮之间的田夫野老听闻消息更是痛断肝肠。吴明彻此刻暗自庆幸自己的决策英明，否则只怕死的就是自己了。

不过，王琳的死很快就让吴明彻淡忘了。因为此时的他，以胜利者的姿态重新登上了故土，家乡父老都争先恐后地准备膜拜他呢。吴明彻在家乡秦郡拜祠上坟，特地准备了猪牛羊三牲来祭奠自己的列祖列宗。如此太牢之礼，外加大规模的军队壮声势，一下子吸引了吴明彻的家乡父老，人们纷纷出来张望。

"富贵不归乡如锦衣夜行，谁知之者？"直到此刻，吴明彻终于体会到当年项羽说这句话时的心境了。当初，陈霸先的部队在江北招兵买马的时候，自己投到他的麾下。可不久，随着高洋的南下，自己只得跟随大部队流亡南方。没想到，有朝一日，自己竟然还能重回故里，造化弄人！谁又能料到，当初那个在军中被侯安都、周文育等人呼来喝去的小弟，也会有成为陈朝军界第一人的一天。

对于寿阳的陷落，北齐方面的态度如何？用四个字概括，便是"相当淡定"。当时，高纬正在和穆提婆、韩长鸾等人聚赌。战报传来，穆、韩二人一点都不慌，依旧沉醉于游戏，轻描淡写道："本是彼物，从其取去。"意思是，本来就是他们的东西，现在就随他们拿去吧。要说这两人的觉悟还是蛮高的，也是凭良心说句大实话，不像北周贺若敦撤走时还恬不知耻地说抢占的领土是自己的版图。不过，北齐在淮南之地收了这么多年税，也算是便宜他们了。

可是，陈朝的部队绝不仅仅限于淮南之地。条件允许的话，他们甚至希望打过淮河，直捣邺城。这不，吴明彻接受完乡亲们足够的膜拜，便继续挥军北上。随后，淮河以北的南徐州（今安徽凤阳）、济阴（今山东定陶）等地很快也被收复，而陈军的先头部队已经抵达北徐州了。

北徐州现在的刺史是谁？祖珽。自从被朝廷贬谪后，祖珽便留守北徐州。面对陈朝的北伐军压境，祖珽向朝廷求援，而韩长鸾则认为这是个借刀杀人的好机会，于是撺掇后主高纬拒不出兵。面对如此困境，祖珽倒也淡然，下令大开城门，上演了一出空城计。当陈军踌躇不前之际，祖珽便下令部下鼓噪前进，一下子惊退了陈朝部队。逃跑的陈军主将听闻北徐州的刺史是个瞎子，心里觉得被瞎子给吓跑太跌面儿，于是又带着手下半路杀回来。

祖珽未料到陈军会去而复返，结果城内底细给对方看了个一清二楚。无奈之下，祖珽只能亲自策马迎敌。两军交战之际，陈军将士见祖珽跨马弯弓，闻声放箭，箭不虚发，敢情比"西域爆头哥"更有准头儿。这下，恐惧再次笼罩在陈军将士心头，谁说残障人士就容易对付？不能轻敌啊！

对峙十余天后，陈军发现讨不到便宜，只得撤围走了。

祖珽终于保住了北徐州，他长长舒了一口气。没过多久，他也死在了北徐州的任上。祖珽一生，诡异多端又饱含戏剧性，深刻贯彻了他的那句"丈夫一生不负身"的警句。在大兴胡化之风的北齐王朝，他依靠个人能力在杨愔集团被消灭后又进行了一次汉化的尝试。虽然最终乌云蔽日，努力化作泡影，但其易水之士般的毅然决绝，捍卫了汉化豪族最后的一丝尊严。

东西决战

陈朝的北伐极大打击了北齐的国力，与此同时，北齐的死敌——北周也在宇文邕的领导下日趋强盛。革除宇文护时代的弊政，准备倾全力一统北方。

首先，对于当初江陵沦陷后北上的奴隶，宇文邕下旨令他们重新变为平民。与此同时，他又多次下诏释放奴隶，扩大了北周国的劳动力人口基数。当时，束缚社会劳动力人口最严重的当属佛寺了。南北朝时期，战乱不止，百姓纷纷出家，寻求宗教庇护。而孝文帝改革后，在整个北魏王朝内部，佛教的影响力陡然飞升。到了东西魏对峙时期，佛教的势头非但没有被遏制，反倒因北魏分家增长得更为迅速。佛教的发展导致北周国内大批良田被侵占，无数百姓皈依佛门，严重影响了国家的税赋征收问题，也大大阻碍了经济的长久发展。

宇文邕看到了佛教发展过快引发的弊端，于是开始灭佛：求兵于僧众之间，取地于塔庙之下。通过灭佛，北周朝廷达到抓壮丁、增税收、纳良田的目的。当然，在灭佛之前，宇文邕召集了儒、释、道的领袖开了一个座谈会。结果佛、道两家把这次座谈会搞得乌烟瘴气，变成了互相揭短会。

会议之后，宇文邕大发雷霆，灭佛同时也顺带敲打道教。一时间，信徒们纷纷还俗，财产充公，寺观拆了做耕地。结果，被打击的和尚诅咒宇文邕：你这么侮辱佛祖，就不怕死后下地狱么？宇文邕微微一笑："不好意思，我不信佛。地狱什么的骗骗凡夫俗子还可以，蒙朕，办不到！"

宇文邕和北魏太武帝拓跋焘、唐武宗的灭佛行为一起并称为"三武灭佛"。如果再加上后周的柴世宗，便是历史上著名的"三武一宗之厄"。平心而论，这四位发起灭佛运动的皇帝最终的结果都不是很好，不是英年早逝，便是死于非命，要不就是死得不明不白。不知是巧合，抑或天命。除此之外，宇文邕倡导节俭，反对铺张浪费。军事上，他又改革了府兵制，"汉人从军，兵农合一"成了新时期府兵制的特点。总之，在宇文邕的锐意改革下，北周正在全面建设汉化国家的道路上高歌猛进，国力大大增强。

国家强大了，宇文邕自然就可以放手发展军事，并很快取得了成效。这时，韦孝宽给他送来了著名的《平齐三策》：上策是百道俱进，直扑邺城；中策是怂恿陈国去消耗北齐国力，我们以逸待劳；下策是表面交好北齐，暗地插刀子。

宇文邕很满意，三条计策全部采纳。他一面派使者出访陈朝，要求他们二次北伐；另一面又与北齐交好。最后，他则进行了全国性的总动员。但宇文邕的伐齐大计谋划得很隐蔽，只有齐王宇文宪、内史大夫王谊和安州总管于翼在内的少数人知道。

公元576年7月25日，宇文邕的总动员完毕，十八万大军重装集结。他下达了正式的伐齐诏令。

当然，北周的开局还是打得顺风顺水。很快，周军就攻占了河阴大城，黄河浮桥三城就只剩下两座了。周军战绩斐然，不由得飘飘然起来。但是焚毁了黄河浮桥后，黄河中间的城堡却成了周军难以逾越的天堑。二十多天的艰难死守为齐军等来了援军，集结于黄河以北，可宇文邕却病倒了。无奈之下，周军只得烧掉全部战舰，原路返回。不过，这一次的挫折也为下一次的完胜打下了坚实的基础。

陈朝这边还是很仗义地再次出兵。这是太建年间吴明彻领导的二次北伐。他率军溯泗水西进攻彭城（今江苏徐州），在吕梁（今徐州东南）击败北齐军数万人。此战之后，北齐与北周进入了决战阶段，无暇南顾；而陈朝亦满足于已占领的淮河两岸地区，无意北进。陈与北齐的战争基本结束。毕竟，就陈朝目前的国力，要想重现梁朝陈庆之入洛的军事奇迹，只能是痴人说梦了。吴明彻也由此达到了人生顶点，太建八年（公元576年）二月，晋位为司空；八月，又被授职为都督南兖州、北兖州、南青州、北青州、谯州五州诸军事，南兖州刺史。

趁着陈朝暴揍北齐的当口，宇文邕抓紧时间备战。这边陈朝一下场，那边他就敲锣打鼓地又扛起伐齐的大旗了。公元576年10月，宇文邕再次御驾亲征，出兵伐齐。这次，他准备进攻晋州，围点打援，消灭北齐的生力军，以此取得战争的最后胜利。但战前群臣的态度并不积极，不过宇文邕做事向来是一意孤行，群臣的意见只能作为参考罢了。他下令齐王宇文宪率领精骑两万守雀鼠谷，陈王宇文纯步骑两万守千里径，赵王宇文招步骑一万自华谷攻汾州诸城。达奚震守统军川，宇文盛守汾水关，韩明守齐子岭，焉氏公尹升守鼓钟镇，凉城公辛韶守蒲津关。

一系列的布防无形之中形成了一个口袋阵，而宇文邕自己则主攻晋州，引诱北齐援军来救，将此作为"碾碎齐军的磨盘"。很快，周军打到晋州城下，北齐守将海昌王尉相贵火速向高纬求援。可没等他等来援军，手下就打开城门投降了周军。尉相贵及其八千守军全数做了俘虏。

问题来了，此时的后主高纬在干吗，他一封战报都没收到吗？事实上，此时的高纬虽然已经到达晋阳，却不务正业，陪着他心爱的冯小怜在晋阳城郊外的天池打猎。那些告急文书则全部被高阿那肱给截下来了。各位看客或许对"冯小怜"这个名字甚感突兀，高纬的宠妃不是胡昭仪和穆黄花么，怎么半路杀出个冯小怜？原来，穆黄花除了长得好看外，腹内全然草莽，时间一久，高纬就对她腻烦了。穆皇后为了保住自己的地位，给高纬进献了自己的婢女——冯小怜。此女会弹琵琶，能歌善舞，一下就俘获了高纬的心，被封为淑妃。从此，高纬和冯小怜就开始了恩爱又甜蜜的二人世界。高纬像是换了一个人，一门心思扑在淑妃身上，再也不想其他人。

因此，高阿那肱的怠慢军情最终导致平阳陷落，北齐立国以来还是第一次被人家打到家门口。平阳和晋阳近在咫尺，平阳之陷落也暗示着晋阳的岌岌可危。这下，高阿那肱坐不住了，急忙禀报高纬。高纬也不糊涂，知道失了平阳的危险性，遂他下令立即返回晋阳，集结部队，反攻平阳。但有人不干了，谁——冯小怜！她玩得正开心呢，怎么能就此离开？她拉着高纬的手娇嗔道："陛下，不要那么急，再杀一围啦！"女人的撒娇和眼泪一样，威力巨大，尤其对高纬这样的好色之徒。淑妃一句话，高纬心里哪还有军情告急，连忙从命，再杀一围就再杀一围。

"巧笑知堪敌万几，倾城最在著戎衣。晋阳已陷休回顾，更请君王猎一围。"唐人李商隐的这首诗活灵活现描绘了当时的景象。等他玩得尽兴了，就该出兵了。不过，高纬若没有再杀一围的话，局势可能会有很大不同。传令兵为了突出军情紧急才谎称"平阳已陷"，事实上，当时的平阳还在北齐手中，可高纬的"再杀一围"让他失去了最宝贵的几个小时。周军十月初四发兵，十八日兵围平阳。高纬指挥大军二十八日赶到，可恰恰是二十八日凌晨，平阳城破。

时间确实不等人，不过，高纬此时还没输，手下的鲜卑将士依旧拥有高昂的战斗力。到达战场的他很快命人对周军部队发起进攻，与此同时，宇文邕这边却宣布撤军。撤军？士兵们都很费解，不是说好围点打援么？可宇文邕的命令，必须执行，大部队只得后撤。当然，打下的平阳也不能轻易丢失，于是，梁士彦成了守卫平阳这座堡垒的主帅，而齐王宇文宪则负责掩护大部队撤退，同时策应平阳城。

宇文邕深知北齐军是生力军，而自己的部队久经沙场，已经疲乏，需要暂时休整。而利用平阳城和宇文宪的部队则可以暂时消耗齐军的战斗力，等到自己这边休整完毕，便可以一举摧毁齐军主力了。倘若硬碰硬，很可能两败俱伤。

北齐军的开局表现得尚不俗，他们选择先清扫外围的周军部队。很快，宇文宪败下阵来，靠着手下的杨素、宇文庆、李彻等人的奋力厮杀，才得以安然脱身。随后，十万齐军包围了平阳城。然而，梁士彦为报答宇文邕的知遇之恩，身先士卒，扛住了北齐部队夜以继日的进攻，将平阳整整坚守了一个月。本来高纬可以挖地道搞通城墙的，而且平阳城确实也被他们挖通了一块地基。可就在齐军准备杀将进去的时候，高纬却下令稍等片刻。齐军一头雾水，大好机会不进攻更待何时？高纬给出的理由是——冯小怜没来。这么壮观的破城场景，岂能没有美人相伴？将士们左等右等，愣是不见冯小怜到来。这也不能怪淑妃，难得一次出席大场面，总是要精心打扮一番的。不过，齐军可以等，高纬可以等，周军可没这么好的心情等。

周军抓紧时间用木头堵塞缺口，这么一来，意味着北齐将士需要付出更大的代价继续突破城墙。将士们流干鲜血，白白丧失了大好机会，只是为了盛装而来的冯小怜。冯小怜终于来了，城墙却已经补好，没有机会了。可高纬却舍不得责怪这位美人，为冯小怜所做的一切他都心甘情愿。看到冯小怜心中的失落，高纬索性抛下军情，带着心上人在平阳周围游览名山大川。为了方便自己和冯小怜行走，他甚至用军用品造了一座浮桥，优哉游哉地渡过护城河。不能不说，这世间真是一物降一物！

北齐亡国

但说，宇文邕已经修整完毕，这意味着北齐和北周的大决战即将上演。公元576年11月22日，宇文邕再次集结三军，与宇文宪会师后，便杀向平阳。这次，他的目标是消灭齐军主力，可以的话，生擒高纬。

此时，宇文邕的八万大军驻扎在平阳城南边，前后绵延二十里。而他面对的是已经疲惫不堪的北齐十万大军，由高纬亲自坐镇。高欢和宇文泰的后人在时隔数十年后，再次在战场相遇了。

摆在周军面前的还有一条壕沟，这是北齐最高指挥部在大战来临前为了预防周军救援平阳而做的唯一一个明智之举。壕沟当前，周、齐两军都选择了对峙。从早晨到傍晚，大家都等着对方先出招，生怕早走一步会被对方看出破绽。

不过对峙久了，高纬心里有些不耐烦了，问身边的高阿那肱："打不打？"高阿那肱故作高深地分析道："我们虽然有十万大军，但这些天连番攻城已经疲劳透支，伤病员加上后勤部队就要占去三分之一。我曾追随神武皇帝（高欢）打仗，以往要是遇到这种情况，还是以防守为妙。照我说，打不如不打，退守高梁桥乃是上策。"不得不说，这次高阿那肱还是动了回脑子。老将军安吐根则对积极防御的政策表示非常不满，气呼呼地说："不就是一小撮贼人么，我等策马去擒来，然后通通丢进汾水里。"高纬身边的小宦官也好像打了鸡血一般，叫嚣着："他（宇文邕）是天子，陛下也是天子。他能远道来攻，我们为什么只能死守！"高阿那肱见况，也不争辩，心说：和二傻争辩有什么意思？不懂战争还瞎叽歪，事实会证明一切的。高纬被吹得有点飘飘然，马鞭一挥，当即下令：填沟出击！宇文邕看着这高家二小子正费力地填沟，心里不由得乐开了花：求之不得啊，你赶快填好沟，宇文叔马上分分钟教你打仗。

壕沟填平，周齐两军就正式开打了。不过，周军有个官员看到宇文邕乘坐的马匹连日奔波，请求其换马再战，宇文邕却拒绝了："我一人乘坐良马，又有何用?"紧接着便投入了战斗,二十万大军厮杀得异常惨烈。血肉横飞,刀光剑影,杀声震天地场景吓得冯小怜花容失色,显然女人不适合欣赏暴力美学。

出乎宇文邕的意料,齐军虽然已经极度疲乏,可一交战,战斗力依然不容小觑。安德王高延宗统领的右军完全压制住周军左翼,其本人手舞长矛,冲入周军大阵,所向披靡。周军的军阵差点被搅乱。不过,一个强悍的高延宗的影响力俨然没有一个娇弱的冯小怜的影响力大。眼见齐军左翼部队开始松动退却,冯小怜惊慌失措地在马上高喊:"败了!败了!"这一句的作用完全不亚于淝水之战中朱序的那句"秦军败了"。齐军士兵的军心开始松动,穆提婆也跟着喊:"大家(皇上)快跑!""大家快跑!"高纬不明真相,看到身边人都说"败了",连忙带着几个亲信撒丫子直奔高梁桥。

看到皇上带头逃跑,为了挽回军心,将士们连忙追上去劝阻道:"军队被冲击是战场上最寻常不过的事了,大军又没折损什么,平阳还在包围之中。陛下,你跑路作甚?您是全军的灵魂,你这么一跑,军心就散了。陛下,应该赶快回去才是。"高纬被说得有些犹豫,想回去又不敢,一旁的穆提婆则一味泄气:"去不得啊,去不得,听了他们的话咱们全得完。"

将军们和穆提婆的话,高纬显然更愿意听后者的。既然穆提婆不让回去,就不回了吧。士兵们未见高纬回返,士气瞬间低落,一下子便败下阵来,阵亡一万多人,丢弃的武器盔甲堆积如山。所幸,高延宗的部队并未有多大损失。周军乘胜解了平阳之围,但究竟是继续追击抑或班师休整,周军统帅内部有了不同意见。

面对厌战的士兵,宇文邕再次下了一个异常坚决的命令:乘胜追击,卿等若疑,朕将独往!话说到这份上,再累也得继续干!在宇文邕的高歌猛进中,北齐残军继续溃败,高壁(今山西灵石东南)、洛女砦相继被攻克,而北齐介休守将韩建业则更是不战而降。事后,宇文邕加封韩建业为上柱国。如此重大的荣誉,瓦解了北齐将士的军心,陆续有齐军投降。

高纬则更是狼狈。高延宗在溃败后第一时间找到他,要求他把军事指挥权全部交给自己,并表示能够稳住局面,但高纬拒绝了。此时的高纬只想逃命,不过,刚到晋阳,他就知道,局势比自己想象得更糟。怎么办?三十六计走为上。高纬觉得此时待在国内已是危机四伏了,回国都也不可,去河北更是找死。河北最不缺的就是汉家士族：朝堂内的能杀，在野的可杀不干净！高纬之前杀了那么多汉家高官，哪还敢去河北！考虑到自己和突厥关系不错，他决定移民到突厥去。

晋阳的将士看到皇帝要开溜，心想，这算什么事啊！皇帝一旦走了，士兵哪有心思守城？高纬却不吃这一套，暗里先将胡太后、冯小怜及太子高恒送往塞上边关朔州。冯小怜不愿和后主分别，高纬就安慰道："别急，你先上路，我马上就来。"做完这些，高纬找到自己的堂兄——安德王高延宗，当面任命他为相国、并州刺史，总领山西兵马，全权负责晋阳防务，然后说了点攀亲带故的话："并州我就交给兄长了，你帮我撑着吧，我先走了！"

高延宗见状，立马号啕大哭，倒不是对这个混账堂弟有感情，而是这个节骨眼儿上皇帝不能走，一走晋阳就得崩盘。他希望用泪水挽留住高纬："陛下勿走，我给陛下拼死作战，必然能破掉贼兵！"高纬摇了摇头，无奈道："哥啊，你不吹牛皮会死啊！都到这一步了，还破什么贼兵啊！"穆提婆亦迎合高纬说道："说得对，天子都已经决定了的事，王爷就不要阻拦啦！"随后，高纬一行人趁夜色悄悄摸出城。突围之后，该去哪里，高纬心中再次失去了方向。最终，在为数不多的几个大臣的劝导下，高纬又返回了邺城。

到了邺城的高纬得知穆提婆投降了宇文邕，还被封为柱国，心中怒不可遏，只得将这股气出在穆提婆的老妈陆令萱身上。陆令萱被逼令自杀，家属全部被诛，财产充公。不过，这些对于已经逝去的民心又有什么补救呢？

晋阳那边的局势明显更危急，周军已经包围了晋阳城。面对此等困境，急需出来一个人管事。于是，城内将士一致逼迫高延宗接替高纬成为天子，并表示高延宗不做皇帝，他们也不干了。此时称帝显然是作大死，不过，高延宗也没办法，他需要振作士气，与周军决一死战。公元576年12月14日，高延宗在晋阳称帝，改元"德昌"。皇帝的头衔也没带来太多的运气，高延宗只扛住北周军一日的攻势，便被俘虏，晋阳也旋即失守，他本人则成了北齐历史上的"一日皇帝"。

晋阳失守意味着北齐王朝的一只脚已经迈进了鬼门关。消息传来，身处邺城的高纬极度惊恐，身边能给他出谋划策的只剩下广宁王高孝珩了。高孝珩向高纬建议，将宫中所有的财物、女人都拿出来封赏给将士。可是死到临头的高纬还如同铁公鸡一般一毛不拔，一听要割肉，把头摇得和拨浪鼓似的。

不止如此，最滑稽的是，三军集结，大家都等着高纬的总动员。为了演好这出戏，大臣们率先拟好了发言稿，同时要求高纬说的时候能够声泪俱下，慷慨激昂，以便煽动将士们的情绪。可高纬从小胆小，大臣们尚且不敢直视，又当敢面对一群黑压压的壮汉？他才上台，就忘词了。忘词怎么办，好歹应付几句场面话啊，谁知他居然哈哈大笑起来。高纬在台上笑，台下的高阿那肱和韩长鸾也跟着笑。可惜士兵们可没他们那么多幽默细胞，望着高纬的这副丑态，士兵们只觉得恶心，心想：有你这么做皇帝的么？咱们出生入死给你卖命，你不发福利也就算了，连句人话都说不出来，就只会大笑！

没人知道高纬为何会狂笑不止，大家都认定他不配当这个皇帝了。其实，连高纬自己都已经厌倦这个帝位了，这么多年下来，怎一个"累"字了得？正好当时有望气之士说："该有革新易主的事情发生了。"为了顺应天象，高纬索性效仿父皇，甩手做起了太上皇。于是，年仅八岁的太子高恒接替了皇位，史称"幼主"。国难当头，高纬不考虑如何补救，反而做起甩手掌柜！这样的节操，除了高纬也就是后世的宋徽宗了。徽钦二帝的下场何等悲惨，这边高纬和他的八岁儿子也差不多。

周军在紫陌桥附近与北齐京城的卫戍部队交火，结果齐军大败。高纬已经走投无路，准备逃跑。北上突厥的道路已被周军切断，只能投奔江南的陈朝了。听说陈宣帝是个文韬武略，宽容待人，几千年难得一遇的明君，投奔他铁定下场不错。随后，后主高纬、幼主高恒、胡太皇太后、冯太后一家子在几百名亲兵的护送下逃出邺城，往南边的陈国奔去。他们前脚走，后脚城里的官员就向宇文邕投降：皇帝都没节操，做大臣的更不用有心理负担了。宇文邕就这么轻松地挺进了邺城。

这厢高纬则在逃亡途中被手下的高阿那肱出卖，被追上来的周军俘虏。随着高纬被俘，拥有北齐精锐洛阳兵的洛州刺史独孤永业向周军献出了洛阳。宇文邕随即加封他为上柱国、应国公，而东雍州行台傅伏最终在宇文邕派去的齐国降将的劝说下也归降了北周。至此，除了营州刺史高宝宁依仗辽东地远得以割据一隅外，北周顺利接管了北齐的全部版图。而高宝宁最终于公元583年，被已是隋文帝的杨坚击败。

面对北齐的灭亡，汉人士族基本采取旁观的态度。周军入邺城时，北齐国子博士熊安生让家人打扫院子，并对他们说："扫干净一些，周朝皇帝要来了。"果不其然，当家人尚诧异之时，宇文邕的使者已经找上了他。李德林也收到宇文邕的口信："平齐的最大收获，莫过于得到你。"被高纬弃若敝屣的汉人士族，却得到了宇文邕的崇高敬意，北齐这国亡得不冤！数十年来，北齐皇帝的所作所为已经深深伤透了汉人的心。一个视汉人如草芥的王朝，汉人必将视其如寇仇！另外，有一点不得不提，李德林的儿子即《北齐书》的作者李百药。

如果说北魏的六镇起义是对孝文帝汉化改革的一次质疑，和开启胡化之风复辟的钥匙，那么，北周最终灭亡北齐，则再次向世人证明了这么一个道理：只有汉化才能让国家做大做强，只有汉化才可以让世人看到统一的希望，亦只有汉化才能让鲜卑人彻底融入汉文明，让华夏文明经过淬炼而成为那炫舞九天的浴火凤凰。

北方的统一让南北朝的局面由三足鼎立再次演变为南北对峙。唯一不同的是，此时的南朝在领土方面极大缩水，随之而来的则是国力悬殊的对比。经过十余年的休养生息，陈朝的国力有了显著提升，却依旧无法达到侯景之乱前的水平。不过，陈宣帝还有一个引以为傲的资本——淮南之地被重新光复。陈顼能否挟重夺淮南的余威与宇文邕一较高下？

别急，大战就要来了。

周陈交兵

北周灭亡北齐的动作实在太快，快得让陈宣帝没有丝毫的心理准备。原本料想着北齐能抵抗个三年五载的，结果半年不到，东西合璧的大工程就落幕了。本想着隔岸观火，坐享渔翁之利的陈顼也只能暗自叫苦：这北齐也实在太不经打了吧！

在北周攻灭北齐的大好时机中，陈宣帝将良机白白坐失了。他既没有考虑到"唇亡齿寒"，去救援一下北齐；也没有依照"趁火打劫"原则与北周瓜分北齐，尽取淮北之地。一言以蔽之，陈宣帝的所作所为只能用一句话形容：匪夷所思！有人曾经提出陈宣帝这么做是"周奸"的倾向，却没有实足的证据来佐证，我们也就不予辨析了。

即使如此，已经收复淮南之地的陈宣帝依然有与北周一较高下的资本，只是筹码比较少。可再少的筹码，若小心下注依然可以博得满堂彩，就看你会不会玩了。这时，已经统一北方的北周皇帝宇文邕在新征服的北齐旧地内下达了一项指令：废奴！凡是被门阀庇佑、鲜卑贵族奴役的农奴兵奴都在这次行动中获得了人身自由。宇文邕的诸多举措向陈宣帝透露出这么一个讯息：你的汉化政治模式，我也有，而且可以比你做得更好！

陈宣帝深知，要与这个重新走上汉化道路的北方国家争夺华夏正统，自己必须要拿出实质性的东西，用战绩说话显然是最简洁的方法——吴明彻，看你的了！这次，陈宣帝交给吴明彻的任务是夺取徐州、兖州等北齐黄河以南的土地，与北周分河而治。然而，毛喜和蔡景历等人则认为此时不宜出兵，周军此时气势正盛，发兵淮北无异于虎口夺食。可陈顼哪里听得进去，吴明彻在淮南的显赫功绩让宣帝错估了形势。

太建九年（公元577年）十月，吴明彻再次作为陈军主帅，奉命北伐。诚然，面对这么一场大战，他显然并不是最优人选，可放眼如今陈朝上下，已然找不到更合适的人选了。

战争的开局，吴明彻打得还是顺风顺水的。吕梁一带，吴明彻多次击败了周军统帅梁士彦。这个梁士彦当初守卫平阳城意志坚决，可遇到面对面的阵地战，就不敌吴明彻统帅的陈军了，因为陈军中有一位灵魂人物——萧摩诃。太建七年的那次北伐，陈军得以在吕梁大破北齐数万大军，也与萧摩诃的给力密不可分。当时，两军战事胶着，萧摩诃毫无畏惧地挺身而出，率七人冲入敌阵，砍下齐军大旗，让齐军胆寒，也让陈军得以打破僵局，赢得胜利。本次战役中，萧摩诃注定将再次成为风云人物，有他出现的地方必将上演一段传奇。梁士彦与吴明彻交战，多番败北，只得灰溜溜地退回徐州城内。随即，吴明彻下令里三层外三层地包围徐州。可惜，退守徐州城的梁士彦发挥了他高超的守城技术，吴明彻一连围了五个月，一无所获。

而北周方面的增援部队却接二连三到来。首先赶来的是宇文忻。当时，宇文忻带领手下数千精兵到达吕梁，气势十分嚣张。只可惜，他刚到就撞上了萧摩诃。萧摩诃也不和他啰唆，仅带了十二人便闯入周军阵内，左冲右突，奋勇杀敌，一下子就让周军的部队死伤无数，主帅宇文忻黯然逃了回去。

第二个来的人叫王轨。他是宇文邕最为信赖的将领之一，谋略异于常人。他知道自己打不过萧摩诃，打不过就躲呗！打虎牢关不一定非要砍掉吕布才能通关，绕过吕布直接打董卓就可以了。王轨没有找陈军开战，而是占据了清水入淮河的河口。随后他又用铁锁绑住车轮沉入清水，截断了陈军的退路。由于陈军马匹较少，后勤运输全靠舟船，王轨这么一来等于断了陈军的粮道，时间一久，陈军必乱。消息传来，一向以勇武著称的萧摩诃此时却展现出无比睿智的一面，向吴明彻建议："听说敌军又在要道口打下了木栅。我看趁着此时水路还未完全被断，敌人的工事还没完全修筑好，我带领十几个小兵去大杀特杀一番，让敌军丧胆，否则等他们竣工了，就悔之晚矣了。"

可此时的吴明彻似乎被胜利冲昏了头脑，一脸哂笑地望着萧摩诃，说道："冲锋陷阵，将军事也；运筹帷幄，老夫事也！"意思是，冲锋陷阵、上场杀敌是你的职责；运筹帷幄、下达命令可是老夫的特权。吴明彻这番傲慢的态度让一向脾气就不怎么好的萧摩诃怒火中烧，脸色大变而出。

将帅不和往往预示着失败。十天后,水路断绝,吴明彻依旧没能打下徐州城。望着源源不断到来的周军援军,吴明彻急火攻心,背上生了疮。

深夜,吴明彻的大帐,灯火通明。病榻上的吴明彻因为背生疮只能伏在床上说话。望着缓步入帐的萧摩诃,他强支病体说道:"吾悔不用将军之言,而至今日矣!"

萧摩诃默默望着吴明彻,问道:"事已至此,明公有何打算?"

吴明彻没说话,只是询问:"依将军之见,该当如何?"

萧摩诃靠近吴明彻道:"如今求战不能,进退无路,已是困局。为今之计,明公当火速突围。大丈夫能屈能伸,此刻突围也不算耻辱。您率领步兵先行,末将负责殿后。若宇文邕率军亲来,请为明公拒之;若王轨、梁士彦之流率军追击,请为明公吞之!"

吴明彻望着萧摩诃意气风发的姿态,两眼闪出精光。他慢慢坐起身来,说道:"将军所言然也。但臣受命北伐,如今成此危局,困顿于斯,已然有负皇恩。羞愧赧然之余自是已无颜面对今上,况吾军步卒居多,我身为主帅自然与众将士共存亡。殿后之事且容老夫亲自主持,将军得马军之力,当奋力突围,以见君王。"

萧摩诃噙满泪花说:"明公,胜败乃兵家常事,一时挫折又算得了什么?当初,我们失却淮南依旧可以重新夺回,明公当保此残躯,以图日后东山再起啊!"

吴明彻淡淡苦笑道:"老夫今日六十有七,又当能再有十八年重来?想我大陈十年积蓄,竟然毁于一朝,都是老夫的错啊!我真的已无颜面再见陛下了。请代我转告陛下,陛下强国之梦毁于臣之手,臣羞愧万分!"说完,吴明彻像萧摩诃稽首。

萧摩诃走上前去想把吴明彻搀起,却被吴明彻一把抓住手臂。吴明彻说道:"昔日随高祖武皇帝征战南北的诸将中,唯将军尚存。日后的江南就靠将军庇护了,老夫在此为江南的苍生拜求将军了。"

从吴明彻的营帐中走出来时,萧摩诃心情沉重,自己究竟能不能撑起陈朝未来的一片天?面对吴明彻,萧摩诃深切感受到,一位老将暮年遭败的羞愧和对国家前途的担忧。回头再望大帐,吴明彻灯下那佝偻的背影再次触发萧摩诃的心弦。

他默默在心中念叨：即使风雨来得再猛烈，西陵的松柏依旧长青。将军，放心吧，这千里吴地，我会为你誓死守护！

这时，萧摩诃喊道："来人！"一名近卫兵兴冲冲来到萧摩诃跟前，问道："将军，有何吩咐？"萧摩诃面无表情道："备马，连夜突围。"

随后，萧摩诃挑选八十精骑，趁夜率先突围。萧摩诃领头，周军无人敢挡，陈军的骑兵部队得以在八十骑的掩护下安全撤出，天亮时到达淮南。吴明彻败讯传到建康城后，陈宣帝征召萧摩诃还京，任命他为右卫将军。

而吴明彻这边，大批的步兵要想突围只能依靠水路。士兵们建议劈开徐州城外的拦河坝，让河坝里积蓄的水注入清水，抬高清水水位，以此打通道路。事已至此，只能抱着试试看的心态了。随后，他下令毁掉坝堰，陈军主力随即坐船趁水势退军。不过，这招事后被证明是一步臭棋，到了清水河口，由于水少吴明彻的船队还是搁浅了，进退不得。这对于早已埋伏多时的周军来说无异于到嘴的肥肉，就看谁先抢上前去大快朵颐了。数万步兵悉数成了周军的俘虏，同时被俘的还有主帅吴明彻。宇文邕加封吴明彻为怀德公，但他不久因忧愤加重病，六十七岁的吴明彻死于长安。

十年之功，毁于一日。陈宣帝登基以来的第三次北伐竟如此惨淡收场，非但没能以小博大，反倒赌输了一大注；非但没能拿下淮北，反倒让主力部队损失惨重。如此一来，淮南一线也变得岌岌可危。后世有说陈顼志大才疏，也有说陈顼用人不明，究其根本，这是两个国家国力的较量。尽管陈朝已经拿下淮南，却已是国力的极限，再与已经统一的北周相抗衡。除非是陈庆之转世、陈霸先再生，方有一线生机。以吴明彻之战力、陈宣帝之能力，要做成这件事，确实太难了。好在陈宣帝有一点比陈文帝好，就是他的心胸同其叔父陈霸先一般，宽容博大，而且还能自觉自省。得知吴明彻大败后，他急忙找到蔡景历和毛喜，向他们郑重道歉，承认对于北伐的盲目判断导致了这次失利，自己要负主要责任。随后，陈宣帝又向他俩询问如何善后。

最终，陈宣帝接受臣下意见，命大将淳于量为大都督，率军守卫淮南，防止周军趁机继续南下。只是，亡羊补牢的举措做再多，亦无法弥补犯下的大错。此战之后,陈朝君臣闭口不提北伐之事,只求能继续存活下去。陈顼的强国之梦由此化作泡影。

陈朝虽然偏居一隅,但"南朝正统"这个金字招牌依旧够他消费几年的。陈宣帝也并非昏聩之主,宇文邕伐陈的时机尚未到。于是,他将目光投向了北边的突厥。高绍义和高宝宁这对远房亲戚一个仗着突厥撑腰,一个仗着高句丽撑腰,都不把北周放在眼里,还时刻陶醉于当初的北齐时代。对于敌国和遗留政权孰轻孰重,任何一个成熟的王者心中都有一杆秤。

经过一番准备,公元578年5月23日,宇文邕御驾亲征,五路齐发,直扑塞北。但是很不巧,出发没多久,宇文邕就感觉浑身上下不舒服,这架势一看就是病了。急匆匆返回长安的那天,宇文邕就一命呜呼了,年仅三十六岁。这位曾经高呼"平突厥,定江南,一二年间,必使天下一统"的伟大帝王,竟然陨落得如此悄无声息。他是北魏孝文帝以来,北朝最伟大的君主,亲手将北周的历史轨迹从胡化的岔路上重新拉回正轨,并将汉化的结晶重新撒播在北方的大地上。

他的"灭佛",让国人挣脱了宗教的束缚,使我们没有陷入西方中世纪的宗教千年黑暗;他的"废奴",让门阀制度犹如摧枯拉朽般迅速被瓦解,对"江陵之难"中被充作家奴的百姓的解放,更让人们见识到一个大国对于昔日错误敢于承认的胸怀,那震撼力,一扫"六镇起义"以来,北朝在汉人心目中"蛮夷胡化"的形象。而他本人也誓与孝文帝比肩,甚至说要超越孝文帝,怎奈老天没有再给他结束西晋分裂以来三百多年乱世的机会,这一重任注定要由他的亲家——隋文帝杨坚去实现了。

宇文邕死后,庙号被尊为"高祖"。虽然他不是北周的开国之君,但这个高祖的庙号得来理所应当。随后,十八岁的太子宇文赟继位,是为周宣帝。一时间,一南一北两位宣帝,倒也是历史的一则另类幽默。只不过,这位新皇帝在登基那天,摸着背上的一身伤,没好气地说了句:"死得太晚了!"此话似乎也道出北周王朝为何会迅速瓦解的原因。

河山易主

宇文赟之所以这么憎恨他的父亲，只怕与从小受到的棍棒教育密不可分。宇文邕不仅严格要求自己，对接班人更是相当严苛。所以，每当宇文赟稍有差错，宇文邕便会将其痛打一番，打得体无完肤。偏偏宇文赟又不是个圣人，作为一个正常男人，好色贪杯是难免的；而作为一个帝王子弟，亲信群小也是职业病。外加宇文赟也没有"存天理，灭人欲"的高觉悟，自然是"任凭风吹雨打，我自闲庭信步"，更确切地说，应是"任凭狂抽猛打，我自我行我素"。

有一次西征吐谷浑，宇文邕让宇文赟为主帅，王轨、宇文孝伯在一旁辅佐。结果，这位太子爷和自己的小厮郑译玩得不亦乐乎，俨然没意识到自己在打仗。最终，仗是打赢了，但王轨也参了这位太子爷一本——宇文赟又是被一顿好打。宇文邕一边打还一边说："你这个浑小子不知轻重，古往今来多少太子被废，那么多儿子我非在你一棵树上吊死吗？"宇文邕这话还真是说大了，老二比老大更不是个东西，老三往后又都是娃娃。此时的宇文邕倒是像极了刘裕，极目所见的都是扶不起的阿斗。

时间如流水，现在北周帝国的新君是宇文赟。登基后，他首先做的不是南征北伐，一统天下，而是积极享乐，坐拥江山。他急不可耐地把父皇宫内的十几位小妈全部收编，与其让这些小妈独守空闺，倒不如让她们发挥余热呢。随后，在朝堂上，他开始了血腥、恐怖的统治。凡是功臣，那便是贼臣，会危及国家。他率先把屠刀指向了自己的叔叔宇文宪。宇文邕排行老四，宇文宪是老五，加之战功赫赫，可谓是要资历有资历，要战力有战力！这样的人不死，宇文赟怎么能睡得安稳？

宇文赟的心腹郑译开始为主人筹谋了。这个郑译倚靠和宇文泰正妃的亲戚关系得以步入宫廷，之后便一步步成了宇文赟的亲信，做坏事最拿手。按照郑译的授意，宇文赟将宇文宪诓骗至内室，随后绞杀。为了给宇文宪捏造谋反的罪名，宇文赟接着杀了王兴、独孤熊等几个宇文宪的下属。随后，宇文赟又将肃反之风扩大化，将王轨和宇文孝伯等人也列入宇文宪叛党之流。一时间，朝中大臣，被肃反处决了一大批。老人死，必然有新人顶上去，于是大前疑越王宇文盛、大右弼蜀国公尉迟迥、大左辅申国公李穆、大后承随国公杨坚四人成了宇文赟时期的"四大天王"。

等朝廷的事情告一段落，宇文赟觉得应当享受下人生了。他扬言要搞定十万佳丽，这当然不可能，但比起宇文邕仅十余人的后宫来说，人数还是翻了N倍。高纬有两个皇后够牛吧？可宇文赟的皇后是他的两倍。除了杨坚的女儿杨丽华外，宇文赟还立了天皇后、天左皇后、天右皇后，高端，大气，上档次。

这期间，宇文赟还是干了一件正事。他趁陈朝主力被歼的当口，一鼓作气鲸吞了整个淮南。当时，周军准备继续拿下淮南，将陈军打回长江以南，于是派人进攻寿阳。这次来的不是别人，而是韦孝宽挂帅，由杞国公宇文亮、上柱国梁士彦等人在一旁协助。陈朝方面一看来的是韦孝宽，自然不敢怠慢，猛将萧摩诃参上。

但陈朝还未从一年前的战争阴影中走出来，很快就丢失了寿阳、广陵等地。最终，陈宣帝下令让淮南各郡的部队和百姓撤回江南，依照长江布防，萧摩诃负责殿后。周军见是萧摩诃殿后，纷纷不敢追击。陈朝淮南的部队和百姓得以从容撤退到江南，此举也等同于将之前北伐夺取的淮南之地悉数让给了北周。

当了一年多的皇帝，大小琐事让宇文赟非常厌烦。他也像高纬一样，甩手做起了太上皇，禅位给自己年仅六岁的儿子宇文阐，是为"北周静帝"，自己则自称"天元皇帝"。宇文赟自比于天，并规定任何名称、姓氏里都不能出现"天""高""上""大"这四个字，这些都是他的专属。如此一来，对于姓"高"的人来说打击更大了，先被亡了国不说，现在又不准姓"高"，只能姓"姜"了。对于自己仅存的五位叔叔，宇文赟也是打发他们各自回封地去了。宇文招去了襄国，宇文纯去了济南，宇文盛去了武当，宇文达到了上党，宇文逌到了新野，反正就是没有一个留在京师，朝堂之上就成了杨坚和尉迟迥两个外戚的舞台。宇文赟的这一举措也为后来北周的江山易主埋下了伏笔。

公元580年5月11日，宇文赟突然得了重病。从他平日的作风来看，基本与纵欲过度有关，否则，二十二岁的大好年华又怎会突然暴病？宇文赟将自己的三个心腹，郑译、刘昉和颜之仪召至寝宫，让他们起草遗诏，嘱托后事。可他话到嘴边，却再也难说出来。

其实遗诏的焦点不在于继承人，因为宇文阐已经提前做了皇帝，关键是新君年幼，辅政大臣该如何安排。郑译明白，自己在外人眼中就是个佞臣，当初太上皇杀宇文宪，自己也是出了力的；要让宇文赟在外地的五位叔叔回京，自己肯定必死无疑。那就毛遂自荐自己辅政吧！可郑译提起笔来就哆嗦，倒不是因为胆子小不敢假传圣旨，他尚还有点自知之明：陪皇帝吃喝玩乐可以，处理政务可就差远了。自己不行，那就让贤吧！郑译又看了下另外两位，禁不住地摇头——这两厮还不如自己呢！想来想去，既要德高望重，又要是对自己好的，郑译突然一拍脑瓜子，嘴里蹦出两个字——杨坚！作为第一批十二大将军之一的杨忠之子，作为宇文赟的岳父，杨坚完全有能力担纲辅政大臣。

郑译随即把杨坚喊来摊牌——皇上说不了话了，我们得拟一道圣旨，你做辅政大臣，如何？杨坚觉得幸福来得太快了，简直毫无准备。一向镇定自若的他，此时却没了主意。看到杨坚拿不定主意，一旁的刘昉威胁道："你要做快做啊，过了这村没这店了；你要是不坐这个位置，小弟我可来坐了。"这口气不亚于当初王敬则逼萧道成，杨坚半推半就地应承下来。

当天，宫内传出宇文赟的死讯。郑译随即颁布了所谓的"遗诏"，任命杨坚总管中外兵马事，为左丞相，而宇文赟的废柴二弟则被任命为挂名"右丞相"。至此，杨坚正式走上前台。他明白，退无可退，是做周公还是王莽，全凭自己的意志了。

要想操控朝政，必先笼络人心。杨坚也是这么做的。很快，北齐文豪李德林投入杨坚的阵营，并宣誓："愿以死奉公！"随后，杨坚又提拔了当时还名不见经传的高颎。但是，杨坚面对的敌人依旧强大——当初被宇文赟贬谪到外地的五位叔王已经踏上了回京之路。

其实，让五王回京也是杨坚的意思。有人会问了，把这五位老爷喊进京城来与自己争权，这不是昏了头吗？事实上，如果让他们留在外边，那才真是不省心：他们一旦与李穆或尉迟迥勾结起来，破坏力难以想象。

五王入京之后，杨坚已经坐稳朝堂，他们在京城反倒显得束手束脚。据说，五王还策划了几次暗杀行动，可惜都以失败告终。这时，他们怀念起那个两年前被害的五哥宇文宪了：倘若宇文宪在，哥儿几个至于这么窝囊，连个普六茹坚都弄不死么？

　　处理完亲王，杨坚又把目光投向了外镇有实力的诸侯，主要是和他同为"四大天王"的李穆及尉迟迥。尉迟迥曾有灭蜀之功，又是宇文泰的亲外甥，连宇文赟也是他的孙女婿，论资历，论战功，并不在杨坚之下。面对杨坚邀他入京的诏书，尉迟迥当下便扯旗造反，理由很粗暴：天元皇帝于你杨坚只不过是女婿，可与我却是孙女婿，还轮不到你杨某人对我指手画脚！

　　尉迟迥掌管了齐地数个州，手下部队有几十万。他一造反，立刻得到另外两人的响应——郧州总管司马消难、益州总管王谦。魏末有"淮南三叛"，如今北周末年也有了"齐地三叛"，只是结果都一样，只有被剿灭的份儿。相比杨坚的雷厉风行，年迈的尉迟迥已然没有当初带一万士兵便直取川蜀的豪迈情怀。行动中，他不仅动作迟缓，而且谬误多多。首先，起兵的时候他居然拥立赵王宇文招的儿子为主，这俨然是另立天子！当时北周名义上还是宇文阐的天下，另立天子无异于谋反作乱。他本可以打出"清君侧"的大旗，如今反倒成了乱臣贼子。而在对于盟友的争取中，尉迟迥依旧慢了杨坚半拍。并州总管李穆亦是"四大天王"之一，所掌管的山西实力雄厚，一旦他也倒向尉迟迥，那么之前北齐的旧地将全部成为叛乱者的地盘，胜负难以预料。反之，如果他站在杨坚这边，便成了旧齐疆域上最薄弱的一环。

　　李穆究竟会何去何从？这场决定未来中国北方命运的战争又将走向何方？杨坚代周的道路上还会出现怎样的波澜？与此同时，放眼南方的陈朝，强国之梦化作泡影后，陈宣帝又将有何动作？陈顼死后，积弱的南朝将以何种方式结束？那个传奇天子陈叔宝的荒唐岁月又为历史提供了哪些令人捧腹的笑点？所有谜团都将在最后一章纷纷揭晓。在烽火岁月中苦苦支撑的陈朝终将迎来自己的谢幕。

第六章

衣冠道尽、陈叔宝的另类人生

公元581年,北周静帝外公杨坚受禅登基,改国号为隋,是为隋文帝。经历了北魏、东西魏、宇文周与高齐,北地由鲜卑人统治的时代终成历史,隋朝的建立让北方遭受奴役的汉人重新看到了曙光,南北统一的步伐也随之加快了。经历了南北朝数百年的战乱与分裂,生活在这片土地上的人们即将迎来大气磅礴的隋唐盛世。

随着吴明彻的败北,陈宣帝的强国之梦宣告破灭,不久就在伤病和惆怅中含恨离世。陈朝随即迎来了最后一位主人——陈叔宝。鸡鸣寺后的胭脂井见证了这个朝代的灭亡,而"商女不知亡国恨,隔江犹唱后庭花"这首绝句几乎成为此朝不朽的历史LOGO。

现在,就让我们一起尽览陈朝的末世之光吧!

胡亡汉兴

　　李穆，这个七旬老翁需要做出人生中最重要的抉择——面对杨坚和尉迟迥的来使，究竟帮助谁？这个决定不仅关系到一家老小性命，更将有可能改变整个北国未来的历史走向。看似艰难的抉择，李穆却决断得异常轻松。他随即派人给杨坚送去十三环只有天子才可佩带的金带，同时押送了尉迟迥的使者。李穆此举不止透露出"我站在你这边"的信息，更暗示倘若杨坚称帝，他依然无条件支持杨坚。

　　人们难免好奇，为何李穆的态度如此直截了当，毫不犹豫？这想必从当初诬告斛律光谋反的那位汉人身上能够找到答案。李穆是汉人，杨坚也是汉人，可无论从文化上抑或血统上，尉迟迥却是地地道道的鲜卑人。倘若尉迟迥赢得这场胜利，北周说不定会重新走上胡化的道路。自"六镇起义"以来，北方脱离汉化正轨已有数十年之久，真的不能再走错路了。所以，李穆心中一直有个声音在呼唤："助力杨坚，守住这来之不易的汉化国家！"

　　李穆的支持让杨坚心里有了些底气，随后他又收到一份支持者的密信。原来，西梁国内经过一番激烈争论，最终既没有倒向陈朝，也没有倒向尉迟迥，而是站到杨坚这边。对于这份厚礼，杨坚非常欣慰。要知道，西梁和杨坚控制的朝廷间可是隔着司马消难的叛乱区，随时都有被司马氏消灭的风险。

　　但是，杨坚这边出兵不久，就有谣言说梁士彦、宇文忻、崔弘度三人与尉迟迥互通款曲，随时有投敌的可能。人心动乱的时候，谣言极具杀伤力。杨坚准备临阵易帅，但李德林却建议采用折中的手段，指派监军去即可。究竟派谁去执行这项危险的任务呢？思虑再三，杨坚最终敲定了高颎。另一边，韦孝宽的大军已经开到了前线。韦孝宽和尉迟迥，一个七十多，一个六十多，都算半截身子入土的老人了，如今还要在沙场上决一死战，倒也称得上一段奇闻。

　　韦孝宽这个人，虽然算名将，指挥的大战役却不多，"玉璧之战"算一个，如今这场大战也能算一个。在他的军事生涯中，绝大多数时间是在边境负责防务度过的。宇文邕东征北齐的时候，韦孝宽还曾请缨出战，只是宇文邕以他年事已高为由拒绝了。韦孝宽无奈地说道："臣今日衰老，只有诚心而已。然当年少壮之时，亦尽力效忠先朝，平定关右！"从韦孝宽的回复看，他并不是一个生来就低调、甘于寂寞的人，但何故能数十年如一日地镇守一方，而不思入镇京师？其实，在他年轻的时候曾目睹过与他的恩师王思政有关的悲剧。

当初被派去参与河南大战的汉将王思政因等不来北周的援军，最终凄惨地死在了东魏。韦孝宽从恩师的下场中悟出这么一个道理：在一个鲜卑人主政的王朝，作为一个汉人将领，你必须低调，抬起头来做事，夹着尾巴做人，否则，王思政就是自己的前车之鉴。王思政太高调了，不仅引起敌人的注意，也引起西魏方面的一些鲜卑将领的反感，最终他的军事生涯半道而卒。韦孝宽要想活下去，就必须磨掉自己的锐气，老老实实地闷声做事。事实上，他也是这么干的，他将自己的大好年华耗费在了河西之地上。

韦孝宽这么做也是有回报的。韬光养晦数十年间，北周重新走上了汉化道路。汉化的北周消灭了胡化的北齐，改良的府兵制允许汉人进入军界高层。韦孝宽对此甚是欣慰：老夫苦等数十年是值得的！

如今，刚刚走上汉化道路不久的北周王朝面临着尉迟迥这等胡化分子的威胁，作为一个正儿八经的汉人，韦孝宽十分清楚自己的历史使命。尽管年事已高，尽管尉迟迥的势力并不弱，他依然要打赢这场战争！他不单为了北周，为了杨坚，更是为了全天下千千万万的汉人，不只是周国的汉人，还有陈国的汉人。他相信，天下一统的日子不远了。从最早的民族矛盾，到后来的意识形态矛盾，一切的一切都已是过眼云烟。当南北双方意识形态统一，民族广泛融合后，九州一统的大计必然是呼之欲出了。

韦孝宽驻军沁水西岸，而尉迟迥之子尉迟惇则领军在东岸对峙。此时正值沁水的汛期，猛涨的水流让双方都没有过河的信心。韦孝宽这边还有别的顾虑——梁士彦、宇文忻、崔弘度三人消极应敌，人虽在韦孝宽的营内，可派去尉迟迥那边的使者却是络绎不绝。

很快，高颎来了，办的第一件事就是催促出兵："都是吃皇粮的，在这儿磨磨蹭蹭作甚呢？都别给我首鼠两端，我可是钦差大臣，到时候砍了你们脑袋，你们都没地方说理去！"要说钦差确实有用，士兵积极性增强不少。紧接着，韦孝宽的部队开始在沁水上架桥。尉迟惇想放火烧桥，可惜动作慢了，没能得手。

看着浮桥已经构筑完成，尉迟惇灵机一动，下令撤军。他不是打算逃跑，而是准备"半渡而击"。稍稍退后是为了留出空间，让韦孝宽的部队能够从容渡河。只是，并不是所有人都能如关二爷般用拖刀计的。很多人因为马匹跑得不快，拖刀没用好，反倒被人追上砍死了。这边的尉迟惇也是可以用弄巧成拙来形容。

尉迟惇这边一退，韦孝宽的部队立刻抓紧时间抢滩登陆。在震天的鼓声中，韦孝宽的部队如天降奇兵般出现在叛军面前。而尉迟惇这边还没调整好阵型，遭此一冲，阵势立刻大乱。而高颎在全军渡河后，下令一把火烧掉浮桥，以示破釜沉舟之决心。背水一战的周军战斗力一下子被激发起来，叛军很快全军覆没，只有尉迟惇单骑逃出。

得知尉迟惇的失利，坐镇邺城的尉迟迥决心与韦孝宽决一死战。他在邺城下集结了十三万精锐部队，致信尉迟勤，邀他率领主力部队撤出青州，前来助战。尉迟勤的三千骑兵已经到达，还有数万大军随后赶来。总之，此时的情形对韦孝宽极为不利。

尉迟迥身披铠甲，操刀策马地出现在阵前，样子很是威武。而他的身后，是他精挑细选的一万"黄龙兵"。这支部队由他的嫡系亲信组成，个个以一当十。而且这支部队的军服也格外显眼，头戴绿巾，身穿彩衣，特别吸引眼球。

不过这场战争中，尉迟迥有一个很大的败笔。倒不是说他手下的士兵战斗力低下，事实上一开局，在尉迟迥的带领下，黄龙兵一直把韦孝宽的部队压着打。可有时决定胜负的未必是战斗力的高低，而是一些看似无关紧要的东西。尉迟迥这边的问题出在老百姓身上。鲁迅先生曾不吝笔墨地描绘了国人的"看客心态"，看到杀头的场面乐呵呵地只顾拍手叫好，也不管杀的是不是中国人。想来，这种"看客心态"应是传承自千百年来的旧习。邺城作为以前北齐国的首都，老百姓对周军的印象一直不是很好。如今关中周人上演"狗咬狗"的大戏，这么热闹的场面老百姓怎能错过？大家纷纷扶老携幼，拿着板凳，嗑着瓜子，前来看戏，人数竟然达到数万之众。

宇文忻这时盯上了这群看客，觉得这群看戏百姓是自己破敌制胜的关键。他下令集合全军所有的弓弩手，对敌方"观众席"进行火力压制。宇文忻的不按套路出牌惊扰了正在看戏的老百姓，他们哪里知道看戏还能看出事情来，在纷纷落下的箭雨中四散奔逃。这么一来，大规模的踩踏事件屡屡发生，尉迟迥的后方一片骚乱。随后，宇文忻又效仿朱序和冯小怜，授意士兵高呼："贼军败了！"周军一看敌军后方混乱，以为敌人真出现骚动了，士气上涨，将战线逆推过去。尉迟迥不清楚后方发生了什么事，听到"败了"，信心大减，带领残军退入城中。

用老百姓当人肉沙袋，宇文忻不是第一个，自然也不是最后一个。

此时的邺城根本就守不住了。城破之时，尉迟迥登上城楼放箭射敌，箭用完后掷弓于地，拔出宝剑自刎身亡。韦孝宽下令将城内剩余的残兵全部坑杀，以儆效尤。尉迟迥的残部也在不久之后被悉数消灭。尉迟迥一死，王谦和司马消难败得更加迅速。王谦被杀，司马消难运气好点，趁机逃到陈朝那边去了。这个司马消难早期从东魏叛逃到西魏，而今又从北周叛逃到陈朝。杨坚灭陈的时候他还活着，杨坚顾及旧情，饶了他一命，他也从陈国被押送回大隋朝。观其一生，在后三国之间来回穿梭，此君也算政治老油条了。

这场决定国家民族命运的大决战，韦孝宽为杨坚打赢了。他用自己的实际行动表明，胡化之路终将过去，汉人即将重新成为华夏的主人。为了这一天，数百年以来，无数汉家豪杰抛头颅洒热血，王猛、崔浩、杨愔、祖珽，还有他的师傅王思政……比他们幸运的是，韦孝宽已能看到那个新王朝的曙光，那将会是一个无比璀璨的王朝。它将冲破两晋南北朝的黑夜，将中华的历史推至鼎盛峰巅！

只是，此时的韦孝宽已是油尽灯枯，平定尉迟迥叛乱的当年，他也去世了。如果再活十年，他或许就可以见证那个光辉岁月的到来。无论如何，隋唐盛世的地基上，有韦孝宽的一块砖，不容置疑。

由于尉迟迥的大本营是邺城，而邺城又做过北齐的都城，于是杨坚下令将邺城全部毁掉，宫城及民居悉数焚毁。这座从曹魏时代便开始在历史舞台上不断登场的都城，最终在一场大火中被付之一炬，伴随它而去的则是魏晋南北朝一个时代的风采。自此往后，邺城彻彻底底化作了历史的尘埃。

平叛的同时，杨坚又通过和突厥和亲，让突厥方面遣送回了高绍义。至此，高齐的唯一残余势力仅剩盘踞东北的高宝宁了。平定叛乱后，杨坚再次把目光投向身处京师的宇文家五王，这是宇文宗室最后能拿得出手的东西，消灭了他们，北周的江山唾手可得。

无兵无权的五王显然要比尉迟迥容易对付得多。杨坚如是认为，五王亦如是想。不久，杨坚以谋反罪杀掉了赵王宇文招和越王宇文盛全家。其他三王也被迅速清洗掉了。至此，再无人可以阻挡杨坚夺权的步伐。公元580年，他宣布恢复汉姓，普六茹坚终于可以正名为杨坚。北周最后一层胡风的外衣也被彻底撕去。当年12月，杨坚被加封为随王，加九锡。次年二月，杨坚受禅登基，建立隋朝，年号"开皇"。短短大半年的时间里，他剿灭外患，内清宗室，从一个临危受命的辅政大臣，扶摇直上，一跃成为开国的九五之尊。无外乎后世评价他："自古得天下，无易如杨坚者。"

杨坚登基的那天，废除了一切北周旧制，重新恢复了汉制。杨坚，这个自西晋灭亡两三百年后重新成为北中国主人的汉人，让华夏大地上的普罗大众看到了汉文明复兴的希望。

陈宫喋血

尉迟迥的叛乱让杨坚意识到,稳定新生政权才是当务之急。至于江南的陈朝,便如陆法和的名言:"果子熟了自然就会落下。"大隋朝刚刚建立,百废待兴。如何构造帝国的根基,才是杨坚所考虑的当务之急。

在高颎和苏威等人的亲密合作之下,杨坚开始了大刀阔斧的改革。

首先是政治制度——三省六部制。这是一项意义深远的政治制度,中国古代的政治制度都是在此基础上进行不断修订。此制度的特点在于组织严密、分工明确,既加强了皇权,又能相互制约。同时,杨坚命令高颎以《北齐律》为蓝本设计了《开皇律》。统一全国后,政府又进行了全国人口普查,确立了输籍法,防止不法分子偷税漏税、户籍造假,同时增加了国家收入。据资料显示,隋朝在589年的时候纳税人口是589万户,到606年,已经达到890万户。

吏治方面,隋文帝也有大动作。为了压缩官僚机构、减轻政府财政负担,隋文帝裁撤了一大批冗官,下令全国各地州刺史级的高级佐官如长史、司马等,每年年底亲自进京向皇上述职。这样一来,杨坚就可以在这批官员中挑选合适的委以重任。

同时,杨坚还关注百姓疾苦。他对自己的生活很节俭,很苛刻,可百姓一遇到灾荒,他却会积极进行补助。关中大旱,杨坚外派的人员呈上老百姓吃的米糠和野菜,杨坚便深感自责,在朝堂上痛哭流涕。

修身、齐家、治国、平天下,解决了内政问题,就必须一统四海了。正如晋武帝当初巩固新建立起来的政权后,随即将兵锋直指东吴,杨坚的目光也瞄向了大江之南的陈朝。消灭陈朝,一统天下的大业也将随即实现。他将成为继秦始皇、晋武帝之后,第三个结束分裂、开创大一统王朝的君王。

可如今的陈朝只能用"苟延残喘"一词来形容。吴明彻的失利将陈朝积蓄十余载的财富、兵力消磨殆尽，以至于国家版图再次被打回至北伐前夕的样子。尉迟迥叛乱之际是陈朝北伐收复故土的最佳时机，也是老天给陈朝的最后机会，陈宣帝却无动于衷。不是他不在意，相反，他比任何一个人都在乎！怎奈颓废的国力已经不容许他再次举起北伐的大旗了。

别说淮北，连淮南陈宣帝都无法再夺回了。此时，他的军事战略只有一个字——守，能守一天是一天。他不求收复故土，只求能安稳守着一亩三分地就好。太建十四年正月初五日（公元 582 年 2 月 12 日），陈顼病重。正月初十日（2月 17 日），陈顼在宣福殿去世，终年五十三岁，庙号"高宗"。据遗照，皇太子陈叔宝理应继位。但他在继位前，还有一段不愉快的小插曲，对陈叔宝本人来说应该算是恐怖程度不亚于坐过山车。

陈叔宝，生不逢时，出生那年就厄运当头，正好是西魏部队攻破江陵之际。在梁元帝那儿做客的陈顼被宇文家掳掠去了长安，再度被羁押。陈叔宝一出生就是囚犯，这日子确实悲剧。好在他还算幸运，后来他大伯父陈蒨愿意用两个州换取他父亲陈顼南归。于是，陈叔宝也随着踏上了南归之路，并成为陈朝的安成王世子。再往后，陈顼做了皇帝，陈叔宝也摇身一变，从世子成了太子。

我们知道，陈顼号称史上拥有儿子数量最多的帝王——足足四十二个。这么多皇子就当个个乖巧听话，也不可能不对皇位生出非分之想。相较前三朝，此时宗室内部的杀戮少多了，但不代表没有。陈蒨杀陈昌，陈顼废陈伯宗、杀陈伯茂，这些都是血淋淋不争的事实。或许此前，陈朝皇室人丁稀少，也就没能形成大杀特杀的惨烈局面。但陈顼儿子众多，这简直成为培养犯罪的先天优势。

陈叔陵，陈叔宝的二弟，对自己这个废柴哥哥可是一百个不满意，一门心思想干掉老大，自己接班。陈顼病重期间，陈叔宝和几个兄弟曾经一起侍奉父皇。当时，始兴王陈叔陵就对兄长起了杀心。陈宣帝驾崩当天，陈叔陵急忙让左右去取剑，这一举动引起兄弟陈叔坚的警觉。只是，当左右把剑拿来后，陈叔陵傻眼了——这是一把桃木剑。陈叔陵气得大骂："真是不怕神一样的对手，就怕猪一样的队友。你拿把桃木剑给我，是给我驱鬼用的么？我能杀只鸡还是宰个猴？"其实，这不能怪左右，是陈叔陵没说清楚要什么剑。左右一寻思，老皇帝驾崩铁定要拿桃木剑做法事，于是就私自做主拿了桃木剑。

箭在弦上，不得不发。既然手里没有利刃，只能就地取材了。这时，陈叔陵正好一眼瞄到当时御医切药的刀，赶紧揣在兜里。陈宣帝的尸体已经入殓，孝子陈叔宝正趴在地上痛哭流涕。身后的陈叔陵正是"喜从心底气，恶向胆边生"，拿出药刀就往哥哥脖子上砍。他边砍边喊："匹夫受死！"不过，陈叔陵激动过了头，事先也没检验下这刀锋不锋利。宫内是禁止出现利刃的，御医的药刀切切草药还可以，用来杀人只能说陈叔陵想太多了。倒是陈叔陵手上还有些力道，虽然没一刀砍死陈叔宝，还是把大哥给砸晕了。

陈叔宝的亲妈柳皇后看到这一幕，连忙哭喊："作孽啊，老头子刚死，老二就要杀老大，作孽啊！"一边喊一边来阻拦。陈叔陵还想再砍陈叔宝，被柳皇后拦住。未承想，陈叔陵这个不孝子杀红了眼，竟然随即给了柳皇后几刀。柳皇后挨了几刀后，其他人也围拢过来支援。陈叔宝的奶妈从背后拽住陈叔陵的胳膊，而他的四弟长沙王陈叔坚则死死扯住陈叔陵的脖子，还趁机夺下其手中的药刀，并用衣服将陈叔陵缠在宫殿的柱子上。被砍晕的陈叔宝晕乎乎地醒过来，做的第一件事不是去治陈叔陵的罪，而是撒丫子逃命，趁早远离这个危险的地方。陈叔坚则追上去询问该怎么处置陈叔陵。这么一来，没人看管了，陈叔陵得以逃脱。他一寻思，干脆一不做二不休，直接举兵造反。可他在京师没有兵，不过这点难不倒亡命之徒。陈叔陵随即释放在京的囚犯，给他们分发武器，编为自己的部队。他又广发英雄帖，号召各个亲王一起讨伐陈叔宝。怎奈，陈顼的儿子何其多，却没有一个听从二哥的旨意，倒是他的堂兄弟陈伯固赶来支援了。

陈伯固，被封为新安王，是陈蒨的第五子，生下来就可以用"先天畸形"来形容——驼背，白内障，还是个典型的侏儒。但他特别会吹牛，侃大山，不只是个酒鬼，还是月光族。他从来没有积蓄，喝醉了竟然还向乞丐伸手要钱，也不怕有失身份。陈朝的亲王中，就属他穷困潦倒，陈顼有时也会接济他一下。这家伙做官期间，啥正事都不干，不是打罚下属，就是跑马打猎。他一个人玩还不算，时常喊了一堆老百姓跟他一起玩。这么一来误了农时，百姓对他怨声载道。为此，陈宣帝没少训他。

早先，陈伯固是陈叔宝的铁杆损友，后来陈叔陵入朝了。陈伯固一看，老二比老大更不是东西，更能和自己玩一块儿去。两人臭味相投，动不动就数落大臣，不管人家年事多高，功劳多大，都要戏谑一番。陈伯固依仗自己任职宫中的便利，时常给陈叔陵汇报小道消息。

这次，他得知陈叔陵起兵了，想都没想就单骑投奔，一来给好友助拳，二来当初陈顼夺了原本属于他们这一支的皇位，文帝一脉的后裔心中都有不满，陈伯固也不例外。这一次，他权当是一场报复吧。只可惜，两人一接触，陈叔陵才发觉这位堂兄弟竟然喊不来一个人，手下也尽是临时组合在一起的乌合之众。陈伯固虽然顽劣，脑子却不笨，思忖着陈老二铁定得败，便趁机开溜。当时城门已关闭，他只得从白扬道走。后来他在乱军之中被杀，年仅二十八岁。

再来说陈叔陵。他这边起兵的动静闹大了，陈叔宝再蠢也知道下一步该怎么做。他找来萧摩诃，请求他平叛。萧摩诃二话不说就带着几百骑包围了东府（陈叔陵的叛乱地）。陈叔陵一看来的是萧摩诃，立马慌了神。想当初，这位猛人可是单挑无敌手，吴明彻死后，陈国军界首屈一指的大佬便是他了。虽然陈叔陵这小子也颇有些能耐，十六岁那年便因骠勇善战受封都督，坐镇一方，但与萧摩诃十三岁就敢与杜僧明单挑相比，还是差得太多。

陈叔陵打算争取萧摩诃，一旦他愿意站在自己这边，陈叔宝的脑袋迟早要开瓢。于是，陈叔陵让人送了萧摩诃一部鼓吹，并附言："事成之后，我任命你为三公。"萧摩诃给出的回复是："你必须派自己的心腹来，方可表示诚意，我才可以信你。"陈叔陵一看有戏，立马傻愣愣地派心腹去接洽萧摩诃。结果萧摩诃手起刀落，当即阵斩了陈叔陵的心腹。陈叔陵一看自己被萧摩诃耍了，而朝廷部队聚集得越来越多，无奈之下只能遣散囚犯，自己趁机从南门出逃，又撞上了萧摩诃，被一刀砍死。

要说陈叔陵最终落得如此下场，也算是罪有应得。纵观其一生，也是个淫乱之人，生活腐化，性格残暴，心术不正。坐镇地方的时候，他无恶不作，史书记载"湘州诸州镇闻其至，皆震恐股栗"。他在湖南的几年，整个湖湘之地成了人间地狱。除了为政苛刻，陈叔陵还有一个非常见不得人的勾当——盗墓。盗墓可以说是此君这辈子的至大乐趣。曹操也盗墓，但多半是迫于经费紧张，盗几个墓捞点钱，而陈叔陵盗墓纯粹是为了找乐子。建康城是六朝古都，周边不少前朝帝王的陵墓，陈叔陵总是带着手下到处转悠，看能不能刨出个东晋、宋、齐、梁的古墓来。找不到帝王陵，那些达官显贵的坟墓他也不放过。如果看到哪座坟墓修得壮观，他便让人掘开，进去转悠一圈后拿走自己喜欢的东西，有时甚至连死人骨头都捡回去几根。

后来，陈叔陵的亲妈彭氏去世，要找一块风水宝地。陈叔陵相中了梅岭，而此地恰有东晋谢安的陵墓。陈叔陵一看大喜，连忙掘了谢安的坟墓给老妈腾地方。当然，谢安坟墓里的陪葬品也是该拿拿，绝不客气。陈叔陵最终落得如此下场，真是活该。有必要提一下陈叔陵的身后事。陈叔陵王府后被改建成猪圈，而他霸占的谢家祖坟也被归还给了谢家。

消灭了陈叔陵，陈叔宝终于顺利登基。这次平叛过程中，萧摩诃表现出色，陈叔宝加封其为散骑常侍、车骑大将军、绥建郡公，不仅将陈叔陵名下所有财产转赠给萧摩诃，还选了萧摩诃的女儿为太子妃。一时间，萧摩诃荣宠至极。

只是，陈叔宝的位子虽坐稳了，国家却日益走向穷途末路。后世将陈叔宝称为"陈后主"。一听到"后主"二字，人们脑海中浮现的无不是刘禅、高纬、李煜这一串名字。"后主"与"亡国"是如假包换的绝配啊！唐朝的"小李杜"分别作诗提到这个陈后主．李商隐的一句是："地下若逢陈后主，岂宜重问《后庭花》？"当然，这句诗批判陈后主的同时，更主要的是嘲讽了隋炀帝。不过人们对这一句的熟悉程度远不如杜牧的那句"商女不知亡国恨，隔江犹唱《后庭花》"。一个君王为后世所认知，竟会与一首《后庭花》有关。这个《后庭花》究竟有多大魅力？陈叔宝又是如何吟唱着《后庭花》最终败光家国的呢？

玉树遗恨

"丽宇芳林对高阁,新装艳质本倾城。映户凝娇乍不进,出帷含态笑相迎。妖姬脸似花含露,玉树流光照后庭。花开花落不长久,落红满地归寂中!"一曲《玉树后庭花》吹散了江东仅存的一丝王气,也奏响了末世的丧乐,作为亡国之音的代名词流传至今。

魏征评价陈叔宝是"生于深宫之中,长于妇人之手"。这套文艺的说辞搁现如今有一个专业术语——奶嘴男。既然陈叔宝是奶嘴男,其人生态度自然是逍遥自在,快活一世,什么国家大事、百姓疾苦,太费力气了,通通抛到脑后吧。这一点,他倒像极了高纬。

陈叔宝继位那年是什么情况呢?陈宣帝北伐时代打下的领土全部又被吐了出来,南陈和北周不得不再次划江而治。随后北周改换门庭,杨坚建立了大隋朝,并摆出一副时时准备南下的姿态。只不过,陈叔宝运气比较好,突厥这个愣头青先替他挨了一顿杨坚的"组合拳",立马分裂为东西两部,而陈叔宝则趁此机会好好享受了一把人生。

陈叔宝的皇后沈婺华是出了名的正经人,就是因为太正经了,让陈叔宝提不起一点兴致。这位沈皇后不仅是个虔诚的佛教徒,每天诵经,还是温柔贤淑、母仪天下的标准国母。她经常劝谏陈叔宝的不当言行。可她越是这样,陈叔宝就越觉得扫兴:我是娶了个老婆,还是娶了个妈?

久而久之,陈叔宝对沈皇后就不耐烦了,老想废了她,另立张丽华。好就好在陈叔宝虽然昏聩,还不至于残暴,仅存的一丝结发之情让他一次次打消了废后的念头。直到杨坚灭陈,陈叔宝废后一事也随着家国的破灭而告终。不过,陈叔宝曾写过一首名为《戏赠沈后》的诗,借以调侃发妻。当时,陈叔宝准备去沈皇后那里过夜,可一看妻子那副冷冰冰的模样,益发感到无趣。他待了一小会儿,就离开了,走前留诗云:"留人不留人,不留人去也。此处不留人,自有留人处。"

后半句传颂至今，只是多半没人会知道此"绝句"的作者是陈叔宝吧。而沈皇后也是才女，随即和诗一首《答后主》："谁言不相忆，见罢倒成羞。情知不肯住，教遣若为留。"大意是：谁说我不想你啊，只是见了面感觉羞涩。我明知你是不怎么想留下来的，怎么又会强留陛下呢？她的一番言辞表述得不卑不亢，丝毫无损皇后的身份。

而沈皇后的结局也算差强人意。隋朝灭陈后，她和陈叔宝一道去了长安。可隋朝续存的时间也不长，隋亡后，沈皇后从广陵回到故乡，后在毗陵（今江苏武进）天净寺出家为尼，法号"观音"，唐贞观初年去世。这位法号"观音"的贤后，高贵、博爱、明理，确是真善美的化身，只可惜配错了姻缘，即便曾贵为国母，作为女人亦是枉然。

沈皇后不得宠，于是就便宜了出身低贱的张丽华。张丽华本是龚贵嫔的婢女。此姝发长七尺，黑亮如漆，光可鉴人，眉目如画，肌肤胜雪，顾盼之间，熠熠生辉，极目而视，宛若惊鸿仙子。如果说只是个绣花枕头倒也无法迷倒陈叔宝。陈叔宝和高纬一样，都喜欢才貌双绝的女子。所以穆黄花只能红极一时，冯小怜却能让高纬爱得死去活来，原因就在于后者弹得一手好琵琶。

张丽华也有让陈叔宝欣赏的独特美。她聪明，能言善辩，鉴貌辨色，记忆力尤佳。当时，奏折一般先由宦官进行初步处理，再送到陈后主处。有时连这些专职的宦官都忘了奏折内容，张丽华只瞄一眼就能过目不忘，逐一作答，毫无遗漏。陈叔宝一看：绝了，不仅得了一位佳人，还是一个贤内助呢！

陈叔宝先是让张丽华执掌内事，代行皇后之职，随后又让她干预起朝政来。国家大事陈叔宝一般都与张丽华商议之后再行决策，史书记载"置张贵妃于膝上共决之"。下边的官员见状，凡自家亲属犯了事，都去求张丽华。她也是"交完钱，就放人"，从不含糊。如有王公大臣不按张丽华的授意去办事，立马便会遭到撤职。可记性好有时也是坏事，只要被张丽华记上仇的人，不死也得脱层皮。

久而久之，与其说是陈叔宝在当政，倒不如说是张丽华一手遮天。这奇女子也因替陈叔宝诞下四子陈深和八子陈庄，从而晋升"贵妃"的头衔。除张丽华外，孔贵嫔也深得帝王宠爱。为此，大臣孔范都赶着和她结拜兄妹。当然，还有一些载入史册的嫔妃，如龚贵嫔、王美人、李美人、张淑媛、薛淑媛、袁昭仪等等。

令人不免唏嘘的是，在这些宠妃的名录中并未有沈皇后的身影。论才学才情，沈皇后绝对技压钻营小聪明的张丽华，但她却不屑于争风吃醋，卖弄风情，始终保持一颗平常心，安之若素。《大汉贤后卫子夫》里面那六个字"不争、不显、不露"，恰恰贴合了沈皇后的言行操守。也正因如此，沈、张二人的结局也有了天壤之别。灭国后，沈皇后修成"观音"，张丽华则被视作"祸水"遭斩杀。

为博美人欢心，陈叔宝在宫内修筑了临春、结绮、望仙三座楼台。每座楼台都高达数十丈，连延数十间，饰以金玉，大有与纣王的鹿台试比高的架势。而这些楼台内都是人工假山和湖水，同时移植了各种珍奇罕见的盆栽。楼台的梁柱也是用檀木打造，每当微风吹来，香飘十里，宛若置身人间仙境。陈叔宝本人居住在临春阁，张丽华住在结绮阁，龚、孔二贵嫔居望仙阁，三座楼台之间互有通道相连。

后宫如此糜烂也就算了，陈叔宝的朝堂上也是宵小横行。最受陈叔宝宠信的是四个蝇营狗苟、拍马溜须的佞臣——江总、孔范、施文庆、沈客卿。江总身为宰辅却不理政务，而是整天和陈叔宝腻在一起玩乐，孔范就更不用说了。他们之所以被提拔，皆因文章写得好，有才气，走文艺路线的陈叔宝自然要给他们加官晋爵。

陈叔宝和江总、孔范等一批文人整日厮混一处，寻欢作乐，醉生梦死。底下的人一肚子意见而陈叔宝压根儿不理会。当时，陈朝的宫廷时常有诗文沙龙，男男女女凑在一块儿，互相吟诗诵词，写文赠答，通宵达旦而不知倦怠。在这样的文艺氛围中，那首《玉树后庭花》应运而生。陈叔宝对自己的作品很是满意，特意从宫女中选了一拨儿人组成乐队，分声部每天练习这首曲子，大有和高纬那首《无愁曲》一较高下的态势。陈叔宝重文轻武的态度，也给足手下那群文官嚣张的资本。孔范更是将这股子嚣张劲从心里张扬出来。他认为自己文武全才，堪比周公瑾在世，遂向陈叔宝吹嘘："外边那些将领，都是从小兵蛋子一步步爬上来的，全靠资历升迁，只能逞一逞匹夫之勇。要说深谋远虑，他们懂啥啊！"

陈叔宝开始不信，便找人做调研，那些人哪敢和孔范唱反调，纷纷说孔范说得在理。陈叔宝一看，发觉孔范果然有先见之明，合着自己这么多年来养的都是一群废物。于是，陈后主决定将"重文轻武"进行到底。武将们稍有过错，便会被剥夺军权，转而交给文官，连任忠这样历经几朝的武将最终也被孔范取而代之。然而，事情远没有结束，日后和隋朝决战的时候，任忠和孔范的表现狠狠扇了陈叔宝一记耳光。

而陈国此时的局势可以说是"军听了军愁，民听了民怕"。南陈的那点家底子不够，陈叔宝每每要大兴土木，只能搜刮民脂民膏。沈客卿和施文庆负责国家的税收，为了弥补财政赤字，他们新增了不少名目的苛捐杂税，赋税一下子提高至以前的十倍。这么一来，民众哗然，揭竿而起不过是时间问题，可陈叔宝尚不自知。当然，最后让陈朝灭亡的不是内部起义，而是来自北边的军事征服。

此时的北方，杨坚的大隋已经稳住了局面，突厥也在其略施小计下分裂为两部。北疆初定，杨坚便将目光再次投放到江南的陈朝。早在陈顼去世那年，隋文帝就曾经派遣部队南下，作了一次试探性进攻。那一年正巧是杨坚代周称帝，倘若一年间同时完成开国和统一两件大事，那么对杨坚来说也是前无古人后无来者了。只是理想很丰满，现实很骨感。当杨坚的先头部队派出，准备主力跟进的时候，后院突然起火了。突厥的大军集结南下，一下子打乱了杨坚的部署。他只得命令前方部队匆匆返回，转而处理突厥问题。不过，作为国君，每一次军事行动都得给出个理由，尤其是退兵这种丢面儿的事。此番杨坚的理由是：陈叔宝刚刚丧父，自古礼不伐丧，出于道义，我不能这么做。但真实情况大家心知肚明。

杨坚就此开始了长达三年多对突厥的军事打击。为避免两线作战，杨坚与陈朝须暂时互不干扰。正巧这时，杨坚手下抓到了一个陈朝的间谍。按理说，一旦发现军事间谍可以立即予以绞刑。可杨坚却格外开恩，好酒好肉招呼此间谍，事后还送了一大堆礼物，并将此人安全遣返。随后，陈、隋两国展开数年之久的外交活动。杨坚每每给陈叔宝写信，都不摆天朝上国的架子，用词极为谦恭，开篇几个字都是"杨坚顿首"一类的客套话。而"顿首"二字一般都只有下级对上级才用。陈叔宝倒也不客气，对方的谦卑让他颇为受用，不免令他错觉自己这块弹丸之才是天朝上国，而杨坚的隋朝不过是个蛮夷之邦。

人若不思进取，迟早要被吊打。陈叔宝从来没有居安思危的前瞻性。他无法看透杨坚复兴汉家衣冠，其一手创立的大隋是一匹无论在国力上抑或文化上都足以碾压陈国的猛虎。在解决完突厥边患之后，杨坚已经找不到任何理由去故作谦恭地麻痹陈叔宝了。

杨坚挑起战端的借口源于一封信。大人物就是这样，不想和你认真的时候，你就是整天问候他家人，他都一笑置之；可一旦和你较真儿，鸡蛋里也能挑出骨头。这一次，陈叔宝的来信中有这么一句："想彼统内如宜，此宇宙清泰。"大意是：你统治下的地方人民还能活得下去吧？我这里政治可是非常清明啊！隋文帝看了这话，差点没背过气去：你那儿赋税高得都能把人逼得自残了，朝廷内外连个能管事的都没有，居然还有脸在这儿给我扯谎吹牛！你陈叔宝的脑子被驴踢了吧！

随即，杨坚召开廷议，一起给这封信定性。"战表！这是战表！这是赤裸裸地向我们宣战！"大臣们个个像打了鸡血一般，其中最积极的当属上柱国杨素了，他甚至高呼："君主受辱，罪在臣下。臣请命伐陈！"

杨素向来城府极深，也善于捕捉机会。这次杨坚兴师动众地为一封信召开廷议，他自然明白主上是准备对南陈动刀了。他决定抓紧机会好好表现一下。杨素的表现让杨坚很是满意，日后伐陈杨素绝对是首要人选。但伐陈之前，杨坚还有一件事情要做。此时的中华版图上，除了北边的隋朝和南边的陈朝，还有一块政权存在，即西梁政权，此时的国君是萧琮。

公元587年8月，杨坚诏令萧琮入朝。萧琮没有反抗，也不敢反抗，没有丝毫怠慢，立刻动身北去长安了。他前脚一走，杨坚的大军就兵临江陵城下。萧琮的叔叔萧岩见大势已去，便带着江陵城的皇室以及十万百姓南归陈国，西梁由此灭亡。

隋军下一个目标已经昭然若揭——陈国，必须是陈国。两军交战之前，杨坚先吓唬了一把陈叔宝。原来，陈叔宝听说杨坚面貌奇特，便让使臣带回一幅杨坚的画像。结果画像一打开，陈叔宝便像唐僧看到人参果一样，连声高呼："拿走，拿走！我不想再看到这个人！"估计杨坚的霸主之相很不对文艺青年小清新的胃口吧！

该来的总要来，不会因为你怕，就不来。杨坚灭陈，统一华夏是板上钉钉的事,和陈叔宝的态度基本没什么关系。大军正式开拔前,杨坚率先引发了场外的争端。秦岭—淮河一线是一月份0℃的等温线,也是800毫米降水量的等降水量线,因此,生活在这条等线两边的民众生活状况与众不同,农作物的成熟收割期也和别处有很大不同。杨坚采纳高颎的意见,在江南的粮食丰收前派少许部队前去骚扰。陈国的部队为了保证粮食能够顺利收割,必然会派重兵把守,而隋军部队则可以借机退兵休整。等到陈军松弛懈怠之际,杨坚再次集结部队前去骚扰。三番五次的折腾过后,陈军也是见怪不怪了,懒得应付,对隋军的一切举动都将冷眼旁观。趁此机会,隋军便可全面进攻,一举渡过长江。

高颎的计策可谓歹毒,有了这套方案作为指导方针,隋文帝就可以放手一搏了。公元588年3月,杨坚以南陈接纳西梁流亡政府为由,下诏伐陈,宣誓要"永清吴越"。随即,他下令速速将诏书誊抄三十万份,通过潜藏于陈国内部的细作,全部散发至江南地区。一时间,建康城的街头巷尾随处可见隋朝细作张贴的大字报,内容则是杨坚对陈叔宝二十条罪行的声讨。而陈叔宝呢,还陶醉在西梁十万军民扶老携幼的南归盛景中。三十多年了,西梁分出去三十多年了。这个遗留政权是陈朝前几代君主一直想解决却没解决的老大难问题,如今在自己手下完结了,何等至伟!

公元588年10月,隋朝大军集结完毕。杨坚旨在一举消灭南陈,了却遗憾。为了加强自己的水军建设,这几年杨坚一直下令手下积极开发研制新型战舰,希望以此弥补北方将士不熟水性的软肋。而接受这一光荣任务的将领,便是之前最早的主战派上柱国杨素。在他的精心研发下,隋军战舰有了质的飞跃。杨素设计了一款名为"五牙"的战舰,分五层,高百余尺,可容纳八百余名将士。战舰配备了六门大拍竿,能同时数炮齐发,威力大得惊人。除了这艘巨型军舰,稍小一点的军舰也开发不少。这些战舰的投入使用,大大改变了陈、隋两军水上力量的配比。在后来的战斗中,杨素亲自登上"五牙"号战舰,一下子惊呆了对面的陈军将士。对方只得喟叹:"清河公(杨素爵位)即江神!"

有了如此威力巨大的战舰,杨坚对自己消灭陈国信心十足。他拟定了"八路平陈"的战略,由杨广出六合,杨俊出襄阳,杨素出永安,荆州刺史刘仁恩出江陵,蕲州刺史王世积出蕲春,庐州总管韩擒虎出庐江,吴州总管贺若弼出广陵,青州总管燕荣出东海，八支部队全部进攻陈国的长江防线。从西到东，战线延绵数千里，调动总兵力达六十五万（一说是五十一万），如此之广的交战区域势必令陈军顾此失彼。一旦有一支部队突破长江防线，在江南站稳脚跟，陈国便亡无日矣。

在这次军事行动中，杨坚的次子杨广是全军名义上的统帅，长史高颎则是所有军事行动的直接负责人。另外，这次的八路进攻又主要分成三个集团军，协调运作。东路集团军以晋王杨广为首，承担这次军事行动的主攻任务，目标直取建康城；以杨素为首的西路集团军和以秦王杨俊为首的中路集团军则负责策应杨广，截断中游陈军部队回援建康之路，确保东路军的军事任务顺利完成。

杨素的西路军首先与陈军部队交上火。当他从永安出发后，迅速渡过三峡，在一个叫狼尾滩的地方遇上了陈军守将戚昕。陈军依靠地形优势，建立工事，暂时阻挡了杨素的前进步伐。不过，杨素从来就不是那种一戳就泄气的"气球男"。面对易守难攻的狼尾滩，他没有干瞪眼，而是琢磨着如何突破。很快，他发觉陈军内部存在人舰分离的问题。这时，他的友军——从江陵赶来的荆州刺史刘仁恩的部队已经抵达。于是，杨素把自己的部队一分为二，水军趁夜突袭陈军的水上部队，而陆军则登陆上岸，进攻陈军堡垒，而刘仁恩的部队也从北岸发起增援。一时间，突如其来的军事打击，把陈军打懵了。城内是有人无舰，外围是有舰无人，两处同时受到侵袭，陈军不知道该救哪边好了。危急关头主将戚昕很不道义地率先开溜，陈军大败，部队大多被俘虏。之后，长江中游的战事报表雪花般送往建康城，却左等右等等不来援军。事后才知，原来在此紧要关头，所有的告急文书都被施文庆扣下了，压根儿到不了陈叔宝那儿。施文庆的理由有种莫名的喜感：马上要过年了，辞旧迎新之际，能拿这糟心事儿来烦皇上么？天塌下来都得等到过了年再说。

其实，这样的事情已经不是第一次发生了。杨坚讨伐陈国的诏书贴满大街小巷，隋朝八路大军正式开拔，这些重要消息都被施文庆一一封杀。他竭力地为陈叔宝粉饰太平，难怪陈叔宝会张狂到写信询问杨坚那边日子过得好不好，还将原来的太子陈胤废掉，改立与张丽华的儿子陈深为太子，甚至还想连沈皇后一并废掉，改立张丽华为后，只是还没来得及，国家就走到了崩溃边缘。

杨素的部队继续东进，可接下来的一幕却让他很诧异。长江中下游的整个江面竟无一艘战船，这道陈国赖以生存的生命线居然就此被忽视。杨素简直无法相信自己的眼睛——战船全去哪里了？他的第一反应是感觉有诈，事实却并非如此。归根到底还是面子惹的祸。西梁亡国之时，十万军民扶老携幼渡江南来，让陈叔宝好不得意。他决定打造一个大规模的接客排场，让这些来自西梁的客人好好见识下陈国的阅兵式。同时，为了顺利安置好这十万军民，陈叔宝下令把从江州（今江西九江）到南徐州（今江苏镇江）的所有战船都撤回建康城。如果说此举体现了陈叔宝的仁慈，那仁慈背后则堆满了令人瞠目的愚蠢——长江可是致命防线啊！失去船只，一旦建康城有难，中上游的各路援兵想要救援京师也是鞭长莫及了。

南陈悲歌

　　陈叔宝的这一举动也让手下一些头脑清醒的文臣武将嗅到了危险的味道。袁宪和萧摩诃组织一些人进行联名上书。他们认为，长江上不设防危害极大，尤其是京口到采石这段江面，必须确保有足够力量的水军进行防备———旦北军南下，京口和采石两处是北军渡江的首选目标。显然，他们陈后主一样，尚未收到任何战报，否则，绝坐不住了。施文庆再次出来反对，继续哄骗陈叔宝："隋朝的部队南下又不是第一次了，边境摩擦原本就是稀松平常之事，不必过于忧虑。这大过年的，好不容易把船整来，现在又弄回去，这不是折腾人么？士兵们会有意见的。"施文庆一副"体贴属下"的腔调，让陈叔宝觉得很有人情味，遂听从了他的意见。可联名上书的大臣不依不饶，陈叔宝思来想去，说出了自己的想法："眼下，这不还没过年么，要不让这些船只轮流往返于长江下游，一来训练这些船只的协调性，以便军演进行得更娴熟；二来，这么多船全部集结在南京城周围也是要管饭的，轮换的话，供粮压力也能有所缓解。"

　　陈叔宝想得挺透彻的，但施文庆还是不同意："一旦轮换，到时候无法按时集中，会让梁人耻笑我们军舰少的。"施文庆为何要一而再再而三阻挠军舰外派，甚至不惜驳了陈叔宝的面子？原因很简单，只有他知道前线已经接连溃败，战舰全部集中在京城周围，尚且能保住建康城的一线生机；一旦分批派出去基本会遭到逐个击破，很可能连保卫建康城的那点家底都没了。

　　施文庆态度坚决，其好友江总也在一旁帮腔："皇上，咱这金陵王气完全能镇得住场面。想当年齐军三次南征、周军两次入侵不都灰头土脸回去了么？放心，国家很安稳。"这谎言等于给陈叔宝吃了一颗定心丸，后主也志得意满地高呼："没错，王气在此！齐兵三来，周师二来，无不摧败。量他一小小的杨坚又能如何？"孔范也紧接话题，跟着吹嘘长江天堑之利云云，一场廷议不了了之。

　　陈叔宝不急，手下宠臣更不急。他们该喝酒喝酒，该写诗写诗，该唱歌唱歌，依旧纸醉金迷。这时，隋军另外两个集团军也行动了。公元588年12月，杨俊率十余万大军进驻汉口（今湖北汉口）。此时，长江对岸的陈军将领周罗睺坐镇江夏（今湖北武昌），严防死守，死死扼住了此地的咽喉。杨俊一时间无法渡江，只得与陈军对峙起来。

周罗睺是一员猛将，在吴明彻北伐之时表现得尤为出众，曾在战斗中被流弹射中左目，依旧面不改色。还有一次，萧摩诃在征战中坠马，被敌军包围。也是老周一人赶到，于敌军重重围困中救下萧摩诃。他也是在吴明彻大军溃败后，少数几个能保全部众的将领。更重要的是，周罗睺的文化水平也高，吟诗作对他来说也非难事，连孔范这个最喜欢贬低武将的佞臣也不敢拿他说事。所以，杨俊在中游遇上这么个硬茬儿，真是时运不济。因此，当东线隋军已经攻下建康城之际，周罗睺的部队依旧将杨俊死死阻挡在长江以北。以至于贺若弼也曾奉承道："当我听说令公在汉水鏖兵，便知建康不足为虑了。"周罗睺也毫不客气地说道："如果你遇上的是我，那你的结果和杨俊没有任何差别，只能在江北干瞪眼！"他的张狂是有资本的。

继中路军之后，东路军也行动了，先头部队便是由贺若弼率领的。只可惜，陈国只有一个周罗睺，去了中游，下游就没人了。隋军行动时间挑得很好——大年初一，此时陈国的将士们还在张灯结彩地辞旧迎新，可广陵（今扬州）那边隋军水师已经开拔。为能确保顺利渡江，贺若弼还特地学了高颎一招。京口离建康城很近，一旦渡江受阻，京师周围的陈军会立即赶到，自己将处于危险的境地。于是，他经常在广陵集结舰队，搞得声势浩大，以此吸引陈军。起初，陈军见到这阵势，都提起十二分精神，严阵以待。久而久之，陈军看到对面光集结不出动，便以为是虚张声势，警惕心也懈怠下来。加之年关将近，陈国将士也就对隋军的集结不大放在心上了。可大年初一这天，狼真的来了。江北广陵的舰队不再只是集结，而是大举南下。此时的陈国将士眼睁睁看到隋军水师到达京口岸边还如同置身梦中。

陈军行动迟缓，贺若弼便见缝插针，抓紧时间命令大部队登陆。很快，隋军抢占了滩头阵地。隋朝的另一支由韩擒虎所率领的五百人小分队，也从横江浦出发，目标是从采石登陆。当韩擒虎的部队到达采石时，陈国的守军因庆祝新年喝得酩酊大醉,哪还会留意防务?韩擒虎迅速占领整个采石,所谓长江天堑防线就这么被彻底撕裂。

眼看两支先头部队已经得手,杨广也率主力部队跟进,很快到达江北的桃叶山。敌人都打到眼皮子底下了,消息再也瞒不住,陈后主也被迫知道了这个不幸的消息。此时,这位文艺皇帝恨不得掐死孔范:不是长江天堑么?不是金陵王气么?隋军哪来的?哪来的啊!

孔范吓得只能唯唯诺诺地点头认错。陈叔宝依然记得这位宠臣当初说出的大话,你不是文武双全吗,这次阻击敌人的任务肯定少不了你。一番商议后,由鲁广达、任忠、孔范、萧摩诃、樊毅五人一起在建康城下摆起"一字长蛇阵"抗击隋军。同时,将军樊猛(原先王琳部下)则率水军进驻白下城,阻击杨广的主力部队跟进。如果能挡住隋朝的后续部队渡江,腾出手来消灭已经渡江的先头部队,或有转圜的余地。

另一方面,陈叔宝下诏全民抗战,号召文臣武将摈弃前嫌,一致对外。同时,社会各行各业也参与到保卫国家的伟大使命中来。僧侣、失地农民、手工业者等纷纷被武装起来。陈叔宝决心效仿叔祖陈霸先,将隋军拖入人民战争的汪洋中来。怎奈,陈叔宝这个皇帝当得很失败,要想达到其叔祖陈霸先那种个人魅力,被全国人民崇拜,基本是痴人说梦。江南的百姓不会忘记,是谁苛捐杂税地盘剥自己,是谁穷奢极欲地掏空国家。此时的隋军和当初的北齐军也有本质不同,这不再是民族战争,江南百姓面对的不再是北方的索虏,而是和他们同根同源的华夏文明。这是两个汉人王朝之间的战争,既没有华夷之辨,也不存在亡国灭种,即使失败也达不到"亡天下"的高度,只是单纯的一场汉人之间的内战而已。战争的性质也决定了陈国百姓不会抱着拼死相抗的态度去应战。

萧摩诃觉得此时贺若弼的登陆部队人数并不多,陈军当采取直接进攻的策略,而不是消极防御。一旦隋军的登陆部队集结完毕,局势将更糟。可陈叔宝不干:"你不能走,你要走了,谁来保护朕呢!"正是由于陈叔宝消极不作为的态度,导致贺若弼能够从容攻下京口,局势更加危险了。

五天,仅仅五天,这个当初刘宋王朝的龙兴之地就被隋军攻克了。拿下京口后,贺若弼并没有进行长期休整,他要争取时间。从细作传来的情报看,友军韩擒虎部队也已经攻打到南京外围，自己可不能坐视那种"费力啃骨头，却让他人吃肉"的蠢事发生，他必须赶在韩擒虎之前攻破建康城，拿下陈叔宝。

贺若弼虽然是胡人后代，但他代表的是大隋王朝的脸面。这一路上，他的部队军纪严明，与百姓秋毫无犯，他要塑造出一种人民军队的风范。攻克京口后，贺若弼又迅速拿下曲阿，随即挺进建康。而韩擒虎的部队也进展迅速，半天攻下姑孰，很快赶到建康城的外围，并在这儿汇合了另一支完成渡江任务的隋军，兵力增加到两万人。

贺若弼的步伐丝毫没停歇，一举拿下了钟山（今紫金山）。到南京游玩过的人一定知道，紫金山和南京城的距离已经相当之近。面对贺若弼和韩擒虎的东西对进，陈叔宝只能寄希望于他最后的那个"一字长蛇阵"了。

从军事力量对比上来看，此时的陈军尚有十万大军，而贺若弼和韩擒虎两部加起来也就三万人，而且还被分割在两个不同的地方，很容易被逐个击破。关键是陈军将士能否同仇敌忾，齐心协力，问题是陈军的将士真能做到这一点吗？紧要关头，陈叔宝与高纬的区别在于，高纬要钱不要命，陈叔宝的觉悟则比他高出许多。为了鼓励将士卖命，他将宫中的财宝悉数拿出来作为封赏，希望能激发起他们誓死一战的决心。

公元589年正月，隋军的两支部队终于遭遇了陈军的"一字长蛇阵"。此阵延绵二十余里，依白土冈结阵，萧摩诃和鲁广达一北一南，分别压住阵头和阵尾。杨广曾提前密信贺若弼，要他汇合韩擒虎的部队后方可与陈军交战。可如今这形势已不容他汇合韩擒虎了，而且立功心切的他也压根儿没打算让韩擒虎分一杯羹。

贺若弼明白"打蛇打七寸"，即使是一字长蛇阵也有死门，只要找到这个"七寸"，便能一举破阵，获得成功。陈军首尾不能相顾，缺乏统一指挥，协调困难，这些贺若弼都很清楚，关键是能否找准突破口。经过一番考虑，他终于下达进攻鲁广达所部的命令。鲁广达的两个儿子都已被自己俘获，虎毒不食子，有人质在手，鲁广达不会和自己拼命。

事实证明，他判断失误了。鲁广达就好像打了鸡血一般，特别生猛，将前来挑衅的隋军一顿吊打，先后四次击溃隋军冲锋。贺若弼当场被鲁广达击毙两百七十多人，而鲁广达还有一副要冲上来再战的架势。贺若弼吓得只能引燃杂草，依靠烟雾掩护完成撤军。

初战失利并没有挫败贺若弼的自信心，他觉得人生起落很正常，打仗也一样，预判失误不代表会一错再错。几百人的损失对于贺若弼来说还是承担得起的。经过一番休整，贺若弼再次稳住阵形。这次，他准备全力进攻孔范的部队。

整天依靠拍马溜须的孔范终于有一显本领的机会了。平时总吹嘘自己文武全才，是时候检验自己所言不虚了。怎料，孔范着实对不起他说出去的那些大话，看到贺若弼往自己这里杀来，吓得立马调转马头，狼狈逃窜。孔范临阵脱逃，失去主帅的士兵方寸大乱，很快便在隋军的猛烈冲锋下四处溃败，一字长蛇阵被撕开了一个缺口。

任忠虽早就看着孔范不顺眼，但见孔范如今一触即溃，也显得斗志全无，稍微抵抗了一下，也趁机开溜了。樊毅的方阵正好夹在他俩中间，两头一溃散，乱兵四散；樊毅的阵型也被冲得七零八落，无法再战。与此同时，在最北边压住阵脚的萧摩诃也陷入了困境，毕竟年逾花甲了，即使再勇猛，也抵不过岁月。老年人的气力本就比不过年轻人，萧摩诃横刀立马杀了一阵，也是筋疲力尽，最终被隋军擒获。这么一来，也只有鲁广达一部还在奋力与贺若弼死磕，可即使挡得住贺若弼，挡得住韩擒虎吗？

对于萧摩诃的被擒，后世许多人表示难以理解，尤其是民国蔡东藩写的《南北史演义》更记载了这么一段往事，说的是当时萧摩诃临危受命，外出抵抗隋军，可没料到陈后主后脚就给他戴了绿帽子——强行逼奸了萧摩诃的老婆。结果这事很快传到萧摩诃耳中。萧摩诃勃然大怒，决定撂挑子不干了，消极应战，结果被隋军俘虏。这么狗血的剧情感觉实在和萧摩诃不沾边儿，只是《南史》中真真切切地记载了这一段，可纵观《陈书》对此却只字未提，该相信哪个呢？如果说陈叔宝真的逼奸了萧摩诃的妻子，问题便出现了：

问题一，如果萧摩诃消极怠工，他完全可以临阵倒戈，学任忠一般投敌，何必只是冷眼旁观？甚至在出战前，萧摩诃还一个劲儿地给陈叔宝出主意。

问题二，萧摩诃出征前说过这么一句话："从来行阵，为国为身。今日之事，兼为妻子。"如果他妻子真的被后主占有，他还会为妻子出战，还会保国之余再保家？当然，也有人会说，这句话可能是句反话，萧摩诃正是为了妻子被污事件，才对陈叔宝反唇相讥，暗示自己一定要出口恶气。如是，又会派生两个问题：首先，此话是萧摩诃战前说的，而他老婆是后被辱的，难道他有未卜先知之功？其次，萧摩诃向来是直性子，当初吴明彻一句倚老卖老的话都能让他变色，他会是喜欢反唇相讥的人么？

问题三，正值战事胶着时，萧摩诃身在前线，居然还会有闲人给他咬耳朵，不怕乱军中被杀死么？还有，他又是怎么找到萧摩诃所在位置的呢？

问题四，就算陈叔宝强行把萧摩诃老婆玷污了，那宫内的消息又是如何传到宫外的？这种丑事不知道要做好保密工作么？

问题五，陈叔宝不是高纬，大战之前他尚且能够想到用钱财来犒劳军队，还会在萧摩诃于前线卖命时调戏他老婆吗？

问题六，陈后主被捉住后，萧摩诃曾向贺若弼请求见故主一面，如此便死而无憾。贺若弼也满足了他的请求，带他见了陈叔宝。一见后主，萧摩诃便跪下号啕大哭，还将自己省下的口粮拿给对方吃，一边给一边问："皇上，饿了吧，赶紧吃，不够我再去找。"君臣一阵哭泣后，萧摩诃诀别而出。这一幕着实感动了在场军士，隋文帝杨坚得知后，还夸萧摩诃道："真是个壮士啊，这是一般人难以做到的。"这件事情不仅被《陈书》记载下来，连《南史》也提到了。如果说陈后主真的逼奸了萧摩诃的妻子，萧摩诃还会宽容到此般地步，对陈后主如此之好吗？

综上，笔者认为陈后主玷污萧摩诃之妻一事当属子虚乌有。那么，后人为何要捏造这么一段故事？或许真实的情况是萧摩诃年老体衰，一番打斗后，力竭被擒。但作为百姓心目中的常胜将军，作为南朝历史上的第一战将，力竭被擒显然太没面子了，为了能保住萧摩诃那全不败的战绩，人们故意将被擒的原因归结为"不想打"而非"打不过"。一如关羽被吕蒙擒杀之后，人们为了凸显关公的神勇，不想令其死得那么窝囊，遂传言关公的鬼魂附身于吕蒙，搞死了吕蒙，以此掩盖麦城之耻。

同样，萧摩诃也是血肉之躯，也会老，也会衰，也会有精疲力竭的时候。他不是铁打的，在格杀几百名隋军之后，他也会无力再战，再也扛不住敌人的人海战术，虽有心辅国却无力回天。当初在吴明彻北伐期间，萧摩诃就有一次因为力竭而陷入险境，全赖周罗睺单骑救他于水火。因而，将萧摩诃被擒解释为"力竭"也说得通。当然，如果想象力再丰富一些，可能还会有一种情况。那就是陈叔宝确实扣押了萧摩诃的老婆，但不是为了苟且，而是当作人质。大战之前，这么做也是情有可原的，可传到萧摩诃耳朵里却成了完全不入流的一件事。于是，萧摩诃消极应战，结果被擒。后来，他知道是自己误会陈叔宝，遂有了送口粮的感人一幕。历史留给后人的揣摩空间往往很大，因而才有了那么多"揭秘""解密"，这也正是其迷人之处。

且说萧摩诃的被擒在一定程度上暗示着"天亡陈国"。逃回来的任忠率先回到宫内。他对陈叔宝道："陛下啊，该做的臣都做了，也是尽力了，后面就请陛下好自为之了。"陈叔宝一看任忠要撂挑子，心里急得半死，立马掏出金银珠宝诱惑道："朕不差钱，你再出点力吧，千万别就这么半途而废啊！"任忠心里嘀咕：我可不想有钱拿没命花。既然你还尚存幻想，那我就干脆拿你本人做个人情，送给隋军一份大礼吧。于是，任忠转而说道："既然如此，末将就去给陛下准备船只，誓死都要护送陛下到周罗睺那里！"

陈叔宝满心期待地等着任忠去准备完毕，只可惜，任忠直接投靠了隋军将领韩擒虎，正儿八经地投敌了。他带着韩擒虎的大军，说服朱雀门的守军放弃抵抗。随后，两万隋军浩浩荡荡地朝台城杀来。官员们一听隋军来了，纷纷作鸟兽散。唯有袁宪还留下来办公，陪着陈叔宝。陈叔宝一看这阵势，百感交集：当初自己身边围着一群狐朋狗友，唯独不见袁宪。可如今自己落到这个地步，亲信早已溜之大吉，唯有袁宪还陪着自己，果真是板荡识诚臣啊！想起当初自己那么冷落他，倒真有些惭愧了。

不过，陈叔宝落到如此地步，还不忘给自己开脱责任，随口说道："非唯朕无德，亦是江东衣冠道尽！"意思是，不是朕没出息，是如今江东已经衣冠涂地，全是一群数典忘祖的东西才亡国的啊！这倒像极了崇祯临死前的那句："朕不是亡国之君，满朝俱是亡国之臣啊！"陈叔宝虽是为自己开脱，倒也一语道出江南衣冠涂地的现实。

说完，陈叔宝决定自寻活路。这时，袁宪却发话了："臣愿陛下正衣冠，御正殿，依梁武帝见侯景故事！"他要陈叔宝像梁武帝萧衍一样，端坐朝堂，正视侯景一样地正视隋军的到来。袁宪希望陈叔宝即使在城破之时亦保持住帝王的威严，做一个体面的失败者，而不是摇尾乞怜的失败者。可陈叔宝不是萧衍，自然满口不愿意：尊严值几个钱，比命还值钱？那帮北佬是不讲道理的，你跟他们摆谱，说不定人家就一刀把你结果了呢？于是，他道："锋刃之下，未可与争，我自有计。"说完，就带着十几个宫人跑往景阳殿了。当跑到一口井边，陈叔宝说想跳井避难。一个随从官员听到身为皇帝居然说出这么没骨气话，当下便趴在井口之上，阻其跳井。

陈叔宝哪能容许别人掐灭自己的希望啊，随即推开大臣，带着张丽华和孔贵嫔跳了下去。另一边，在任忠的带领下，隋军将士进入宫中却找不到陈叔宝，心里很是诧异。韩擒虎随即下令展开拉网式搜索，即使掘地三尺也要把陈叔宝找出来！找了半天，隋军士兵终于在那口井边停下来，朝着井底大喊："有没有人啊！"只听下面回了一句："朕不在啊！"隋军一下子感觉自己的智商被人为拉低了，于是大喊："没人怎么还有声音？既然没人，我们就扔石头了！"陈叔宝只得回应："别，别扔，你们放绳索下来，朕愿意归降啊！"随即，隋军把绳索放下去，可往上拉的过程中发现格外沉重，起码有几百斤的重量。有人就嘀咕了：听说陈叔宝很胖，但也不至于这么沉吧，莫不是皇帝万金之体骨头重？

当他们把绳子拉上来后，傻眼了，原来井底不是一个人，而是三个：陈叔宝、张丽华、孔贵嫔。这文艺皇帝危急关头还不忘女人啊！隋军将士都笑了。陈叔宝虽然颜面尽失，但他的太子陈深倒是为陈国挣回了一些颜面。当隋军破门而入的时候，他正襟危坐，对到来的隋军说："你们一路上风尘仆仆，想必累了吧？"这定力，这气度，让破门而入的隋军也咋舌。

城外，鲁广达还在死扛，但大势已去。眼看身边的人越来越少，这位七尺壮汉竟然一下子跪倒在地，号啕大哭，边哭边道："我救不了国家，我有罪啊！"随后，他又起身再杀了数十名隋军士兵，最终力竭被擒。

扫平了鲁广达，贺若弼趾高气扬地领着部队开往建康城。他觉得北掖门碍眼，便一把火烧了个精光。可惜，他还是晚了一步。当他到达台城后，发觉韩擒虎已经活捉了陈叔宝。气愤之余，贺若弼怒视陈叔宝，对其百般刁难，让他又是磕头又是认错。完事，贺若弼觉得还不解气，又拔刀和韩擒虎大吵一通后，方才罢休。

而陈叔宝的宠妃张丽华最终也因为高颎的一句"太公蒙面斩妲己，今岂可留张丽华"，而被斩首于青溪（一说为杨广所杀）。与张丽华一道被杀的还有施文庆、沈客卿等五位奸臣。随后，陈叔宝又致信还在长江中游抵御杨俊的陈军大将周罗睺，要他放弃抵抗。周罗睺无奈，与诸将痛哭一番后，率领部队向隋军投降。

至此，陈国宣告灭亡。

但是，陈国境内的抗争却远没有结束，隋军将会迎来灭陈之后的最大一次江南暴动。不过，值得一提的是，杨广在此次南征中表现不俗，江南百姓对他的好感度极高。但并不是所有隋军将士都能如杨广、贺若弼般对陈国秋毫无犯。其中有一个叫王颁的败类，到了建康城后，连夜挖掉了陈霸先的陵墓，还将陈霸先尚未腐烂完全的遗体一顿鞭笞，随后又放火焚烧。挫骨扬灰后，将陈霸先的骨灰投入水中，与手下将士喝得一干二净。

盗掘皇帝陵墓并对其实施如此变态的手段，在当时应当属大罪，甚至可以问斩。可隋文帝却饶恕了王颁，因为他清楚这恩怨的前因后果。王颁之父便是当初卖国求荣的王僧辩，时隔三十多年，他终于为其父雪恨了，虽然实施的过程如此不齿。而隋朝的吏部竟然以灭陈有功为由，提议加封王颁为柱国大将军，不过犯下这档子事，也算功过相抵了。王颁虽能将仇恨报复在陈霸先的尸体上，却无法篡改史书，三十多年前的那一幕被公正地记载下来。王僧辩注定被钉在了耻辱柱上，而陈霸先却名垂青史，王颁也只是作为历史舞台上的一个跳梁小丑被一笔带过。

同时，陈叔宝的十六弟陈叔慎也在陈朝破亡之际以身殉国。当时，杨素派手下庞晖攻城略地，由于陈叔宝之前已经宣布陈朝境内无条件向隋军投降，所以湘州一带很多城池都被迅速攻占。陈叔慎作为陈国皇室，眼看家国败亡，却无能为力，只得置酒高会身边故吏。等到大家都喝得差不多了，他哀叹道："君臣之义，尽于此也！"

一时间，亡国之悲笼罩在陈叔慎和下属的心头，突然有人站起身来，高呼：

"自古主辱臣死,诸位都是大陈的臣子,如今正是国家危难,大家效力之际。即使我们败了,也算是尽了人臣之道!现在大家绝不可犹豫,有谁若想首鼠两端,定斩不饶!"一席话说完,群情激奋,无不想大干一场,当即杀了三牲,歃血为盟。

不久,庞晖收到陈叔慎的书信,说要举城投降。庞晖一看很开心,便按照陈叔慎约定的日期进城,结果一进城就被活捉了。随后,陈叔慎端坐朝堂,宣布举兵建义,一时间手下云集了五千人,衡阳太守樊通、武州刺史邬居业也起兵支援。陈叔慎的行为一下子激怒了隋军将士:先是诈降,随后又杀害朝廷命官(庞晖),现在还公然举兵谋反,这是要作死啊!

隋军指派薛胄为湘州刺史,率军讨伐陈叔慎,同时,刘仁恩的部队作为策应前去支援。于是,薛胄的部队与陈叔慎的部队会战于鹅羊山,双方从早晨一直打到黄昏,最终,陈叔慎的部将侯正理因为兵少,大败而回。薛胄趁机进军,一举活捉了陈叔慎。而赶来支援的邬居业所部,听说陈叔慎已经被活捉,便暂时停止了进攻,等待其他援军。可就这么一等,反把隋朝的刘仁恩所部等来了,邬居业也被隋军击败。最后,隋朝的秦王杨俊将陈叔慎一干人等全部斩首于汉口。陈叔慎死时才十八岁,他用自己的生命扬出了陈国皇室最后的骨气。

相比这个弟弟,陈叔宝倒是挺懂得委曲求全的。他被押到长安后,终日饮酒作乐。隋文帝杨坚曾经派人试探性地问过陈叔宝的酒量,得到的回答是:"与其子弟日饮一石。"杨坚简直不敢相信自己的耳朵:每天一石!这么喝下去还不得把人喝死。出于对陈叔宝身体的考虑,杨坚想劝他戒酒。但转念一想,他又摇摇头,改口道:"算了,由他去吧,国破家亡的亡国之主不借酒浇愁,你又让他如何作活?"

杨坚显然是想多了,亡国之苦可并没有让陈叔宝忧伤,至少表面上看——没有。陈叔宝曾向杨坚表示,自己无一官一职,上朝的时候多有不便,还希望杨坚能赐给他一个官当当。杨坚听完哭笑不得:"陈叔宝啊陈叔宝,你真是没心没肺啊!我原本体谅你遭遇亡国之痛故意不给你安排官职,以防触发你的亡国之思,连宫廷饮宴也不准演奏江南音乐,可你居然毫不在乎。"

陈叔宝真的没心没肺吗?这已经不重要了,因为往后的日子,他还要一直这么没心没肺地生活下去,直到他死的那天。陈叔宝活了五十二岁,结局也算差强人意,最终被隋朝追谥为"长城公"。陈家一脉也因为受到杨坚的善待而繁衍开来,现如今的"义门陈氏"便是当年陈叔宝六弟陈叔明那一支的后人了。

烟消云散

历史的车轮迈向了公元590年，也就是隋开皇十年，距离隋开皇九年（公元589年）灭南陈才刚刚过去一年。可这一年年底，却发生了一桩让杨坚非常头疼的事——江南尽反！

造成旧陈故地叛乱的理由说来很无厘头，仅仅因为一则小道消息：杨坚要将江南人全部迁往北方。人们如果过一遍大脑，便会觉察这没什么太大的可信度。如此浩大的移民工程，得不偿失。但是，陈朝的百姓只要一想到"江陵之难"就会联想到杨坚的老爹杨忠：当初正是杨忠攻破江陵，将数十万百姓迁徙到长安去的。结果，这些百姓都北上做了奴隶，下场要多惨有多惨。因此，如今说杨坚要再干这么一票，百姓还是会将信将疑的。只要百姓心中有顾虑，那么几个野心家就可以挑起一场大祸。

此时的南朝虽然结束了门阀政治垄断朝纲的时代，可要彻底摧毁门阀观念在南朝人民心中的影响力，还需一个漫长的过程。而北周包括隋朝初期，虽然也有所谓的门阀政治，比如杨坚就自认是弘农杨氏，但与南边的门阀政治相比，还是有极大的不同。好比一个是基督教，一个是拜上帝教，根本风马牛不相及。这么一来，隋朝对新征服地输入新的政治模式必然会遭到一些本土世家大族残余势力的抵触。更何况，隋朝输出的不仅是政治，还有文化。比如，杨坚的大臣苏威制定了一本《五教》，类似于指导思想一类的著作，要求南陈的百姓人手一册，务必学透，这就会让江南的百姓感到很厌烦。

诸多的社会矛盾交织在一起，便产生了培育犯罪的土壤，而那些野心家的号召就是生根发芽的种子。

婺州人汪文进、会稽人高智慧、吴郡人沈玄憎举兵发动叛乱，自称天子，设置百官。而乐安蔡道人、蒋山李棱、饶州吴代华、沈孝彻，泉州王国庆，余杭杨宝英，交趾李春等人皆自称大都督，攻陷州县。这些大大小小的叛乱如同星星之火，一下子成了燎原之势，整个南方都在反抗隋朝的统治。他们相互呼应，冲入官府，活捉隋朝安排的县令。他们或是将其抽肠刮肚，或是将其砍成肉泥，反正是怎么惨怎么招呼。

面对日益严峻的局势，杨坚急得焦头烂额，当初灭陈都没遇到这么强烈的抵抗。紧要关头，他再次找到杨素，任命其为南征的主帅。杨素领命后，并没有急着发兵，而是派出细作摸清南方的局势，以便对症下药。他所派的这个人叫麦铁杖，始兴人，是个地地道道的南人，派他过去不易被发觉。更主要的是，麦铁杖还有个独门秘技，能日行五百里，夜行一百里，健步如飞。

麦铁杖首战顺利，很快就把盘踞在京口的朱莫问所部的布防摸得一清二楚。杨素对此大为赞赏，随即又指派其去三吴腹地进行打探。只可惜，这次运气不佳，麦铁杖遇上了盘踞建康城的李棱。李棱做事凌厉，不像"猪（朱）莫问"，一下子就抓住了麦铁杖。李棱觉得会稽的高智慧人如其名，智商很高，这么个玩意应当送给他处理，就派三十人押送麦铁杖去会稽。结果在途中，麦铁杖使了个诈，将押送他的三十人全部斩杀，割下鼻子，跑回江北去向杨素领赏了。杨素听闻麦铁杖的遭遇，立刻上表朝廷加封麦铁杖为仪同三司。随后，麦铁杖荣归故里，安度晚年。

清楚了建康城周围重镇的布防，杨素便率军横渡长江。他首先击败了朱莫问，拿下京口，随即又转战苏南，连败晋陵的顾世兴和无锡的叶略。这时，吴郡的沈玄憎日夜攻打苏州城，隋朝任命的苏州刺史皇甫绩正被围在城中等待援军。杨素迅速率领大军赶到苏州与皇甫绩一起迎战沈玄憎。沈玄憎不敌，吃了败仗后向南溃败，与陆孟孙的部队合流。杨素显然不会给他重整旗鼓的机会，一路追击，在松江再次击败陆孟孙和沈玄憎的联军，并活捉了此二人。然后，杨素出其不意地转道安徽，消灭了正在那修筑工事的沈雪、沈能所部。如此一来，盘踞在今天江苏省南部和安徽省西部的乱党基本被杨素清扫完毕，接下来他要挺进浙江了。

进攻浙江，杨素面对的最强劲的对手是之前提到的高智慧。如今的高智慧，拥有战舰上千艘，兵马数万人，实在是个难对付的主儿。这时，杨素的手下来护儿献策："吴军骁勇，且又熟悉水战，我们不能和他们硬碰硬。我建议清河公您在正面与他们对峙，我率兵从陆路绕道他们背后，给他们一闷棍，到时候他们必然溃败。"杨素采纳了他的意见，按兵不动；来护儿则趁机绕道，占据了敌军后方营垒，并纵火引起敌军骚动。杨素一看敌军阵脚乱了，下令总攻，一举击败高智慧。高智慧只得亡命海上，杨素绝不放过漏网之鱼，也在海上玩起了千里追击的大戏，从余姚一直追到永嘉，上岸后，又再败高智慧。

高智慧接连被隋军追着打，只能一个劲地往南逃。可深入浙江腹地后，杨素的目光中可就不止高智慧一人了。他随即又瞄上其他叛党，这才给了高智慧喘息之机。当时，东阳的汪文进自称天子，任蔡道人为司空，盘踞永安。怎奈，他们实在太不经打，与隋军交战一触即溃。随后，杨素又再破永嘉的沈孝初。干完这些，杨素再次集结军队，踏上追击高智慧的道路。在杨素看来，这些所谓的叛党全都是"战五渣"，唯独高智慧有点脑子，打起来才够劲。于是，杨素大军直逼临海郡，高智慧无奈，只得硬着头皮再战杨素。不过，真可以送高智慧一个外号——打不死的小强，在浙江境内与杨素又大战百余次才退往福建。杨素一看高智慧又遛了，准备再次带兵打到福建去，可杨坚的一道诏书让他的计划戛然而止。

诏书中，杨坚把召回杨素的理由刻画得冠冕堂皇，声称是体谅杨素的身体，怕他吃不消。但杨素何其精明，一眼就看出杨坚的弦外之音，他在江南屡立奇功，能不引起杨坚的猜忌么？既然皇帝想让自己回京，那就回呗，这边的事情杨坚想必也一定安排好接手人了。杨素不仅会打仗，而且城府极深，这也就是为何韩信、岳飞、袁崇焕会死，而他却能够位极人臣的原因。善战者，也得善谋其身。

杨素走了，最高兴的莫过于高智慧了，终于不用再担心被人追着打了。他投靠了泉州的王国庆，本以为接下来会是隋军新将帅和士兵们的磨合期，暂时可以休整一段时间。可没料到，隋军居然在杨素的带领下从天而降，突袭了泉州。猝不及防之下，王国庆只得落荒而逃，他的部众也各自逃命去了。最后，杨素给逃亡途中的王国庆放话，说绑了高智慧投降隋军才是他的唯一出路，否则只能是死路一条。走投无路的王国庆只得照办，捉了高智慧，投降隋军。杨素随即将高智慧斩首示众，并收降了剩余叛军。而此时，隋文帝的另一支小分队，由史万岁率领去各个山洞执行剿匪任务的也传来了胜利喜讯。至此，江南等地的叛乱基本被平定。

有人会好奇，杨素不是走了么，怎么又突然回来了？杨素回京后，立即向隋文帝陈述除恶务尽的必要性，声称一旦让叛军再发展壮大，后果将不堪设想。杨坚见杨素回京，心中的猜忌也消去一半，而杨素所说得也确实在理，便再次任命他南下完成平叛工作。

可江南的叛乱虽然被平定，岭南又闹腾起来了。南陈灭亡后，岭南数郡尊奉冼英冼夫人为主，称其为"圣母"，割据自制。隋文帝见状，便派韦洸和周法尚两人南下，告知其二人"以抚为主，以剿为辅"。一路上，岭南好几个县都望风归降。吕子廓占据山洞拒不投降，旋即被剿灭。随后，隋军进军岭南。杨广不久后休书一封给冼夫人，告知其南陈已经亡国，陈叔宝也受到了善待，希望她也能够归降隋朝。冼夫人割据完全是出于对陈霸先当年革命友谊的缅怀，如今南陈已灭，随即归降了隋朝，并被封为"宁康郡夫人"。

好景不长，不久，番禺少民头领王仲宣又发动了叛乱。一时间，僚人、俚人争相云集，包围了广州城。之前南下的现任广州刺史韦洸，在激战中被杀。隋文帝只得命令他的副手慕容三藏暂时接替韦洸的职位，并派裴矩南下讨逆。裴矩不辱使命，数战之下，斩杀了王仲宣的副手周师举，进军广州。

而冼夫人那边也积极配合隋朝平叛。她先是派孙子冯暄率军救援广州，后得知孙子与叛军陈佛智交好，便临阵易帅，派另一个孙子冯盎接管了军队，出兵击杀了陈佛智。随后，冼夫人部队进兵至南海，同鹿愿军队相会，一起打败了王仲宣。冼夫人亲自披着铠甲，骑着战马，撑着锦伞，带领铁骑，保卫宣诏使者裴矩巡抚诸州。苍梧首领陈坦、冈州冯岑翁、梁化邓马头、藤州李光略，罗州庞靖等都来参拜裴矩。于是，朝廷仍让他们统率他们的部落，岭南至此彻底平定。

战后，隋文帝为表嘉奖，拜冯盎为高州刺史，冯暄为罗州刺史，追赠冼夫人的丈夫冯宝为广州总管、谯国公，册立冼夫人为"谯国夫人"。不仅如此，还特许冼夫人设立幕府，长史以下官员可以随意任免，六州之内的军队也可伺机调动。如遇突发情况，她还可先斩后奏。

冼夫人在晚年尤为国家的统一、民族的团结做出了卓越的贡献，是当之无愧的风流人物。她没有忘记年轻时与陈霸先的宏愿，澄清天下。只可惜，陈霸先没能看到这一天，可冼夫人看到了，她是历史的幸运儿，见证了国家从分裂三百余年的两晋南北朝的黑暗中走出来，重新回归大一统。

跋

陈朝的故事讲到这儿差不多就结束了,可笔者还想和大家分享最后一个故事——破镜重圆。是为跋。

故事的主人公是陈顼的女儿乐昌公主和其夫徐德言。乐昌公主是陈叔宝的妹妹,才貌双绝。她选择夫婿不看门第,而重诗文才识。成年后,她自主婚姻,下嫁太子舍人徐德言为妻。

当时的局势已经相当危险了:杨坚在北方建立隋朝,对江南虎视眈眈,南陈随时都有亡国的危险。众所周知,一旦国破家亡,皇室子弟都有可能被押赴敌国国都,生死难料。于是,徐德言对自己的妻子说:"如果哪天陈国亡了,以你的才貌,必然会被豪门权贵掳去。我们夫妻恩爱,却也难保成为永诀。如果情缘还未散尽,有朝一日可以再相见,还希望能有信物为证。"乐昌公主听完,已是泪流满面,于是从梳妆台里拿出一面镜子,交给徐德言。

徐德言将这面铜镜破为两半,自己留一半,给妻子另一半,作为日后重见的凭证。他与妻子约定,万一两人失散,以破镜彼此相寻;镜子重圆之日,就是夫妻团圆之时。徐德言说:"以后每年正月十五,你就去集市上售卖这半面镜子。我若尚存,也一定在这天来找你。"

不久,杨坚果然派兵南下灭了陈国,乐昌公主也在战乱中和丈夫走失。经过一番颠沛流离,她被杨坚赐给了杨素,成了杨素的宠姬。只是,乐昌公主并没有忘记徐德言,终日郁郁寡欢。每到正月十五元宵佳节，她便私下命老仆拿着自己一直珍藏在身边的半块铜镜沿街叫卖。

老仆对此深感奇怪：半面镜子有什么好卖的，而且开出天价。即使有人感兴趣，也被这个价格吓退。时间久了，便也不再有人问价。终有一天，来了一个人。此人正是徐德言。这些年，他过得并不好，穷困潦倒，颠沛流离，但心中时时不忘发妻。为了寻找妻子，他跑遍了大半个中国，几年后终于浪迹至隋朝的京城长安。

这天正好是正月十五，他来到集市上，看到有人正在高价叫卖半面镜子。徐德言将那人招来一番问询，得知是其主人授意兜售。于是，他也拿出自己保存的那半面镜子，两下一合，果然重圆。徐德言一问之下，才知他家主人便是权倾朝野的越国公的爱妾，也就是自己的妻子乐昌公主。

徐德言有些心灰意冷：如今妻子已为他人妇，可谓侯门一入深似海，她可愿再与自己重叙旧情？不过，他不死心，便在镜面上写了一首五言诗：镜与人俱去，镜归人未归！无复嫦娥影，空留明月辉！

随后，老仆将镜子带回去，并把这事告诉了乐昌公主。公主得知徐德言尚存人世，心中暗喜，可看完诗后又泪流满面。杨素见爱姬郁郁寡欢，便好奇地问起缘由，乐昌公主据实相告。杨素听完颇为感动，又问妻子还愿不愿意回到徐德言的身边，乐昌公主说："自古一女不嫁二夫，越国公（杨素）对我不薄，不忍背弃。但徐相公时隔多年仍不忘旧情，千里迢迢来寻我，且前誓尚在，不忍违誓，望越国公成全。"

杨素很纳闷，如今自己权倾朝野，居然还不如浪迹街头一潦倒汉，便设宴邀请徐德言，想一睹此人庐山真面目。宴会上，徐德言两鬓斑白，衣衫褴褛，眼见自己的妻子已为人妇，心中纵有千言也难开口。杨素觉得这么一言不发也着实尴尬，便请乐昌公主作诗一首。乐昌公主随即写道："今日何迁次，新官对旧官。笑啼俱不敢，方验做人难。"此诗写毕，在座诸位都连连称赞，杨素亦是唏嘘不已。他决定做一回好人，成人之美。

次日，他将乐昌公主送还徐德言，并赐予他们万贯钱财，供两人安度余生。徐德言和乐昌公主拜谢完杨素，便回到江南，白头偕老，共度余生。

显然，乐昌公主若留在杨素府，生活肯定好过跟着徐德言——一个文人，在外谋生是何等之艰难！但乐昌公主却有情有义，不爱荣利，甘愿清贫，成就了这则不可多得的人间佳话。

正如乐昌公主和徐德言破镜重圆一样，破碎的中华故土终于迎来了合璧之日。在那段峥嵘岁月中，正是由于那些如乐昌公主般苦苦坚持的汉家豪杰对汉文化的坚守，才使得华夏文明始终不亡。中华大地在度过漫长压抑黑暗的两晋南北朝之后，最终开启了隋唐鼎盛的华章。